MOEWIG ARGUMENTE

Zum Buch

Im 18. Jahrhundert setzte sich ein neues Menschen-, Welt- und Gesellschaftsbild durch, das auf dem Glauben an die Vernunft, dem Ringen um Freiheit, einer radikalen Kritik an Staat und Kirche sowie den Emanzipationsbestrebungen des Bürgertums fußte. Die neuen Ideale und Forderungen fanden zunächst in den philosophischen, staatstheoretischen und literarischen Schriften der Aufklärer Ausdruck. Montesquieu setzte sich für die Gewaltenteilung im Staat ein, Rousseau entwickelte die Vorstellung vom Gesellschaftsvertrag und der Volkssouveränität, Voltaire kämpfte insistent gegen Unterdrückung und Intoleranz. Dieses Gedankengut bildete schließlich die geistige Grundlage für die Französische Revolution.
Der vorliegende Band stellt Auszüge aus den Schriften der bedeutendsten französischen Aufklärer vor, die sich als bahnbrechend für die Französische Revolution erwiesen haben. Den einzelnen Texten sind jeweils kurze Erläuterungen zu den Verfassern und der Bedeutung des Werkes vorangestellt.

Zur Herausgeberin

Dr. Petra Gallmeister, geboren am 5. November 1952, arbeitet seit Abschluß ihres geisteswissenschaftlichen Studiums als Buchredakteurin und -lektorin. Sie hat an mehreren kulturgeschichtlichen Veröffentlichungen mitgewirkt und ein Buch über Friedensnobelpreisträger verfaßt. Unter ihrer Herausgeberschaft ist bei Moewig außerdem erschienen: *Der Sturm auf die Bastille. Die Französische Revolution in Augenzeugenberichten und Stellungnahmen.*

Das Jahrhundert Voltaires

Ein Lesebuch zur Aufklärung am Vorabend der Französischen Revolution

Petra Gallmeister (Hrsg.)

MOEWIG ARGUMENTE

MOEWIG Band Nr. 3391
Verlagsunion Erich Pabel Arthur Moewig KG, Rastatt

Ortographie und Interpunktion der abgedruckten Texte wurden dem heutigen Stand angepaßt

Umschlagentwurf und -gestaltung: Werbeagentur Zeuner, Ettlingen
Umschlagillustration: Gabriel Lemonier, Salon der
Mme. Marie-Therese Geoffrin (Ausschnitt). © Tukan/Fischer
Verkaufspreis inkl. gesetzl. Mehrwertsteuer
Auslieferung in Österreich:
Pressegroßvertrieb Salzburg Gesellschaft m. b. H.,
Niederalm 300, A-5081 Anif
Printed in Germany 1989
Druck und Bindung: Elsnerdruck, Berlin
ISBN 3-8118-3391-X

Inhalt

Vorwort

Im 18. Jahrhundert entwickelte sich ein neues Menschen-, Welt- und Gesellschaftsbild, das von dem Ringen um Freiheit, von einer radikalen Kritik an Staat, Kirche und Gesellschaft, an den überlieferten Autoritäten, Traditionen und Werten sowie von den Emanzipationsbestrebungen des Bürgertums getragen wurde. Die neuen Ideale und Forderungen kamen zunächst in den philosophischen, staatstheoretischen und literarischen Schriften der Aufklärung zum Ausdruck und bildeten schließlich die geistige Grundlage für den Ausbruch der Französischen Revolution.

Im Zentrum aufklärerischen Denkens stand der Begriff der Vernunft: Die Aufklärer sahen die Vernunft als die letzte Instanz an, die über Wahrheit, Irrtum und wissenschaftliche Forschungen zu entscheiden sowie politische und soziale Strukturen und moralische Vorstellungen zu beurteilen vermag. Die Aufklärer wandten sich deshalb gegen die Bevormundung durch Staat und Kirche, gegen Privilegien, gegen Unterdrükkung, Dogmatismus und Mystizismus; sie setzten sich statt dessen für Freiheit in allen Lebensbereichen ein: für politische Freiheit, individuelle Freiheitsrechte, Freiheit der Wissenschaft, Freiheit des Unternehmertums. Mit dem Glauben an die Vernunft verband sich der Glaube an den Fortschritt, an die Errichtung einer vernunftgeprägten Gesellschaftsordnung.

Die Aufklärung stellt jedoch kein einheitliches philosophisches System dar. Unter ihren Vertretern finden sich Anhänger des Empirismus und des Rationalismus, des Deismus und des Atheismus, des Skeptizismus und des Materialismus. Zwar plädierten die Aufklärer allesamt für eine Veränderung der bestehenden Gesellschaftsstrukturen – doch ihre Reformvorschläge reichten von der Forderung nach einer konstitutionellen Monarchie bis zur Befürwortung einer republikanischen Verfassung.

Die Aufklärung, die auf Vorstellungen der Renaissance und des Humanismus fußt sowie auf dem Umbruch, der durch neue naturwissenschaftliche Erkenntnisse hervorgerufen wurde, war, auch wenn sie von Adligen mitgetragen wurde, eine bürgerliche Bewegung. Ihre Ideale und Forderungen entsprachen den Interessen des Bürgertums, das um seine politische und soziale Emanzipation rang und wirtschaftliche Liberalisierung verlangte. Das Bürgertum verstand seine Ziele und Werte allerdings als allgemeingültige, als mit den Geboten der Vernunft übereinstimmende; die von ihm intendierte Umgestaltung des Ancien régime sollte dem Glück und der Wohlfahrt aller dienen.

In der zweiten Hälfte des 18. Jahrhunderts hatten die Ideen der Aufklärung durch z. T. bereits popularisierende Darstellungen, durch Flugschriften, durch die Kultur der Salons und Leseakademien eine weite Verbreitung gefunden, so daß am Vorabend der Französischen Revolution das Bürgertum in ganz Frankreich mit ihrem Gedankengut vertraut war.

In dem vorliegenden Band kommen eine Reihe der bedeutendsten französischen Aufklärer – Montesquieu, Voltaire, Rousseau, Diderot, Holbach, Beaumarchais – mit Auszügen aus ihren philosophischen und literarischen Werken zu Wort, die sich als bahnbrechend für die Französische Revolution erwiesen haben.

Montesquieu
Vom Geist der Gesetze

(Auszug)

Charles de Secondat, Baron de la Brède et de Montesquieu (1689 – 1755) wandte sich in seinen staatstheoretischen und literarischen Schriften gegen den Absolutismus und suchte den gesamten Wissensstoff seiner Zeit für seine staatspolitischen Untersuchungen zu nutzen. Er wies bereits auf den Einfluß des Milieus, des Klimas sowie anderer Faktoren auf geschichtliche Abläufe hin und wurde damit zum Vorläufer sozialwissenschaftlicher Forschung.

Seine Romansatire „Persische Briefe" (1721), in der zwei vornehme Perser ihre Eindrücke von einer Reise durch Frankreich schildern, übt scharfe Kritik an den politischen und gesellschaftlichen Bedingungen unter dem „Sonnenkönig" Ludwig XIV. und kontrastiert sie mit einem utopischen Staatsgebilde. Die Abhandlung „Betrachtung über die Ursachen der Größe und des Verfalls der Römer" (1734) erklärt erstmals Aufstieg und Niedergang des Römischen Reiches aus den sozialen Gegebenheiten.

In seinem Hauptwerk „Vom Geist der Gesetze" (1748) entwickelt Montesquieu die Lehre von der Gewaltenteilung: Ausübende Gewalt, Gesetzgebung und Rechtsprechung sollen bei verschiedenen, voneinander unabhängigen Organen liegen. Die Theorie der Gewaltenteilung, die der Sicherung der Freiheit dient, übte einen maßgeblichen Einfluß auf die Entwicklung des modernen Verfassungsstaats aus.

Vorbemerkung

Zum Verständnis der vier ersten Bücher dieses Werkes ist folgendes zu beachten:

1) Was ich in der Republik *Tugend* nenne, bedeutet die Vaterlandsliebe, d. h. die Liebe zur Gleichheit. Dies ist keine sittliche oder christliche Tugend, sondern die *politische* Tugend. Diese ist die Triebfeder der republikanischen Regierung, wie die Ehre die Triebfeder der Monarchie ist. Ich habe also die Vaterlandsliebe und die Gleichheitsliebe *politische Tugend* genannt. Ich habe neue Gedanken gehabt, daher mußte ich neue Wörter erfinden oder den alten neue Bedeutungen beilegen. Diejenigen, denen dies entgangen ist, haben mich ungereimte Dinge sagen lassen, die in allen Ländern der Welt empören würden, weil man überall Sittlichkeit verlangt.

2) Man muß beachten, daß es ein sehr großer Unterschied ist, zu sagen, eine gewisse Eigenschaft und Beschaffenheit der Seele oder der Tugend sei nicht die Triebfeder einer Regierung, oder zu sagen, sie sei in dieser Regierung nicht vorhanden. Wenn ich sagte, ein gewisses Rad oder ein gewisser Zapfen seien nicht die Triebkraft, welche diese Uhr in Bewegung setzt, würde man daraus schließen, daß eine solche Triebkraft in dieser Uhr nicht vorhanden sei? Die sittlichen und christlichen Tugenden sind ebensowenig, wie selbst die politische Tugend, von der Monarchie ausgeschlossen. Mit einem Wort, Ehre gibt es in der Republik, obgleich die politische Tugend die Triebfeder derselben ist, und politische Tugend gibt es in der Monarchie, obgleich die Ehre die Triebfeder derselben ist.

Der rechtschaffene Mann endlich, von welchem im Buch 3, Kapitel 5 gehandelt wird, ist nicht der Mann von christlicher, sondern von politischer Rechtschaffenheit, der Mann, der die politische Tugend besitzt, von welcher ich gesprochen habe. Es ist der Mann, der die Gesetze seines Landes liebt und aus Liebe zu ihnen handelt. Ich habe alle diese Dinge in dieser Ausgabe neu beleuchtet, indem ich die Gedanken noch genauer bestimmte, und an den meisten Stellen, wo das Wort *Tugend* vorkommt, habe ich den Ausdruck *politische Tugend* gebraucht.

ERSTES BUCH

Von den Gesetzen im allgemeinen

1. Kapitel

Von den Gesetzen in ihrer Beziehung zu den verschiedenen Wesen

Die Gesetze in der weitesten Bedeutung sind die notwendigen Beziehungen, welche sich aus der Natur der Dinge ergeben, und in diesem Sinne haben alle Wesen, die Gottheit[1], die körperliche Welt, die dem Menschen überlegenen geistigen Wesen, die Tiere und die Menschen ihre besonderen Gesetze.

Diejenigen, welche gesagt haben, daß ein blindes Schicksal alle Wirkungen hervorgerufen habe, die wir in der Welt sehen, haben etwas sehr Widersinniges gesagt, denn was ist widersinniger als ein blindes Schicksal, das vernunftbegabte Wesen hervorgebracht hätte?

Es gibt also eine ursprüngliche Vernunft, und die Gesetze sind die notwendigen Beziehungen, die zwischen ihr und den verschiedenen Wesen und zwischen diesen verschiedenen Wesen untereinander bestehen.

Gott hat Beziehung zum Weltall als Schöpfer und als Erhalter. Die Gesetze, nach denen er geschaffen hat, sind dieselben, nach denen er erhält; er handelt diesen Gesetzen gemäß, weil er sie kennt; er kennt sie, weil er sie gemacht hat, und er hat sie gemacht, weil sie zu seiner Weisheit und Macht in Beziehung stehen.

Da wir sehen, daß die Welt, welche aus der Bewegung der Materie entstanden ist und der Vernunft entbehrt, immer besteht, so müssen ihre Bewegungen unveränderlichen Gesetzen unterliegen, und wenn man sich eine andere Welt als diese denken könnte, so würde sie beständige Regeln haben oder zugrunde gehen.

Die Schöpfung, welche eine willkürliche Handlung zu sein scheint, setzt also ebenso unveränderliche Regeln voraus wie das „Schicksal“ der Atheisten. Es wäre ungereimt zu sagen, daß der Schöpfer die Welt ohne diese Regeln regieren könnte, denn ohne sie würde die Welt nicht bestehen.

Diese Regeln sind eine beständig vorhandene Beziehung. Zwischen zwei bewegten Körpern werden alle Bewegungen nach den Verhältnissen der Masse und der Geschwindigkeit mitgeteilt, vergrößert, vermindert oder vernichtet. Jede Verschiedenheit ist eine Gleichförmigkeit, jede Veränderung eine Beständigkeit.

Die einzelnen vernunftbegabten Wesen können Gesetze haben, welche sie selbst gemacht haben; aber sie haben auch solche, welche sie nicht gemacht haben.

Vernunftbegabte Wesen waren möglich, bevor es deren gab; sie hatten also mögliche Beziehungen und folglich mögliche Gesetze. Bevor es gemachte Gesetze gab, gab es mögliche Rechtsbeziehungen. Die Behauptung, daß nichts gerecht oder ungerecht sei, als was die gegebenen Gesetze befehlen oder verbieten, ist ebenso unrichtig, als wenn man sagen wollte, daß nicht alle Halbmesser gleich wären, bevor man einen Kreis gezogen hätte.

Man muß also Rechtsbeziehungen anerkennen, die dem gegebenen Gesetz, das sie einführt, vorhergehen, z. B. daß es gerecht wäre, sich nach den Gesetzen der menschlichen Gesellschaften zu richten, wenn man den Bestand der letzteren annimmt, oder daß vernunftbegabte Wesen, die von einem anderen eine Wohltat empfangen hätten, dafür erkenntlich sein müßten, oder daß ein vernunftbegabtes Wesen, das von einem anderen erschaffen wäre, in der Abhängigkeit bleiben müßte, die es mit seiner Entstehung erhielt, oder daß ein vernunftbegabtes Wesen, das einem anderen Unrecht getan hätte, dasselbe Unrecht zu leiden verdient usw.

Aber die vernunftbegabte Welt wird lange nicht so gut regiert wie die physische Welt. Denn obwohl auch jene ihre Gesetze hat, welche ihrer Natur nach unveränderlich sind, so befolgt sie dieselben doch nicht so beständig wie die physische Welt die ihrigen. Der Grund liegt darin, daß die einzelnen vernunftbegabten Wesen ihrer Natur nach beschränkt und infolgedessen dem Irrtum unterworfen sind, während es andererseits in ihrer Natur liegt, selbständig zu handeln. Sie befolgen daher nicht beständig ihre ursprünglichen Gesetze, und selbst die, welche sie sich selbst gegeben haben, befolgen sie nicht immer.

Man weiß nicht, ob die Tiere durch die allgemeinen Gesetze der Bewegung oder durch einen besonderen Trieb geleitet werden. Wie dem auch sei, so haben sie doch zu Gott keine näheren Beziehungen als die übrige körperliche Welt; und die Empfindung dient ihnen nur in ihrer Beziehung, in der sie zueinander, zu den anderen besonderen Wesen oder zu sich selbst stehen.

Durch den Reiz der Lust erhalten sie ihr Einzelwesen und ihre Gattung. Sie haben Naturgesetze, weil sie durch die Empfindung verbunden sind, aber keine gegebenen Gesetze, weil sie nicht durch die Erkenntnis verbunden sind. Dennoch befolgen sie nicht unabänderlich ihre Naturgesetze; die Pflanzen, in denen wir weder Empfindung noch Erkenntnis wahrnehmen, befolgen sie besser.

Die Tiere haben nicht die höchsten Vorzüge, die wir besitzen; aber sie haben solche, die uns fehlen. Sie haben nicht unsere Hoffnungen, aber auch nicht unsere Befürchtungen; sie unterliegen wie wir dem Tod, aber ohne ihn zu kennen. Die meisten erhalten sich sogar besser als wir und machen keinen so schlechten Gebrauch von ihren Trieben.

Als physisches Wesen wird der Mensch ebenso wie die anderen Körper durch unabänderliche Gesetze regiert; als vernunftbegabtes Wesen verletzt er fortwährend die Gesetze, welche Gott ihm gegeben hat, und ändert diejenigen, welche er sich selbst gegeben hat. Er muß sich selbst leiten, und dennoch ist er, wie alle endlichen, geistigen Wesen, der Unwissenheit und dem Irrtum unterworfen. Die schwachen Kenntnisse, welche er besitzt, verliert er noch gar. Als empfindendes Geschöpf ist er tausend Leidenschaften unterworfen. Ein solches Wesen konnte alle Augenblicke seinen Schöpfer vergessen, aber Gott hat es durch die Gesetze der Religion zu sich zurückgerufen; es konnte alle Augenblicke sich selbst vergessen, aber die Philosophen haben es durch die Sittengesetze gewarnt; für das Leben in der Gesellschaft bestimmt, konnte es hier die anderen vergessen, aber die Gesetzgeber haben es durch die staatlichen und bürgerlichen Gesetze zu seiner Pflicht zurückgeführt.

2. Kapitel
Von den Naturgesetzen

Allen diesen Gesetzen voran gehen die Naturgesetze, so genannt, weil sie einzig und allein aus der Beschaffenheit unseres Wesens entspringen. Um sie recht zu erkennen, muß man einen Menschen vor der Gründung der Gesellschaften betrachten. Die Gesetze, die er in einem solchen Zustand befolgt, werden Naturgesetze sein.

Das Gesetz, das uns den Gedanken an einen Schöpfer einprägt und uns zu ihm hinführt, ist seiner Wichtigkeit nach das erste Naturgesetz, aber nicht das erste in der Reihenfolge. Der Mensch in dem Naturzustand würde früher die Fähigkeit besitzen zu erkennen, als er Kenntnisse erlangt. Es ist klar, daß seine ersten Gedanken keine übersinnlichen sein würden; er würde an seine Selbsterhaltung denken, bevor er den Ursprung seines Daseins untersucht. Ein solcher Mensch würde zunächst nur seine Schwäche empfinden und äußerst furchtsam sein. Wenn man hierüber Erfahrung nötig hätte, so würde solche geboten durch die wilden Menschen[2)], die man in den Wäldern gefunden hat, welche vor allem zitterten und vor allem die Flucht ergriffen.

In diesem Zustand fühlt jeder sich unterlegen und kaum den anderen gleich. Man würde sich also nicht anzugreifen suchen, und der Friede würde das erste Naturgesetz sein.

Mit Unrecht legt Hobbes den Menschen zuerst den Wunsch bei, einander zu unterjochen. Der Gedanke an Gewalt und Botmäßigkeit ist so zusammengesetzt und von so viel anderen Gedanken abhängig, daß sie ihn nicht zuerst hegen würden.

Hobbes[3)] fragt, warum die Menschen, wenn sie nicht von Natur im Kriegszustand wären, immer bewaffnet gingen und

Schlüssel hätten, um ihre Häuser zu verschließen. Aber er merkt nicht, daß er den Menschen vor der Gründung der Gesellschaften etwas zuschreibt, was ihnen erst nach dieser Gründung, die ihnen Veranlassung gibt, sich anzugreifen und zu verteidigen, einfallen kann.

Mit dem Gefühl seiner Schwäche würde der Mensch das Gefühl seiner Bedürfnisse verbinden, und ein zweites Naturgesetz würde ihm daher eingeben, sich Nahrung zu suchen.

Ich habe gesagt, daß die Furcht die Menschen veranlassen würde, sich gegenseitig zu fliehen, aber die Zeichen einer gegenseitigen Furcht würden sie bald veranlassen, sich einander zu nähern, und die Freude, welche ein lebendes Wesen bei der Annäherung eines anderen seiner Art empfindet, würde dies befördern. Jener Reiz endlich, den die beiden Geschlechter durch ihre Verschiedenheit einander einflößen, würde diese Freude vermehren, und das natürliche Verlangen, das sie immer aneinander richten, würde ein drittes Gesetz sein.

Außer der Empfindung, welche die Menschen anfänglich besitzen, erwerben sie allmählich Kenntnisse, und so verknüpft sie ein zweites Band, welches den übrigen Geschöpfen fehlt. Sie haben also einen neuen Grund, sich zu vereinigen, und der Wunsch, in Gesellschaft zu leben, ist ein viertes Naturgesetz.

3. Kapitel
Von den gegebenen Gesetzen

Sobald die Menschen in Gesellschaft leben, verlieren sie das Gefühl ihrer Schwäche; die Gleichheit, welche unter ihnen bestand, hört auf, und der Kriegszustand beginnt.[4)]

Jede einzelne Gesellschaft gelangt zum Gefühl ihrer Kraft, und dadurch wird ein Kriegszustand von Volk zu Volk hervorgerufen. Die einzelnen in jeder Gesellschaft fangen an, ihre Kraft zu fühlen, sie suchen sich die Hauptvorteile dieser Gesellschaft zunutze zu machen, und daraus entsteht ein Kriegszustand unter ihnen.

Diese beiden Arten von Kriegszustand veranlassen die Einführung von Gesetzen unter den Menschen. Als Bewohner eines Planeten, der so groß ist, daß es notwendig verschiedene Völker darauf geben muß, haben die Menschen Gesetze, die sich auf das Verhältnis dieser Völker zueinander beziehen. Diese bilden das *Völkerrecht*. Als Glieder einer Gesellschaft, die aufrechterhalten werden soll, haben sie Gesetze, die sich auf das Verhältnis der Regierenden zu den Regierten beziehen. Diese bilden das *Staatsrecht*. Endlich haben sie Gesetze, die sich auf das Verhältnis aller Bürger zueinander beziehen, und diese bilden das *bürgerliche Recht*.

Das Völkerrecht beruht naturgemäß auf dem Grundsatz, daß die verschiedenen Völker, soweit ihre wahren Interessen dies gestatten, im Frieden einander möglichst viel Gutes erweisen und im Krieg möglichst wenig Übel zufügen sollen.

Der Zweck des Krieges ist der Sieg, der Zweck des Sieges die Eroberung, der Zweck der Eroberung die Erhaltung. Aus diesem und dem vorhergehenden Grundsatz müssen alle Gesetze des Völkerrechts entspringen.

Alle Nationen haben ein Völkerrecht, selbst die Irokesen, die ihre Gefangenen verzehren, haben ein solches; sie entsenden und empfangen Gesandtschaften und kennen Rechte des Krieges und des Friedens, das Schlimme ist nur, daß ihr Völkerrecht nicht auf den richtigen Grundsätzen beruht.

Außer dem Völkerrecht, das alle Gesellschaften angeht, gibt es für jede Gesellschaft ein Staatsrecht.

Eine Gesellschaft würde nicht bestehen können ohne eine Regierung. „Die Vereinigung aller einzelnen Kräfte", bemerkt Gravina treffend, „bildet den sogenannten *politischen Staat*".

Die allgemeine Gewalt kann in den Händen eines einzelnen oder mehrerer ruhen. Einige haben die Regierung eines einzelnen für die naturgemäßeste gehalten, weil die Natur die väterliche Gewalt eingeführt habe. Aber dieses Beispiel beweist nichts, denn wenn die väterliche Gewalt mit der Regierung eines einzelnen Ähnlichkeit hat, so hat nach dem Tod des Vaters die Gewalt der Brüder oder nach dem Tod dieser die Gewalt der Vettern mit einer Regierung mehrerer Ähnlichkeit. Die Staatsgewalt umfaßt notwendig die Vereinigung mehrerer Familien.

Es ist daher richtiger zu sagen, daß die Regierung die naturgemäßeste sei, deren besondere Einrichtung der Neigung des Volkes am besten entspricht.

Die einzelnen Kräfte können sich nicht vereinigen, ohne daß alle Willen sich vereinigen. „Die Vereinigung dieser Willen", sagt Gravina ferner sehr richtig, „bildet den sogenannten *bürgerlichen Staat*".

Das Gesetz im allgemeinen ist die menschliche Vernunft insofern, als sie alle Völker der Erde regiert. Die staatlichen und bürgerlichen Gesetze jedes Volkes sollen nur die besonderen Fälle sein, in welchen diese menschliche Vernunft Anwendung findet.

Die Gesetze müssen einem Volk, für das sie gemacht sind, so eigentümlich sein, daß es ein sehr großer Zufall wäre, wenn die Gesetze eines Volkes auch für ein anderes paßten. Sie müssen der Natur und den Grundsätzen der bestehenden oder zu errichtenden Regierung entsprechen, sei es, daß sie deren Grundlage bilden, wie die Staatsgesetze, sei es, daß sie zu ihrer Stütze dienen, wie die bürgerlichen Gesetze.

Sie müssen ferner in Beziehung stehen zu der Natur des Landes, dem heißen, kalten oder gemäßigten Klima, der Beschaffenheit, Lage und Größe des Bodens, der Lebensweise der Akkerbauer-, Jäger- oder Hirtenvölker, und sie müssen dem Grad der Freiheit entsprechen, den die Verfassung gestatten kann, der Religion der Bewohner, ihren Neigungen, ihrem Reichtum, ihrer Zahl, ihrem Handel, ihren Sitten und Gewohnheiten. Sie stehen endlich in Beziehung zueinander, zu ihrem Ursprung, zu dem Zweck des Gesetzgebers und zu der Ordnung der Dinge, für welche sie bestimmt sind. Aus allen diesen Gesichtspunkten muß man sie betrachten, und dies beabsichtige ich in diesem Werk zu tun. Sie alle zusammen bilden den sogenannten *Geist der Gesetze*.

Ich habe die Staatsgesetze nicht von den *bürgerlichen* getrennt, denn da ich nicht von den Gesetzen, sondern von dem Geist der Gesetze handle, dieser aber in ihren verschiedenen möglichen Beziehungen zu verschiedenen Dingen besteht, so konnte ich mich weniger nach der natürlichen Ordnung der Gesetze als nach der Ordnung dieser Dinge richten.

Ich werde zunächst die Beziehungen der Gesetze zu der Natur und dem Prinzip jeder Regierung untersuchen; und da dieses Prinzip auf die Gesetze einen hervorragenden Einfluß übt, so werde ich mich bemühen, es genau zu erkennen. Wenn ich es erst festgestellt habe, wird man sehen, daß die Gesetze daraus wie aus ihrer Quelle entspringen. Sodann werde ich auf die anderen Beziehungen, die mehr von einzelnen besonderen Umständen abzuhängen scheinen, übergehen.

ZWEITES BUCH

Von den Gesetzen, welche unmittelbar aus der Natur der Regierung entspringen

1. Kapitel

Von der Natur der drei verschiedenen Regierungen

Es gibt drei Arten von Regierungen: *die republikanische, die monarchische und die despotische.* Um ihre Natur klarzumachen, genügt die Vorstellung, welche ganz ungebildete Menschen davon haben. Ich lege drei Erklärungen oder vielmehr drei Tatsachen zugrunde.

„1) Die republikanische Regierung ist diejenige, in welcher das Volk oder nur ein Teil des Volkes die höchste Gewalt innehat; 2) die monarchische ist diejenige, in welcher ein einzelner, aber nach bestimmten, gegebenen Gesetzen regiert, während 3) in der despotischen ein einzelner ohne Gesetz und Vorschrift alles nach seinem Willen und seinen Launen mit sich fortreißt."

Dies nenne ich die Natur jeder Regierung, und es ist nun zu untersuchen, welche Gesetze unmittelbar aus dieser Natur folgen und also die ersten Grundgesetze sind.

2. Kapitel[5)]

Von der republikanischen Regierung und den Gesetzen in bezug auf die Demokratie

Wenn in der Republik das Volk als Ganzes die höchste Gewalt innehat, so ist dies eine Demokratie. Wenn sich die höchste Gewalt in den Händen eines Teiles des Volkes befindet, so heißt dies eine Aristokratie. In der Demokratie ist das Volk in gewisser Hinsicht Monarch und in gewisser Hinsicht Untertan. Monarch kann es nur durch seine Abstimmungen sein, welche seine Willensäußerungen sind. Der Wille des Herrschers ist der Herrscher selbst. Daher sind die Gesetze über das Stimmrecht Grundgesetze in dieser Regierung. In der Tat ist es hier ebenso wichtig zu bestimmen, wie, durch wen, an wen und worüber die Stimmen abgegeben werden sollen, als in einer Monarchie zu wissen, wer Monarch ist und wie er regieren soll.

Libanius[6)] berichtet, daß zu Athen ein Fremder, der sich in eine Volksversammlung mischte, mit dem Tod bestraft wurde. Der Grund war, weil ein solcher Fremder sich das Hoheitsrecht (Souveränitätsrecht) anmaßte.[7)]

Durchaus notwendig ist es, die Zahl der zu den Versammlungen erforderlichen Bürger festzustellen, weil man sonst nicht wissen könnte, ob das Volk oder nur ein Teil des Volkes gesprochen habe. In Lakedaimon (Sparta) waren zehntausend Bürger erforderlich. In Rom, das aus kleinen Anfängen zur Größe emporsteigen und alle Wechselfälle des Schicksals erfahren sollte, in Rom, das bald alle seine Bürger außerhalb, bald ganz Italien und einen Teil der Welt innerhalb seiner Mauern hatte, war diese Zahl nicht bestimmt[8)], und dies war eine der Hauptursachen seines Verfalls.

Das Volk, welches die höchste Gewalt innehat, muß alles, was es gut verrichten kann, selbst tun, und das andere durch seine Beamten ausführen lassen.

Seine Beamten gehören ihm nicht, wenn es sie nicht ernennt. Ein Grundgesetz dieser Regierung ist daher, daß das Volk seine Beamten, d. h. seine Obrigkeit, selbst ernennt. Es bedarf, wie die Monarchen, ja noch mehr als diese, der Leitung durch einen Rat oder Senat. Damit es aber Vertrauen zu diesem habe, muß es die Mitglieder auswählen, sei es, daß es sie selbst wählt, wie in Athen, oder durch eine Behörde, die es für deren Wahl eingesetzt hat, wie es in einigen Fällen in Rom geschah.

Das Volk ist bewunderungswürdig in der Auswahl derer, denen es einen Teil seiner Macht anvertrauen muß. Es braucht sich nur durch Dinge bestimmen zu lassen, die ihm nicht unbekannt sein können, und durch Tatsachen, die offenkundig sind. Es weiß sehr gut, daß ein Mann oft im Krieg gewesen ist und dort die und die Erfolge gehabt hat: es ist daher sehr geschickt, einen Feldherrn zu wählen. Es weiß, daß ein Richter fleißig ist, daß viele Leute zufrieden von seinem Richterstuhl gehen: dies genügt, ihn zum Prätor zu wählen. Es wird von der Pracht und dem Reichtum eines Bürgers geblendet: dies reicht hin, einen Aedilen wählen zu können. Alles dies sind Tatsachen, worüber es sich auf dem Markt besser unterrichtet als ein Monarch in seinem Palast. Wird es aber auch ein Staatsgeschäft leiten, Ort, Zeit und Gelegenheit wahrzunehmen und daraus Nutzen zu ziehen wissen? Hierzu ist es nicht imstande.

Wenn man an der natürlichen Fähigkeit des Volkes, das Verdienst zu unterscheiden, zweifeln wollte, so braucht man nur auf jene beständige Reihe staunenswerter Wahlen zu blicken, welche die Athener und Römer vornahmen, die man zweifellos nicht dem bloßen Zufall zuschreiben kann.

Zu Rom konnte bekanntlich das Volk, obgleich es sich das Recht verschafft hatte, Plebejer in die höchsten Stellen zu bringen, sich nicht dazu entschließen, solche zu wählen; und zu Athen kam es, wie Xenophon[9)] sagt, niemals vor, daß das niedere Volk, obgleich nach dem Gesetz des Aristides die Behörden aus allen Klassen gewählt werden konnten, solche Stellen beanspruchte, von denen das Wohl oder der Ruhm des Staates abhängen konnte. Wie die meisten Bürger genügende Fähigkeit besitzen zu wählen, aber nicht befähigt genug sind, gewählt zu werden, so ist auch das Volk geschickt genug, sich von der Verwaltung anderer Rechenschaft geben zu lassen, aber nicht imstande, selbst zu verwalten.

Die Geschäfte müssen ihren Gang gehen und in einer gewissen gleichmäßigen Bewegung bleiben. Das Volk aber ist immer zu rasch oder zu langsam. Zuweilen wirft es mit hunderttausend Armen alles über den Haufen, und zuweilen kriecht es mit hunderttausend Beinen wie die Raupen.

In dem Volksstaat wird das Volk in bestimmte Klassen eingeteilt. In der Art und Weise dieser Einteilung haben sich die großen Gesetzgeber bekundet, und immer hat die Dauer und das Gedeihen der Demokratie hiervon abgehangen.

Servius Tullius ließ sich bei der Zusammensetzung seiner Klassen von dem Geiste der Aristokratie leiten. Wir finden bei Titus Livius[10)] und Dionys von Halikarnaß[11)], wie er das Stimmrecht in die Hände der vornehmen Bürger legte. Er hatte das römische Volk in 193 Zenturien geteilt, welche sechs Klassen bildeten, und während er die Reichen in geringerer Zahl den ersten Zenturien und die weniger Reichen in größerer Zahl den folgenden zuteilte, warf er die ganze Masse der Armen in die letzte Zenturie, und da jede Zenturie nur eine Stimme hatte, so gaben mehr Vermögen und Reichtum als die Personen den Ausschlag.[12)]

Solon teilte die Athener in vier Klassen ein. Vom Geist der Demokratie geleitet, schuf er die Klassen nicht, um die Wähler, sondern um die Wählbaren zu bestimmen, und während er jedem Bürger das Wahlrecht einräumte, verordnete er[13)], daß die Richter aus allen vier Klassen, die Obrigkeiten aber nur aus den drei ersten Klassen, welchen die wohlhabenden Bürger angehörten, sollten gewählt werden können.[14)]

Ebenso wie die Einteilung der Stimmberechtigten ist in der Republik auch die Art und Weise der Abstimmung ein Grundgesetz. Die Wahl durch das Los entspricht der Natur der Demokratie, die Wahl durch Abstimmen der Natur der Aristokratie.[15)]

Das Los ist eine Wahlart, die niemanden verletzt und jedem Bürger eine begründete Hoffnung gewährt, seinem Vaterland zu dienen. Da es aber an sich mangelhaft ist, so haben die großen Gesetzgeber sich überboten, es zu regeln und zu verbessern. Solon bestimmte zu Athen, daß die Ernennungen zu allen militärischen Stellen durch Abstimmung vorgenommen, die Senatoren und Richter aber durch das Los bestimmt werden sollten; ferner daß die bürgerlichen Ämter, welche großen Aufwand erforderten, durch Wahl und die anderen durch das Los verliehen werden sollten. Um aber die Mängel des Losens zu verbessern, verordnete er, daß die Wahl nur unter der Zahl der auftretenden Bewerber stattfinden, der Gewählte durch Richter geprüft[16)] werden und von jedem der Unwürdigkeit sollte beschuldigt werden können.[17)]

Darin lag zugleich Los und Wahl. Nach Beendigung seiner Amtszeit mußte man sich einem ferneren Urteil über seine Amtsführung unterwerfen. Unfähige Personen sollten dadurch abgehalten werden, ihre Namen für die Auslosung herzugeben.

Das Gesetz, wodurch die Art und Weise der Abgabe der Stimmzettel festgestellt wird, ist ein ferneres Grundgesetz der Demokratie. Dabei ist es eine wichtige Frage, ob die Abstimmungen öffentlich oder geheim sein sollen. Wie Cicero bemerkt[18)], waren die Gesetze, wodurch in den letzten Zeiten der römischen Republik die Abstimmungen geheim gemacht wurden, eine Hauptursache ihres Verfalls.

Da die Sache in verschiedenen Republiken verschieden gehandhabt wird, so möchte folgendes davon zu halten sein.

Wenn die Abstimmungen vom Volk vorgenommen werden, müssen sie zweifellos öffentlich sein[19)], und dies muß als ein Grundgesetz der Demokratie angesehen werden. Das gemeine Volk muß durch die Vornehmen und durch das Gewicht gewisser Persönlichkeiten in Schranken gehalten werden. Als daher in der römischen Republik die Abstimmungen geheim wurden, verdarb man alles, und es war nicht mehr möglich, eine Bevölkerung aufzuklären, die sich selbst ins Verderben stürzte. Wenn aber in einer Aristokratie die Körperschaft der Adligen[20)] oder in einer Demokratie[21)] der Senat abstimmt, so können die Abstimmungen nicht geheim genug sein, weil hier alles darauf ankommt, den Parteiungen vorzubeugen.

Die Parteiungen sind in einem Senat und in der Körperschaft der Adligen gefährlich, aber nicht beim Volk, in dessen Natur es liegt, leidenschaftlich zu handeln. In den Staaten, wo das Volk keinen Anteil an der Regierung hat, wird es sich für einen Schauspieler ebenso erhitzen, wie es sonst für die Staatsangelegenheiten tun würde. Für eine Republik ist es ein Unglück, wenn es keine Parteiungen gibt, und dies kommt vor, wenn man das Volk durch Geld bestochen hat. Alsdann wird es kalt, gewinnt das Geld lieb und findet keinen Gefallen mehr daran, sich mit den öffentlichen Angelegenheiten zu befassen; unbekümmert um die Regierung und deren Pläne, erwartet es ruhig seinen Lohn.

Weiter ist es ein Grundgesetz der Demokratie, daß das Volk allein die Gesetze mache. Es kommen jedoch tausend Fälle vor, wo der Senat das Recht haben muß, Verordnungen zu erlassen. Oft ist es sogar ratsam, ein Gesetz erst zu erproben, ehe man es einführt. In dieser Beziehung waren die Gesetze Roms und Athens sehr weise. Die Senatsbeschlüsse[22)] hatten nur für ein Jahr Gesetzeskraft und wurden erst dauernde Gesetze durch den Willen des Volkes.

3. Kapitel
Von den Gesetzen in bezug auf die Natur der Aristokratie

In der Aristokratie liegt die höchste Gewalt in der Hand einer bestimmten Zahl von Personen. Diese machen die Gesetze und lassen sie vollstrecken, während das übrige Volk im Verhältnis zu ihnen höchstens so viel zu bedeuten hat wie in einer Monarchie die Untertanen im Verhältnis zum Monarchen. Hier darf man keine Abstimmungen durch das Los, wovon man nur die Nachteile empfinden würde, gestatten. In der Tat, in einer Regierung, die schon die verletzendsten Standesunterschiede eingeführt hat, würde man darum nicht weniger verhaßt sein, weil man durch das Los gewählt wäre, denn nicht die Obrigkeit, sondern die Adligen werden beneidet.

Wenn die Adligen sehr zahlreich sind, so ist ein Senat nötig, der die Angelegenheiten, welche die Körperschaft der Adligen nicht erledigen kann, führt und die Sachen, worüber diese zu entscheiden hat, vorbereitet. In solchem Fall ist im Senat gewissermaßen die Aristokratie und in der Körperschaft der Adligen die Demokratie vertreten, während das Volk nichts ist.

Sehr vorteilhaft wird es sein, wenn man in der Aristokratie das Volk auf irgendeine mittelbare Weise aus seiner Bedeutungslosigkeit heraustreten lassen kann. So gewährt die St. Georgsbank in Genua, welche zum großen Teil durch die angesehensten Personen aus dem Volk verwaltet wird[23)], letzterem einen gewissen Einfluß auf die Regierung, worauf deren ganzes Gedeihen beruht.

Die Senatoren dürfen nicht das Recht haben, die Stellen der abgehenden Senatoren wieder zu besetzen; nichts würde geeigneter sein, die Mißbräuche zu verewigen. In Rom, das in den ersten Zeiten eine Art Aristokratie war, ergänzte der Senat sich nicht selbst, sondern die neuen Senatoren wurden durch die Zensoren ernannt.[24)]

Eine außerordentliche Gewalt, welche einem Bürger in einer Republik plötzlich übertragen wird, stellt eine Monarchie, ja mehr als eine solche dar. In letzterer haben die Gesetze für die Verfassung gesorgt oder sich derselben angepaßt, und das Grundgesetz der Regierung beschränkt den Monarchen; in einer Republik dagegen, wo sich ein Bürger eine außerordentliche Macht übertragen läßt[25)], ist der Mißbrauch dieser Macht gefährlicher, weil die Gesetze, welche solchen Mißbrauch nicht vorausgesehen haben, nichts getan haben, um ihn zu verhindern. Eine Ausnahme von dieser Regel findet statt, wenn die Verfassung des Staates derart ist, daß er einer Behörde mit einer außerordentlichen Macht bedarf. In solcher Lage war Rom mit seinen Diktatoren und Venedig mit seinen Staatsinquisitoren; es sind dies furchtbare Behörden, welche den Staat mit Gewalt zur Freiheit zurückführen. Aber woher kommt die Verschiedenheit dieser Behörden in den beiden Republiken? Daher, weil Rom die Reste seiner Aristokratie gegen das Volk verteidigte, während Venedig sich seiner Staatsinquisitoren bediente, um seine Aristokratie gegen die Adligen zu behaupten. Daraus folgte, daß zu Rom die Diktatur nur kurze Zeit zu dauern brauchte, weil das Volk in aufbrausendem Zorn und nicht mit Überlegung handelt. Diese Behörde mußte mit Wucht auftreten, weil es sich darum handelte, das Volk einzuschüchtern, nicht zu strafen. Der Diktator durfte nur für eine Angelegenheit ernannt werden und nur mit Rücksicht auf diese eine unbeschränkte Gewalt haben, weil er nur für einen unvorhergesehenen Fall ernannt wurde. In Venedig dagegen braucht man eine ständige Behörde, denn dort können Anschläge gemacht, verfolgt, ausgesetzt und wieder aufgenommen werden. Das ehrgeizige Streben eines einzelnen wird hier zum Streben einer Familie, und das Streben einer Familie wird zum Streben mehrerer Familien. Man bedarf einer geheimen Behörde, weil die stets tief angelegten Verbrechen, die sie straft, im geheimen und in der Stille geplant werden. Diese Behörde muß ein allgemeines Untersuchungsrecht haben, weil sie nicht bekannte Übel verhindern, sondern unbekannten vorbeugen soll. Kurz, diese Behörde ist eingesetzt, um die Verbrechen zu verfolgen, die sie argwöhnt, während jene römische Behörde selbst bei den von den Urhebern zugestandenen Verbrechen mehr Drohungen als Strafen anwendete.

Bei jeder Behörde muß man die Größe der Macht durch die Kürze ihrer Dauer ausgleichen. Die meisten Gesetzgeber haben die Zeit auf ein Jahr festgesetzt. Eine längere Zeit würde gefährlich, eine kürzere aber gegen die Natur der Sache sein. Wer würde auch nur seine häuslichen Angelegenheiten so verwalten wollen?

In Ragusa[26)] wechselt das Oberhaupt der Republik alle Monate, die anderen Beamten alle Woche und der Befehlshaber des Kastells alle Tage. Dies kann nur in einer kleinen Republik[27)] statthaft sein, die von großen Mächten eingeschlossen ist, welche kleine Behörden leicht bestechen würden.

Die beste Aristokratie ist die, wo der von der Teilnahme an der Regierung ausgeschlossene Teil des Volkes so klein und arm ist, daß die herrschende Partei kein Interesse daran hat, ihn zu unterdrücken.

So schuf Antipater[28] die möglichst beste Aristokratie, als er zu Athen nur die Personen, die keine zweitausend Drachmen im Vermögen hatten, von dem Stimmrecht ausschloß, weil dieser Zensus so niedrig war, daß dadurch nur wenige ausgeschlossen wurden und niemand, der in der Stadt einiges Gewicht hatte.

Die aristokratischen Familien sollen also möglichst zahlreich sein. Je mehr eine Aristokratie sich der Demokratie nähert, um so vollkommener wird sie, und je mehr sie sich der Monarchie nähert, um so unvollkommener wird sie. Die unvollkommenste von allen ist die, wo der gehorchende Teil des Volkes sich in der bürgerlichen Knechtschaft des herrschenden Teiles befindet, wie es bei der polnischen Aristokratie der Fall ist, wo die Bauern die Sklaven des Adels sind.

4. Kapitel

Von den Gesetzen in ihrer Beziehung zu der Natur der monarchischen Regierung

Die Natur der monarchischen Regierung, d. h. derjenigen, wo ein einzelner nach Grundgesetzen regiert, besteht in den untergeordneten und abhängigen Zwischengewalten. Ich sage untergeordnete und abhängige Zwischengewalten, denn, in der Tat, in der Monarchie ist der Fürst die Quelle aller politischen und bürgerlichen Gewalt. Jene Grundgesetze erfordern notwendig vermittelnde Kanäle, durch welche die Macht strömt, denn wenn im Staat nur der augenblickliche, eigensinnige Wille eines einzelnen gilt, so kann nichts fest und bestimmt sein und folglich kein Grundgesetz bestehen. Die natürlichste untergeordnete Zwischengewalt ist die des Adels. Er gehört gewissermaßen zum Wesen der Monarchie, deren Grundsatz lautet: „Ohne Monarch kein Adel, ohne Adel kein Monarch“. Ohne Adel hat man einen Despoten.

In einigen Staaten Europas war man auf den Gedanken gekommen, alle Patrimonialgerichtsbarkeit aufzuheben. Man merkte nicht, daß man dasselbe tun wollte, was das englische Parlament tat. Man schaffe in einer Monarchie die Vorrechte der Großen, der Geistlichkeit, des Adels und der Städte ab, und man wird bald einen Volksstaat oder gar einen despotischen Staat haben. Die Gerichte eines großen Staates in Europa rütteln seit Jahrhunderten unaufhörlich an der Patrimonialgerichtsbarkeit. Wir wollen so weise Behörden nicht tadeln, möchten aber doch der Erwägung anheimgeben, in welchem Grad die Verfassung dadurch geändert werden kann.

Ich bin durchaus nicht für die Vorrechte der Geistlichkeit eingenommen, aber ich wünsche doch, daß man ihre Vorrechte einmal genau bestimmte. Es handelt sich nicht darum, ob man recht getan hat, diese Gerichtsbarkeit einzuführen, sondern ob sie zu Recht besteht; ob sie einen Teil der Landesgesetze ausmacht und mit diesen allenthalben zusammenhängt; ob zwischen zwei Gewalten, die man als unabhängig anerkennt, die Verhältnisse nicht auf Gegenseitigkeit beruhen müssen, und ob es für einen guten Untertan nicht dasselbe ist, die Gerichtsbarkeit des Fürsten oder die Grenzen, die sie sich jederzeit gezogen hat, zu verteidigen.

So gefährlich die Macht der Geistlichkeit für eine Republik ist, so zuträglich ist sie für eine Monarchie, besonders wenn diese auf dem Weg zum Despotismus ist. Wie würde es seit dem Umsturz ihrer Gesetze mit Spanien und Portugal stehen ohne diese Macht, welche allein die willkürliche Gewalt in Schranken hält? Ein Schutzwall ist immer gut, wenn kein anderer vorhanden ist, und da der Despotismus der Menschheit furchtbares Unheil zufügt, so ist selbst das Übel, das ihn einschränkt, eine Wohltat.

Wie das Meer, welches scheinbar die ganze Erde überfluten will, durch die Gräser und kleinsten Kieselsteine am Ufer aufgehalten wird, so machen die Monarchen, deren Macht ohne Grenzen zu sein scheint, vor den kleinsten Hindernissen halt und beugen ihren natürlichen Stolz vor der Klage und Bitte.

Die Engländer haben zur Begünstigung der Freiheit alle Zwischengewalten, aus denen ihre Monarchie bestand, aufgehoben.[29] Sie haben allen Grund, diese Freiheit zu bewahren, denn wenn sie dieselbe einmal verlieren sollten, würden sie eines der geknechtetsten Völker der Erde sein.

Herr Law wurde aus gleicher Unkenntnis der monarchischen und republikanischen Verfassung einer der größten Beförderer des Despotismus, die Europa je gesehen hat. Außer seinen so hastig vorgenommenen, ungewöhnlichen und unerhörten Veränderungen wollte er auch die vermittelnden Stände aufheben und die politischen Körperschaften vernichten. Durch seine schwindelhaften Zahlungen brachte er die Monarchie der Auflösung[30] nahe, während er gerade die Verfassung von neuem befestigen zu wollen schien.

In einer Monarchie ist aber das Vorhandensein der Mittelglieder allein nicht genügend, sondern es muß auch ein Hort für die Gesetze da sein. Dieser Hort kann nur bei den politischen Körperschaften sein, welche die beschlossenen Gesetze verkünden und die in Vergessenheit geratenen wieder in Erinnerung bringen. Die dem Adel eigene Unwissenheit, seine Unachtsamkeit und seine Mißachtung der bürgerlichen Regierung erfordern eine Körperschaft, die unaufhörlich die Gesetze aus dem Staub, worin sie begraben werden, wieder hervorholt. Der fürstliche Rat ist kein geeigneter Hüter der Gesetze. Er ist der Vertraute des Willens des Fürsten, der die vollziehende Gewalt besitzt, und nicht der Beschützer der Grundgesetze. Zudem wechselt der Rat häufig, ist nicht beständig versammelt, kann nicht zahlreich sein und besitzt nicht genügend das Vertrauen des Volkes; er ist daher in schwierigen Lagen nicht imstande, das Volk aufzuklären oder zum Gehorsam zurückzuführen.

In den despotischen Staaten, wo keine Grundgesetze bestehen, gibt es auch keinen Hort für die Gesetze. Daher hat in solchen Ländern gewöhnlich die Religion so viel Macht, weil sie gewissermaßen eine beständige Beschützerin ist, und wenn es die Religion nicht ist, so treten hier die in Ehren gehaltenen Gewohnheiten und Sitten an die Stelle der Gesetze.

5. Kapitel

Von den Gesetzen in bezug auf die Natur des despotischen Staates

Aus dem Wesen der despotischen Gewalt folgt, daß der eine Mensch, der sie ausübt, sie auch nur durch einen einzigen ausüben läßt. Ein Mensch, dem seine fünf Sinne beständig sagen, daß er alles ist und daß alle anderen nichts sind, ist naturgemäß träge, unwissend und genußsüchtig. Er kümmert sich daher nicht um die Geschäfte. Wenn er sie aber mehreren anvertraute, so würde Streit unter ihnen entstehen; man würde Ränke spinnen, um der erste Sklave zu sein, und der Fürst würde genötigt sein, wieder in die Verwaltung der Geschäfte einzutreten. Daher ist es einfacher, sie einem Wesir zu überlassen[31)], der damit sogleich dieselbe Macht erhält wie der Fürst. Die Einsetzung eines Wesirs ist also in einem solchen Staat ein Grundgesetz.

Man erzählt von einem Papst, welcher im Gefühl seiner Unfähigkeit bei seiner Wahl zuerst unendliche Schwierigkeiten machte. Endlich nahm er die Wahl an und überließ alle Geschäfte seinem Neffen. Nun war er ganz verwundert und sagte: „Ich hätte nie gedacht, daß dies so leicht wäre." So geht es auch mit den orientalischen Fürsten. Wenn sie aus dem Gefängnis, wo Verschnittene ihnen Herz und Geist geschwächt und sie manchmal über ihren Stand in Unkenntnis gelassen haben, hervorgeholt und auf den Thron gesetzt werden, sind sie zuerst verwirrt, sobald sie aber einen Wesir ernannt und sich in ihrem Serail den gröbsten Sinnlichkeiten überlassen haben, wenn sie inmitten eines unterwürfigen Hofstaates ihren dümmsten Launen nachgehen, dann hätten sie auch nie geglaubt, daß dies so leicht wäre.

Je ausgedehnter das Reich wird, desto größer wird das Serail und desto mehr berauscht sich der Fürst in sinnlichen Lüsten. Je mehr Untertanen also der Fürst in solchen Staaten zu regieren hat, desto weniger denkt er an die Regierung, und je wichtiger die Geschäfte sind, desto weniger sinnt man darüber nach.

DRITTES BUCH

Von den Grundsätzen der drei Regierungen

1. Kapitel
Unterschied zwischen der Natur und dem Prinzip der Regierung

Nachdem wir untersucht haben, welche Gesetze zu der Natur jeder Regierung in Beziehung stehen, müssen wir die Gesetze betrachten, welche sich auf das Prinzip der Regierung beziehen. Zwischen der Natur und dem Prinzip der Regierung besteht folgender Unterschied:[32)] Die Natur der Regierung ist das, was ihr besonderes Wesen ausmacht, ihr Prinzip das, was ihr Handeln bestimmt. Jenes ist ihr besonderer Bau, ihre Struktur, dieses sind die menschlichen Leidenschaften, wodurch sie in Bewegung gesetzt wird. Nun müssen aber die Gesetze ebenso sehr mit dem Prinzip als mit der Natur jeder Regierung in Beziehung stehen. Es ist also zu untersuchen, worin dieses Prinzip besteht, und dies soll in diesem Buch geschehen.

2. Kapitel
Von dem Prinzip der verschiedenen Regierungen

Die Natur der republikanischen Regierung besteht, wie ich bereits gesagt habe, darin, daß das Volk im ganzen oder bestimmte Familien dort die unumschränkte Gewalt haben; die der monarchischen Regierung darin, daß der Fürst die unumschränkte Gewalt besitzt, sie aber nach den bestehenden Gesetzen ausübt; die der despotischen Regierung darin, daß ein einziger nach seinem Belieben und nach seinen Launen regiert. Mehr brauche ich nicht, um die Prinzipien der drei Regierungen zu finden; sie ergeben sich daraus von selbst.

Ich will mit der republikanischen Regierung beginnen und zunächst von der Demokratie sprechen.

3. Kapitel
Von dem Prinzip der Demokratie

Eine monarchische oder despotische Regierung bedarf zu ihrer Erhaltung oder Stütze nicht viel Rechtschaffenheit. Dort hält die Macht der Gesetze, hier der stets erhobene Arm des Fürsten alles in Ordnung und im Zaum. Der Volksstaat aber gebraucht eine Triebkraft mehr, die Tugend.

Was ich hier sage, wird durch den ganzen Inhalt der Geschichte bestätigt und entspricht durchaus der Natur der Dinge.[33] Denn es ist klar, daß in einer Monarchie, wo der Vollstrecker der Gesetze sich an die Gesetze nicht gebunden hält, weniger Tugend erfordert wird als in einer Volksregierung, wo der Vollstrecker der Gesetze fühlt, daß er ihnen selbst unterworfen ist und ihre Last mittragen muß.

Es leuchtet ferner ein, daß der Monarch, der aus bösem Entschluß oder aus Nachlässigkeit die Ausführung der Gesetze unterläßt, das Übel leicht wiedergutmachen kann, denn er braucht seinen Entschluß nur zu ändern oder die Nachlässigkeit abzulegen. Wenn aber in einer Volksregierung die Gesetze außer Anwendung gekommen sind, so ist der Staat schon verloren, weil dies nur eine Folge der inneren Verdorbenheit der Republik sein kann.

Das vorige Jahrhundert bot uns das anziehende Schauspiel, wie die Engländer vergebliche Anstrengungen machten, die Demokratie bei sich einzuführen. Da die Teilhaber an der Regierung keine Tugend besaßen, sondern ihr Ehrgeiz durch den Erfolg des Verwegensten[34] gereizt war und ein Parteigeist nur durch einen anderen Parteigeist unterdrückt wurde, so wechselte die Regierung beständig; das erstaunte Volk suchte die Demokratie und fand sie nirgends, bis es nach vielen Bewegungen, Erschütterungen und Stößen endlich gerade unter der Regierung, die man verbannt hatte, Ruhe fand.

Als Sulla Rom die Freiheit geben wollte, war es nicht mehr dafür empfänglich; es war ihm nur noch ein kleiner Rest von Tugend verblieben, und da sie ihm immer mehr abhanden kam, so geriet es, anstatt nach Cäsar, Tiberius, Cajus, Claudius, Nero und Domitian zu erwachen, immer tiefer in die Knechtschaft. Alle Streiche waren gegen die Tyrannen gerichtet, keiner gegen die Tyrannei.

Die griechischen Staatsmänner, welche unter einer Volksregierung lebten, erkannten zur Aufrechterhaltung derselben keine andere Macht als die Tugend an, während die heutigen Staatsmänner nur von Handel und Gewerbe, Finanzen, Reichtum und selbst vom Luxus reden.

Wenn die Tugend aufhört, so werden die dafür empfänglichen Gemüter vom Ehrgeiz und alle von der Habsucht ergriffen. Die Wünsche ändern ihren Gegenstand: was man früher liebte, verschmäht man; wenn man früher frei war mit den Gesetzen, so will man jetzt frei sein gegen sie; jeder Bürger gleicht einem Sklaven, der aus dem Haus seines Herrn entflohen ist; was Grundsatz war, heißt jetzt Härte, was Regel war, Zwang, und was früher Ehrfurcht hieß, wird jetzt Furcht genannt. Die Genügsamkeit und nicht die Habsucht heißt dann Geiz. Vorher bildete das Vergnügen der einzelnen den Staatsschatz, jetzt aber wird der Staatsschatz das Erbgut der einzelnen. Die Republik ist eine Beute, und ihre Kraft besteht nur noch in der Macht einiger Bürger und in der Zügellosigkeit aller.

Athen barg in seinen Mauern dieselbe Macht, als es so ruhmvoll herrschte und als es so schmachvoll diente. Es hatte zwanzigtausend Bürger[35)], als es die Griechen gegen die Perser verteidigte, als es mit Lakedaimon um die Oberherrschaft rang und als es Sizilien angriff; es hatte zwanzigtausend Bürger, als Demetrius Phalereus sie wie Sklaven auf dem Markt zählte.[36)]

Als Philipp sich erkühnte, in Griechenland zu herrschen und vor den Thron Athens erschien[37)], hatte es noch nichts verloren als Zeit. Man kann im Demosthenes lesen, welche Mühe es kostete, es aufzurütteln. Es fürchtete Philipp nicht als den Feind seiner Freiheit, sondern als den Feind seiner Vergnügungen.[38)] Diese Stadt, welche so viele Niederlagen überstanden hatte, welche man nach ihren Zerstörungen neu hatte erstehen sehen, wurde bei Chäronea besiegt und für immer. Was hilft es, daß Philipp alle Gefangenen zurücksendet? Er schickt keine Männer zurück. So leicht es immer war, Athens Streitkräfte zu besiegen, so schwer war es, seine Tugend zu überwinden.

Wie hätte Karthago sich halten können? Wurde Hannibal nicht, als er Prätor geworden war und die Behörden verhindern wollte, die Republik zu plündern, von ihnen bei den Römern verklagt? Die Elenden, welche ohne eine Stadt Bürger sein und ihren Reichtum aus der Hand ihrer Eroberer empfangen wollten! Bald verlangte Rom von ihnen dreihundert der vornehmsten Bürger als Geiseln, ließ sich die Waffen und Schiffe ausliefern und erklärte ihnen darauf den Krieg.

An den Taten der Verzweiflung des entwaffneten Karthago[39)] kann man beurteilen, was es mit seiner Tugend hätte ausrichten können, als es noch im Besitz seiner Macht war.

4. Kapitel
Das Prinzip der Aristokratie

Wie die Volksregierung, so bedarf auch die Aristokratie der Tugend, wenn auch nicht so unbedingt.

Das Volk, welches hier zu den Adligen in demselben Verhältnis steht wie die Untertanen zum Monarchen, wird durch Gesetze in Schranken gehalten. Es braucht deshalb weniger Tugend als das Volk der Demokratie. Aber wie sollen die Adligen in Schranken gehalten werden? Diejenigen, welche die Gesetze gegen ihre Genossen vollstrecken lassen, werden sofort empfinden, daß sie gegen sich selbst handeln. Nach der Natur der Verfassung bedarf also diese Körperschaft der Tugend.

Die aristokratische Regierung besitzt in sich selbst eine gewisse Kraft, welche der Demokratie fehlt. Die Adligen bilden hier eine Körperschaft, welche durch ihre Vorrechte und besonderen Interessen das Volk in Schranken hält. In dieser Beziehung bürgt das Vorhandensein der Gesetze für ihre Ausführung. Aber so leicht es dieser Körperschaft ist, das Volk in

Schranken zu halten, so schwer wird es ihr, sich selbst in Schranken zu halten.[40] Die Natur der Verfassung ist der Art, daß sie dieselben Personen anscheinend der Gewalt der Gesetze unterstellt und sie derselben entzieht.

Nun kann sich aber eine solche Körperschaft nur auf zweierlei Weise selbst zügeln, entweder durch eine große Tugend, wodurch sich die Adligen gewissermaßen ihrem Volk gleichstellen und eine große Republik entstehen kann, oder durch eine geringere Tugend, welche in einer gewissen Mäßigung besteht und die Adligen wenigstens untereinander gleichmacht und dadurch ihre Erhaltung bewirkt.

Die Mäßigung ist also die Seele dieser Regierung. Ich meine die in der Tugend begründete Mäßigung, nicht die, welche aus einer Schlaffheit und Trägheit der Seele entspringt.

5. Kapitel
Daß die Tugend nicht das Prinzip der monarchischen Regierung ist

In den Monarchien läßt die Staatskunst die großen Dinge mit möglichst geringem Maß von Tugend ausführen, wie die Kunst bei den schönsten Maschinen möglichst wenig Getriebe, Kräfte und Räder anwendet. Der Bestand des Staates ist unabhängig von der Vaterlandsliebe, dem Streben nach wahrem Ruhm, der Selbstentsagung, der Aufopferung der teuersten Interessen und allen den Heldentugenden, die wir bei den Alten finden und nur noch vom Hörensagen kennen. Die Gesetze treten hier an die Stelle aller dieser Tugenden, deren man nicht bedarf und die der Staat uns erläßt. Seine Handlung, die kein Aufsehen macht, ist hier gewissermaßen ohne Bedeutung.

Obgleich alle Verbrechen ihrer Natur nach öffentliche sind, so unterscheidet man doch die öffentlichen Verbrechen im eigentlichen Sinne von den sogenannten Privatverbrechen, welche mehr einen einzelnen als die ganze Gesellschaft verletzen.

Nun haben aber in den Republiken die Privatverbrechen einen mehr öffentlichen Charakter, d. h. sie berühren mehr die Staatsverfassung als die einzelnen, während in den Monarchien die öffentlichen Verbrechen mehr einen privaten Charakter tragen, d. h. mehr das Wohl des einzelnen als die Staatsverfassung selbst berühren.

Ich bitte, an dem Gesagten keinen Anstoß zu nehmen, denn ich spreche aufgrund der ganzen Geschichte. Ich weiß sehr wohl, daß es nicht selten tugendhafte Fürsten gibt, aber ich behaupte, daß in einer Monarchie das Volk sehr schwer tugendhaft sein kann.[41] Man lese nur, was die Geschichtsschreiber aller Zeiten über den Hof der Monarchen gesagt haben, und erinnere sich der Unterhaltungen der Männer in allen Ländern über den elenden Charakter der Hofleute. Diese Dinge beruhen nicht auf Einbildung, sondern auf einer traurigen Erfahrung. Ehrgeiz verbunden mit Müßiggang, Niederträchtigkeit mit Hochmut, der Wunsch, ohne Arbeit reich zu werden, Abneigung gegen die Wahrheit, Schmeichelei, Verrat, Treulosigkeit, Preisgabe aller seiner Verpflichtungen, Verachtung der Bürgerpflichten, Furcht vor der Tugend des Fürsten, Vertrauen auf seine Schwächen und, mehr als alles dies, beständiges Verspotten der Tugend bilden, glaube ich, den Charakter der meisten Hofleute, wie er sich aller Orten und zu allen Zeiten ausgeprägt hat. Nun ist aber schwerlich anzunehmen, daß die Vornehmen eines Staates meist schlechte Menschen und die Geringen rechtschaffene Leute, daß jene die Betrüger und diese nur die freiwillig Betrogenen sein sollten.

Wenn unter dem Volk sich ein armer, rechtschaffener Mensch[42] findet, bemerkt der Kardinal Richelieu in seinem politischen Testament, so muß ein Monarch sich hüten, sich desselben zu bedienen.[43] So wahr ist es, daß die Tugend nicht die Triebfeder dieser Regierung ist. Gewiß ist sie nicht davon ausgeschlossen, aber sie ist nicht ihre Triebfeder.

6. Kapitel
Wie in der monarchischen Regierung die Tugend ersetzt wird

Ich beeile mich und schreite weit aus, damit man nicht glaube, ich schriebe eine Satire auf die monarchische Regierung. Nein, wenn ihr die eine Triebfeder fehlt, so besitzt sie dafür eine andere. Die *Ehre*, d. h. das Vorurteil jeder Person und jeder Stellung, tritt an die Stelle der politischen Tugend, von welcher ich gesprochen habe, und ersetzt sie überall. Sie kann zu den schönsten Handlungen begeistern und in Verbindung mit der Kraft der Gesetze das Ziel der Regierung ebenso erreichen wie die Tugend selbst. In den gutgeordneten Monarchien wird daher beinahe jeder ein guter Bürger sein, aber man wird selten einen Mann finden, der sich um das allgemeine Wohl bekümmert, denn, um ein solcher „rechtschaffener Mann" zu sein[44)], muß man die Absicht haben, es zu sein, und den Staat weniger im eigenen Interesse als um seiner selbst willen lieben.

7. Kapitel
Das Prinzip der Monarchie

Die monarchische Regierung erfordert, wie wir bereits bemerkt haben, Vorzüge, Rangstufen und selbst einen Geburtsadel. Nun liegt es aber in der Natur der Ehre, daß sie Vorzüge und Auszeichnungen[45)] verlangt, und sie findet daher von selbst ihren Platz in dieser Regierung.

Der Ehrgeiz ist in einer Republik verderblich, während er in einer Monarchie gute Wirkungen hat; er belebt diese Regierung und hat dabei das Gute, daß er hier nicht gefährlich ist, weil er beständig niedergehalten werden kann. Man könnte sagen, es verhalte sich damit ähnlich wie beim Himmelssystem, wo eine Kraft alle Körper beständig vom Mittelpunkt abzieht und eine Schwerkraft sie dahin zurückzieht. Die Ehre setzt alle Teile des Staatskörpers in Bewegung, und am Ende trägt jeder zum Allgemeinwohl bei, während er nur seine besonderen Interessen zu verfolgen glaubt. Philosophisch gesprochen ist diese Ehre, welche alle Teile des Staates leitet, freilich eine falsche Ehre, aber diese ist dem Gemeinwohl ebenso nützlich wie die wahre Ehre den einzelnen, wenn sie solche erlangen könnten.

Und ist es nicht etwas Bedeutendes, die Menschen zur Ausführung aller schwierigen und mühsamen Handlungen zu bewegen, ohne eine andere Belohnung als die, welche in dem Ruhm solcher Handlungen liegt?

8. Kapitel
Daß die Ehre nicht das Prinzip der despotischen Staaten ist

Die Ehre ist nicht das Prinzip der despotischen Staaten. Da die Menschen hier alle gleich sind, so kann niemand vor den anderen einen Vorzug haben, und da die Menschen hier alle Sklaven sind, so kann man überhaupt keinen Vorzug haben. Da ferner die Ehre ihre eigenen, unbeugsamen Gesetze und Regeln hat und wohl von ihrer eigenen Laune, aber nicht von der eines anderen abhängt, so kann sie nur in Staaten mit fester Verfassung und sicheren Gesetzen gedeihen. Wie könnte sie auch von einem Despoten geduldet werden? Sie rühmt sich, das Leben zu verachten, und die Macht des Despoten beruht nur darin, daß er es nehmen kann. Wie könnte sie den Despoten dulden? Sie hat streng durchgeführte Regeln und eigensinnige Launen, während der Despot keine Regeln kennt und mit seinem Eigensinn jeden anderen vernichtet.

Die Ehre, welche in den despotischen Staaten unbekannt ist, wo man nicht einmal einen Ausdruck für sie hat[46)], herrscht in den Monarchien, wo sie den ganzen Staatskörper, die Gesetze, ja selbst die Tugenden belebt.

9. Kapitel

Das Prinzip der despotischen Regierung

Wie der Tugend in einer Republik und der Ehre in einer Monarchie, so bedarf es in einer despotischen Regierung der Furcht.[47] Die Tugend ist hier nicht nötig, und die Ehre würde gefährlich sein.

Die unermeßliche Macht des Fürsten geht hier ganz auf diejenigen über, denen er sie anvertraut. Personen, die fähig wären, sich selbst hoch zu schätzen, würden imstande sein, Staatsumwälzungen herbeizuführen. Daher muß die Furcht hier allen Mut niederschlagen und jedes Gefühl von Ehrgeiz ersticken. Eine gemäßigte Regierung kann nach Belieben und ohne Gefahr ihre Triebkräfte abschwächen; sie erhält sich durch ihre Gesetze und ihre eigene Kraft. Wenn dagegen in einer despotischen Regierung der Fürst den Arm nur einen Augenblick sinken läßt und nicht sofort die Inhaber der ersten Stellen[48] vernichten kann, so ist alles verloren, denn wenn die Triebkraft der Regierung, d.h. die Furcht, fehlt, so hat das Volk keinen Beschützer mehr.

In diesem Sinne haben offenbar die Kadis behauptet, daß der Großherr sein Wort oder seinen Eid nicht zu halten brauche, wenn er dadurch seine Gewalt beschränke.[49]

Die Untertanen müssen nach den Gesetzen und die Großen nach der Laune des Fürsten gerichtet werden; der Kopf des letzten Untertanen muß gesichert und der Kopf der Paschas beständig gefährdet sein. Man kann nicht ohne Schaudern von diesen ungeheuerlichen Regierungen reden. Der jüngst von Miriveis entthronte Sophi von Persien sah seine Regierung vor der Eroberung zugrunde gehen, weil er nicht genug Blut vergossen hatte.[50]

Die Geschichte erzählt uns, daß die schrecklichen Grausamkeiten Domitians die Statthalter dermaßen einschüchterten, daß das Volk unter seiner Regierung sich etwas wieder erholen konnte.[51]

So läßt ein Strom, der über seine Ufer tritt und alles vernichtet, einzelne Landstrecken frei, wo das Auge von weitem noch einiges Grün erblickt.

10. Kapitel

Unterschied des Gehorsams in den gemäßigten und despotischen Regierungen

In den despotischen Staaten verlangt die Natur der Regierung einen unbedingten Gehorsam, und der einmal verkündete Wille des Fürsten muß ebenso unfehlbar seine Wirkung haben wie eine Kugel, die gegen eine andere Kugel gestoßen wird. Da ist von keiner Milderung oder Änderung, von keinem Vergleich, keiner Frist, keinem Ersatz, keinen Verhandlungen oder Vorstellungen mehr die Rede, nichts Gleiches oder Besseres darf vorgeschlagen werden. Der Mensch ist ein Geschöpf, das dem Willen eines anderen Geschöpfs gehorcht.

Man darf da ebensowenig seine Besorgnis über den Ausgang einer Sache äußern, als seine Mißerfolge mit der Laune des Glücks entschuldigen. Das Erbteil der Menschen und Tiere ist hier Instinkt, Gehorsam und Züchtigung. Es hilft nichts, die natürlichen Empfindungen entgegenzusetzen, die Ehrfurcht vor einem Vater, die zärtliche Liebe zu Frau und Kind, die Gesetze der Ehre, seinen Gesundheitszustand; man hat den Befehl empfangen, das genügt.

In Persien darf man mit dem König, wenn er einen verurteilt hat, nicht mehr davon reden oder ihn um Gnade bitten. Wenn er auch betrunken oder von Sinnen gewesen wäre, so müßte sein Befehl doch ausgeführt werden[52)], denn sonst würde er mit sich selbst in Widerspruch kommen, das Gesetz darf aber nicht mit sich selbst in Widerspruch geraten. Diese Auffassung hat hier zu allen Zeiten bestanden. Da der Befehl des Ahasverus, alle Juden zu töten, nicht widerrufen werden konnte[53)], so kam man auf den Ausweg, ihnen die Erlaubnis zur Verteidigung zu geben.

Dennoch gibt es eins, was dem Willen des Fürsten zuweilen entgegengesetzt werden kann[54)], die Religion.

Man wird seinen Vater verlassen, ja ihn töten, wenn der Fürst es befiehlt, aber man wird keinen Wein trinken, wenn er es befiehlt. Die Gesetze der Religion stehen höher, denn sie gelten für den Fürsten ebenso wie für die Untertanen. Anders verhält es sich mit dem Naturrecht: der Fürst wird nicht als Mensch angesehen.

In den monarchischen und gemäßigten Staaten wird die Macht durch ihre Triebfeder, d. h. durch die Ehre, in Schranken gehalten, die wie eine Alleinherrscherin über Fürst und Volk regiert. Man wird sich hier nicht auf die Gesetze der Religion berufen, denn ein Höfling würde fürchten, sich damit lächerlich zu machen, sondern man wird beständig die Gesetze der Ehre anführen. Daraus ergeben sich manche Einschränkungen des Gehorsams, denn die Ehre hat ihrer Natur nach eigensinnige Grundsätze, welche der Gehorsam alle befolgen wird.

Obgleich die Art des Gehorsams in diesen beiden Regierungen verschieden ist, so ist doch ihre Macht dieselbe. Auf welche Seite der Monarch sich auch stellt, er behält das Übergewicht und gibt den Ausschlag und findet Gehorsam. Der ganze Unterschied beruht nur darin, daß in der Monarchie der Fürst Kenntnisse und Einsicht besitzt und die Minister unendlich geschickter und geschäftserfahrener sind als in dem despotischen Staat.

11. Kapitel
Betrachtung über alles dieses

Dies sind die Prinzipien der drei Regierungen. Damit ist nicht gesagt, daß man in einer bestimmten Republik tugendhaft sei, sondern nur, daß man es sein sollte. Ebensowenig wird damit bewiesen, daß man in einer bestimmten Monarchie Ehre und in einem besonderen despotischen Staat Furcht habe, sondern nur, daß dies der Fall sein sollte, weil sonst die Regierung unvollkommen ist...

ELFTES BUCH

Von den Gesetzen, welche die politische Freiheit in ihrer Beziehung zu der Verfassung begründen

1. Kapitel
Allgemeiner Gedanke

Ich unterscheide die Gesetze, welche die politische Freiheit in ihrer Beziehung zu der Verfassung begründen, von den Gesetzen, welche sie in Beziehung zu dem Bürger begründen. Die ersteren sind der Gegenstand dieses Buches, die letzteren werde ich in dem folgenden Buch behandeln.

2. Kapitel
Verschiedene Bedeutungen, die dem Wort Freiheit gegeben werden

Kein Wort hat verschiedenere Bedeutungen erhalten und die Gemüter der Menschen verschiedenartiger berührt als das Wort „Freiheit". Die einen haben es gebraucht für die leichte Absetzbarkeit dessen, dem sie eine tyrannische Gewalt übertragen hatten, die anderen für die Befugnis, ihr Oberhaupt zu wählen, andere für das Recht, Waffen tragen und Gewalttätigkeit verüben zu können, andere für das Vorrecht, nur von einem Mann ihres Volkes oder durch ihre eigenen Gesetze regiert zu werden.[55] Ein Volk hat lange Zeit die Freiheit mit dem Gebrauch, einen langen Bart zu tragen, verwechselt.[56] Einige haben den Namen mit einer Regierungsform verknüpft unter Ausschluß der übrigen. Wer die republikanische Regierung gekostet hatte, hat die Freiheit in dieser Regierung gefunden, wer die monarchische Regierung genossen hatte, hat sie in die Monarchie verlegt.[57] Kurz, jeder hat „Freiheit" die Regierungsform genannt, die seinen Gewohnheiten und Neigungen entsprach; und da man in einer Republik die Werkzeuge der Übel, worüber man sich beklagt, nicht immer so nahe vor Augen hat, auch die Gesetze dort anscheinend mehr und die Vollstrecker der Gesetze weniger zu sagen haben, so hat man die Freiheit gewöhnlich in die Republiken verlegt und sie den Monarchien abgesprochen. Da endlich in den Demokratien das Volk dem Anschein nach beinahe tun darf, was es will, so hat man die Freiheit in dieser Regierungsart gefunden und die Macht des Volkes mit der Freiheit des Volkes verwechselt.

3. Kapitel
Was die Freiheit ist

In den Demokratien kann zwar das Volk scheinbar tun, was es will; allein die politische Freiheit besteht nicht darin, tun zu können, was man will. In einem Staat, das heißt in einer Gesellschaft, wo es Gesetze gibt, kann die Freiheit nur darin bestehen, tun zu können, was man wollen darf, und nicht gezwungen zu werden, das zu tun, was man nicht wollen darf.

Man muß sich darüber klar werden, was Unabhängigkeit und was Freiheit ist. Die Freiheit ist das Recht, alles tun zu dürfen, was die Gesetze erlauben[58]; denn wenn ein Bürger tun dürfte, was sie verbieten, so würde seine Freiheit aufhören, weil die anderen ganz dieselbe Befugnis hätten.

4. Kapitel
Fortsetzung desselben Gegenstandes

Die Demokratie und die Aristokratie sind ihrer Natur nach keine freien Staaten. Die politische Freiheit findet sich nur bei den gemäßigten Regierungen.

Aber auch in den gemäßigten Staaten ist sie nicht immer vorhanden, sondern nur dann, wenn die Gewalt nicht mißbraucht wird; es ist aber eine ständige Erfahrung, daß jeder Mensch geneigt ist, die Gewalt, die er hat, zu mißbrauchen; er geht so weit, bis er Schranken findet. Wer sollte es sagen, selbst die Tugend hat Schranken nötig.

Um den Mißbrauch der Gewalt unmöglich zu machen, müssen die Dinge so geordnet werden, daß die eine Gewalt die andere im Zaume hält. Eine Verfassung kann nämlich derart sein, daß niemand gezwungen wird, etwas zu tun, wozu das Gesetz ihn nicht verpflichtet, noch etwas zu unterlassen, was das Gesetz ihm erlaubt.

5. Kapitel
Von dem Zweck der verschiedenen Staaten

Obgleich im allgemeinen alle Staaten einen gleichen Zweck haben, nämlich den der Selbsterhaltung, so hat doch jeder Staat noch einen besonderen Zweck für sich: Rom hatte die Vergrößerung, Lakedaimon den Krieg, die jüdischen Gesetze hatten die Religion, Marseille den Handel, die Gesetze Chinas die öffentliche Ruhe[59)], die Rhodier die Schiffahrt zum Zweck, der Zweck der Einrichtungen der Wilden ist die natürliche Freiheit; im allgemeinen sind die Genüsse des Fürsten der Zweck der despotischen Staaten, sein und des Staates Ruhm der Zweck der Monarchie; die Unabhängigkeit jedes einzelnen und was daraus entsteht, die Unterdrückung aller[60)], ist der Zweck der polnischen Gesetze.

Es gibt aber auch ein Volk in der Welt, das die politische Freiheit zum unmittelbaren Zweck seiner Verfassung gemacht hat. Wir wollen die Grundsätze, auf welche es dieselbe gründet, prüfen. Sind sie gut, so wird die Freiheit darin wie in einem Spiegel erscheinen.

Um die politische Freiheit in der Verfassung zu entdecken, bedarf es nicht so vieler Mühe. Warum soll man sie noch suchen, wenn man sehen kann, wo sie ist, wenn man sie bereits gefunden hat?

6. Kapitel[61]

Von der Verfassung Englands

Es gibt in jedem Staat drei Arten von Gewalten: die gesetzgebende Gewalt, die ausführende Gewalt in Angelegenheiten des Völkerrechts und die ausführende Gewalt in Angelegenheiten des bürgerlichen Rechts.

Vermöge der ersten macht der Fürst oder die Obrigkeit Gesetze für eine bestimmte Zeit oder für immer, verbessert die bestehenden oder hebt sie ganz auf. Kraft der zweiten schließt er Frieden oder führt Krieg, entsendet oder empfängt Gesandtschaften, hält die Sicherheit aufrecht und verhütet Einfälle. Kraft der dritten straft er Verbrechen oder richtet über die Streitigkeiten der einzelnen. Diese letztere soll die richterliche Gewalt, die zweite dagegen einfach die ausführende Gewalt des Staates genannt werden.

Die politische Freiheit bei einem Bürger besteht in jener ruhigen Gemütsstimmung, welche aus dem Glauben an die eigene Sicherheit hervorgeht; damit man diese Freiheit habe, muß die Regierung derart sein, daß kein Bürger einen anderen Bürger zu fürchten braucht.

Wenn die gesetzgebende Gewalt mit der ausführenden in derselben Person oder in derselben obrigkeitlichen Körperschaft vereinigt ist, gibt es keine Freiheit, weil zu fürchten steht, daß der Monarch oder der Senat tyrannische Gesetze geben, um sie tyrannisch auszuführen.

Auch besteht keine Freiheit, wenn die richterliche Gewalt von der gesetzgebenden und von der ausführenden Gewalt nicht getrennt ist. Wenn sie mit der gesetzgebenden Gewalt verbunden wäre, so würde die Macht über Leben und Freiheit der Bürger eine willkürliche sein; denn der Richter wäre zugleich Gesetzgeber. Wenn sie mit der ausführenden Gewalt verbunden wäre, so würde der Richter die Macht zur Bedrückung haben.

Alles wäre verloren, wenn derselbe Mensch oder dieselbe Körperschaft der Großen, der Adligen oder des Volkes die drei

Gewalten, Gesetze zu machen, die öffentlichen Beschlüsse auszuführen und die Streitigkeiten der einzelnen zu richten, ausübten.

In den meisten Königreichen Europas ist die Regierung eine gemäßigte, weil der Fürst, im Besitz der beiden ersten Gewalten, die Ausübung der dritten seinen Untertanen überläßt. Bei den Türken, wo die drei Gewalten in der Hand des Sultans vereinigt sind, herrscht ein entsetzlicher Despotismus.

In den Republiken Italiens, wo die drei Gewalten vereinigt sind, findet man weniger Freiheit als in unseren Monarchien. Auch bedarf dort die Regierung, um sich zu halten, ebenso gewaltsamer Mittel wie die türkische Regierung. Zum Beweis hierfür dienen die Staatsinquisitoren[62)] und der Behälter, in welchen jeder Angeber jeden Augenblick einen Zettel mit seiner Anklage hineinwerfen kann.

Sehen wir, in welcher Lage ein Bürger in diesen Republiken sich befindet. Dieselbe obrigkeitliche Körperschaft hat als Vollstreckerin der Gesetze alle Gewalt, die sie sich als Gesetzgeberin beilegt. Sie kann durch ihre allgemeinen Vorschriften den Staat verwüsten und, da sie auch die richterliche Gewalt hat, durch ihre besonderen Vorschriften jeden Bürger vernichten.

Es gibt dort nur eine einzige Macht, und obgleich die äußerliche Pracht fehlt, welche einen despotischen Fürsten verrät, so fühlt man ihn doch jeden Augenblick.

Auch haben die Fürsten, welche sich zu Despoten machen wollten, immer damit angefangen, alle Behörden in ihrer Person zu vereinigen, und mehrere Könige Europas haben alle hohen Ämter ihres Staates in sich vereinigt.

Ich glaube wohl, daß die reine Erb-Aristokratie der italienischen Republiken nicht vollkommen dem Despotismus Asiens entspricht. Die Menge der Beamten macht zuweilen die Behörde milder, und alle Vornehmen verfolgen nicht immer dieselben Pläne; auch bildet man dort verschiedene Abteilungen, welche einander mäßigen. So steht zu Venedig dem Großen Rat die Gesetzgebung, dem Pregadi die Ausführung, den Vierzigern die richterliche Gewalt zu. Das Übel liegt aber darin, daß diese verschiedenen Behörden aus Beamten derselben Körperschaft bestehen, wodurch die Macht auch beinahe eine und dieselbe wird.

Die richterliche Gewalt muß keinem ständigen Senat anvertraut, sondern von Personen ausgeübt werden, die zu bestimmten Zeiten des Jahres in einer durch das Gesetz vorgeschriebenen Weise aus der Mitte des Volkes entnommen werden[63)], um ein Gericht zu bilden, welches nur so lange dauert, als die Notwendigkeit es erfordert.

Auf diese Weise wird die unter den Menschen so gefürchtete richterliche Gewalt, da sie weder an einen bestimmten Stand noch an einen bestimmten Beruf geknüpft ist, sozusagen unsichtbar und bedeutungslos. Man hat dann nicht beständig Richter vor Augen und fürchtet das Amt, nicht die Beamten.

Bei wichtigen Anklagen muß der Angeschuldigte sogar in Gemeinschaft mit dem Gesetz sich Richter wählen oder wenigstens eine so große Anzahl ablehnen können, daß die übrig bleibenden als von ihm gewählt angesehen werden können.

Die beiden anderen Gewalten könnten eher Beamten oder ständigen Körperschaften anvertraut werden, weil sie sich nicht gegen einen einzelnen richten, sondern die eine nur den allgemeinen Staatswillen, die andere die Ausführung dieses allgemeinen Willens darstellt.

Wenn die Gerichte nicht fest bestimmt sein dürfen, so müssen es dagegen die Urteile in solchem Grade sein, daß sie stets dem Wortlaut des Gesetzes genau entsprechen. Wären sie nur ein besonderes Gutachten des Richters, so würde man in der Gesellschaft leben, ohne die Verbindlichkeiten, die man ihr gegenüber eingegangen ist, genau zu kennen.

Die Richter müssen sogar von dem Stand des Angeschuldigten oder seinesgleichen sein, damit er sich nicht einbilden kann, Leuten unter die Hände gefallen zu sein, die ihm Gewalt antun möchten.

Wenn die gesetzgebende Macht der ausführenden das Recht einräumt, Bürger zu verhaften, die für ihre gute Aufführung

Sicherheit bestellen können, so hört die Freiheit auf, es sei denn, daß die Verhaftung erfolgt, um sich ohne Verzug wegen einer gesetzlichen Anklage auf Leib und Leben zu verantworten; in diesem Fall sind die Verhafteten in der Tat frei, weil sie nur der Macht des Gesetzes unterworfen werden.

Wenn aber die gesetzgebende Gewalt etwa durch eine geheime Verschwörung gegen den Staat oder durch ein Einvernehmen mit den auswärtigen Feinden sich bedroht hielte, so könnte sie für eine kurze, begrenzte Zeit der ausführenden Gewalt gestatten, verdächtige Bürger verhaften zu lassen, welche die Freiheit nur für eine Zeit verlieren würden, um sie dauernd zu bewahren.

Und dies ist der einzige vernünftige Weg, die tyrannische Behörde der Ephoren und die ebenso despotischen Staatsinquisitoren Venedigs zu ersetzen.

Da in einem freien Staat jeder Mensch, der im Besitz eines freien Willens erachtet wird, sich selbst regieren soll, so müßte das Volk in seiner Gesamtheit die gesetzgebende Gewalt besitzen; da dies aber in großen Staaten unmöglich ist und in kleinen Staaten zu vielen Unzuträglichkeiten führt, so muß das Volk alles das, was es selbst nicht verrichten kann, durch seine Vertreter besorgen lassen.

Man kennt weit besser die Bedürfnisse seiner Stadt als die der übrigen Städte und urteilt besser über die Fähigkeit seiner Nachbarn als über die seiner übrigen Landsleute. Die Mitglieder des gesetzgebenden Körpers müssen deshalb nicht allgemein aus dem ganzen Volk entnommen werden, sondern es ist zweckmäßig, wenn die Einwohner in jedem Hauptort sich einen Vertreter wählen.

Der große Vorzug der Vertreter besteht darin, daß sie fähig sind, die Angelegenheiten zu verhandeln. Das Volk ist dazu durchaus nicht geeignet, und darin beruht ein Hauptübelstand der Demokratie.

Es ist nicht nötig, daß die Vertreter, welche von den Wählern mit einer allgemeinen Anweisung versehen sind, über jede einzelne Angelegenheit eine besondere Anweisung erhalten, wie dies bei dem Bundestag in Deutschland Gebrauch ist. Freilich wird auf diese Weise das Wort der Abgeordneten mehr der Ausdruck der Volksstimme sein; aber es würde zu unendlichen Verzögerungen führen und jeden Abgeordneten zum Herrn aller anderen machen, und bei den eiligsten Angelegenheiten könnte die ganze Kraft der Nation durch eine Laune lahmgelegt werden.

Wenn die Abgeordneten, bemerkt Herr Sidney ganz richtig, eine Volksvertretung darstellen wie in Holland, so müssen sie ihren Auftraggebern Rechenschaft ablegen; etwas anderes ist es, wenn sie, wie in England, Abgeordnete von Burgflecken sind.

Alle Bürger in den verschiedenen Bezirken müssen das Recht haben, ihre Stimme zur Wahl eines Vertreters abzugeben, mit Ausnahme derjenigen, welche sich in einer so niedrigen Lebensstellung befinden, daß ein eigener Wille bei ihnen nicht vorausgesetzt werden kann.

In den meisten alten Republiken lag ein großer Fehler darin, daß das Volk das Recht hatte, wirksame Beschlüsse zu fassen, die eine Ausführung erforderten, wozu das Volk ganz unfähig ist. Es soll in die Regierung nur eingreifen, um seine Vertreter zu wählen, wozu es sehr befähigt ist. Denn wenn auch wenig Menschen den Grad der Fähigkeit anderer genau kennen, so ist doch jeder im allgemeinen imstande zu wissen, ob der, den er wählt, aufgeklärter ist als die meisten anderen.

Ebensowenig soll die vertretende Körperschaft gewählt werden, um einen unmittelbar wirksamen Beschluß zu fassen, wozu sie nicht wohl imstande wäre, sondern um Gesetze zu machen oder darauf zu sehen, ob die erlassenen Gesetze gut ausgeführt werden, was sie sehr gut und was sogar nur sie gut besorgen kann.

In einem Staat gibt es immer Leute, die durch Geburt, Reichtümer oder Ehren hervorragen; wenn sie aber mit dem Volk zusammengeworfen würden und nur eine Stimme hätten, wie die anderen, so würde die gemeine Freiheit ihre Knechtschaft bedeuten, und sie würden kein Interesse daran haben, dieselbe zu verteidigen, weil die meisten Beschlüsse gegen sie ausfallen würden. Ihr Anteil an der Gesetzgebung muß daher ihren anderen Vorzügen im Staat entsprechen, und dies wird der Fall sein, wenn sie eine Körperschaft bilden mit dem Recht, die Unternehmungen des Volkes zu verhindern, wie das Volk das Recht hat, die ihrigen zu hemmen.

So wird die gesetzgebende Gewalt sowohl der Körperschaft der Adligen als auch der zur Vertretung des Volkes gewählten Körperschaft anvertraut sein, welche beide ihre besonderen Versammlungen und Beratungen haben und von verschiedenen Gesichtspunkten und Interessen geleitet werden.

Von den drei Gewalten, von welchen wir gesprochen haben, ist die richterliche gewissermaßen gegenstandslos. Es bleiben nur zwei übrig, und da diese zu ihrer Mäßigung einer regelnden Gewalt bedürfen, so ist der aus den Adligen bestehende Teil des gesetzgebenden Körpers sehr geeignet, diese Wirkung zu üben.

Die Körperschaft der Adligen muß erblich sein. Sie ist es zunächst ihrer Natur nach, und überdies muß sie ein sehr großes Interesse daran haben, ihre Vorrechte zu bewahren, die an sich verhaßt und in einem freien Staat immer gefährdet sein müssen.

Da aber eine erbliche Macht verleitet werden könnte, ihre besonderen Interessen zu verfolgen und die des Volkes außer acht zu lassen, so muß sie in den Sachen, wo man an dem Mißbrauch der Gewalt ein hervorragendes Interesse hat, wie bei den Gesetzen betreffend die Steuererhebung, an der Gesetzgebung nur durch ihre Befugnis zu verhindern teilnehmen und nicht das Recht haben zu beschließen.

Unter der Befugnis zu beschließen, verstehe ich das Recht, selbst Verordnungen zu machen oder das, was ein anderer verordnet hat, zu ändern. Unter der Befugnis zu verhindern, verstehe ich das Recht, einen Beschluß, den ein anderer gefaßt hat, unwirksam zu machen; hierin bestand die Macht der Tribunen zu Rom. Und wenn auch mit der Befugnis zu hindern das Recht zu genehmigen verbunden sein kann, so ist diese Genehmigung doch nichts anderes als eine Erklärung, daß man von seiner Befugnis zu hindern keinen Gebrauch machen will, und entspringt aus dieser Befugnis.

Die ausführende Gewalt muß in den Händen eines Monarchen liegen, weil dieser Teil der Regierung, welcher fast immer eine augenblickliche Tätigkeit erfordert, besser durch einen als durch mehrere verwaltet wird, wogegen das, was mit der gesetzgebenden Gewalt in Verbindung steht, oft besser durch mehrere als durch einen einzelnen geordnet wird.

Wenn es keinen Monarchen gäbe und die ausführende Gewalt einer aus dem gesetzgebenden Körper entnommenen Anzahl Personen anvertraut würde, so würde die Freiheit aufhören, weil die beiden Gewalten dadurch, daß dieselben Personen an beiden teilnehmen oder doch immer teilnehmen können, vereinigt wären.

Wenn der gesetzgebende Körper während einer beträchtlichen Zeit nicht versammelt wäre, so würde die Freiheit aufhören, weil alsdann entweder kein gesetzgebender Beschluß mehr zustande käme und der Staat in Anarchie geraten oder die ausführende Gewalt diese Beschlüsse fassen und unumschränkt werden würde.

Es hätte keinen Nutzen, wenn der gesetzgebende Körper immer versammelt wäre. Dies würde für die Vertreter lästig sein und überdies die ausführende Gewalt zu sehr in Anspruch nehmen, welche dann nicht sowohl an die Ausführung, als an die Verteidigung ihrer Vorrechte und ihres Ausführungsrechtes denken würde.

Wenn der gesetzgebende Körper beständig versammelt wäre, so könnte es ferner dahin kommen, daß man nur die durch Tod ausscheidenden Abgeordneten durch neue ersetzte; und in diesem Fall würde, wenn der gesetzgebende Körper einmal innerlich verdorben wäre, das Übel unheilbar sein. Wenn verschiedene gesetzgebende Körper aufeinander folgen, so setzt das Volk, welches von dem gegenwärtigen gesetzgebenden Körper eine schlechte Meinung hat, mit Recht seine Hoffnung auf den nachfolgenden; wenn aber immer dieselbe Körperschaft bliebe, so würde das Volk, wenn es einmal sieht, daß diese innerlich verdorben ist, von seinen Gesetzen nichts mehr hoffen und aufbrausen oder in Untätigkeit versinken.

Der gesetzgebende Körper darf sich nicht von selbst versammeln, denn eine Körperschaft wird nur in dem Besitz eines Willens erachtet, wenn sie versammelt ist; und wenn sie sich nicht einmütig versammelte, so könnte man nicht sagen, welcher Teil in Wahrheit der gesetzgebende Körper wäre, der versammelte oder der nicht versammelte. Wenn er das Recht der eigenen Vertagung hätte, so könnte es kommen, daß er sich überhaupt nicht vertagte, was in dem Fall gefährlich wäre, wenn er sich an der ausführenden Gewalt vergreifen wollte. Überdies sind gewisse Zeiten für die Versammlung des gesetzgebenden Körpers geeigneter als andere, deshalb muß die ausführende Gewalt die Zeit der Abhaltung und der Dauer der Versammlung mit Rücksicht auf die ihr bekannten Umstände bestimmen.

Aber die gesetzgebende Gewalt braucht ihrerseits nicht auch das Recht zu haben, die ausführende Gewalt zu hindern; denn da die Ausführung ihre natürlichen Grenzen hat, so ist es unnütz, sie zu beschränken, abgesehen davon, daß die ausführende Gewalt immer nur mit Dingen zu tun hat, die plötzlich eintreten und keinen Aufschub leiden. Die Gewalt der römischen Tribunen hatte den Fehler, daß sie nicht nur die Gesetzgebung, sondern auch die Ausführung verhinderte, was große Übel verursachte.

Wenn aber in einem freien Staat die gesetzgebende Gewalt auch nicht das Recht haben darf, die ausführende Gewalt zu hindern, so hat sie doch das Recht und muß die Möglichkeit haben zu prüfen, auf welche Weise die Gesetze, welche sie gemacht hat, ausgeführt werden; und darin liegt der Vorzug dieser Regierung vor der Regierung Kretas und Lakedaimons, wo die Kosmen[64)] und die Ephoren[65)] über ihre Verwaltung keine Rechenschaft ablegten.

Welcher Art diese Prüfung aber auch sei, so darf der gesetzgebende Körper doch nicht die Macht haben, über die Person und folgeweise über das Verhalten dessen, der ausführt, zu richten. Seine Person muß geheiligt sein, denn da der Staat seiner bedarf, damit der gesetzgebende Körper nicht tyrannisch werde, so würde von dem Augenblick an, wo er angeklagt oder gerichtet würde, die Freiheit aufhören.

In diesen Fällen würde der Staat keine Monarchie, sondern eine unfreie Republik sein. Da aber der, welcher ausführt, nichts schlecht ausführen kann ohne schlechte Ratgeber, welche als Minister die Gesetze hassen, obgleich diese ihnen als Menschen zugute kommen, so können jene zur Untersuchung und Bestrafung gezogen werden. Und darin liegt der Vorzug dieser Regierung vor der von Gnidos, wo das Gesetz nicht erlaubte, die Amymonen[66] vor Gericht zu laden, so daß selbst nach Beendigung ihrer Verwaltung[67] das Volk keine Rechenschaft über die Unbilden, die ihm zugefügt waren, verlangen konnte.

Obgleich im allgemeinen die richterliche Gewalt mit keinem Teil der gesetzgebenden Gewalt verbunden sein soll, so unterliegt dies doch drei Ausnahmen, die auf dem besonderen Interesse des Angeklagten beruhen.

Die Großen sind immer dem Neid ausgesetzt; wenn sie daher vom Volk gerichtet würden, so würden sie vielleicht Gefahr laufen und nicht das Vorrecht genießen, welches der geringste Bürger in einem freien Staat hat, nämlich von seinesgleichen gerichtet zu werden. Die Adligen müssen daher nicht vor die gewöhnlichen Gerichte des Volkes geladen werden, sondern vor den Teil des gesetzgebenden Körpers, der aus den Adligen besteht.

Es könnte vorkommen, daß das Gesetz, welches zu gleicher Zeit scharfsichtig und blind ist, in gewissen Fällen zu hart wäre. Die Richter des Volkes sind aber, wie wir gesagt haben, nur der Mund, der die Worte des Gesetzes verkündet, willenlose Wesen, welche weder die Macht noch die Härte des Gesetzes ändern können. Der Teil des gesetzgebenden Körpers also, den wir soeben bei einer anderen Gelegenheit als ein notwendiges Gericht bezeichnet haben, muß auch in diesem Fall eintreten; seiner obersten Machtvollkommenheit steht es zu, das Gesetz im Interesse des Gesetzes selbst zu mäßigen und weniger streng zu urteilen als das Gesetz.

Es könnte ferner vorkommen, daß ein Bürger in Staatsangelegenheiten das Recht des Volkes verletzte und Verbrechen beginge, welche die bestehenden Behörden nicht strafen könnten oder wollten. Die gesetzgebende Gewalt kann aber im allgemeine nicht richten und noch weniger in diesem besonderen Fall, wo sie die beteiligte Partei, das Volk, vertritt. Sie kann daher nur Anklägerin sein. Aber vor wem soll sie die Anklage erheben? Soll sie sich den ordentlichen Gerichten unterwerfen, die ihr untergeordnet sind und überdies aus Leuten bestehen, welche wie sie selbst zum Volk gehören und durch das Ansehen einer so großen Anklägerin beeinflußt werden würden? Nein, um die Würde des Volkes und die Sicherheit des einzelnen zu erhalten, muß die gesetzgebende Volksvertretung vor der gesetzgebenden Adelsvertretung, die weder dieselben Interessen noch dieselben Leidenschaften hat, die Anklage erheben.

Darin liegt der Vorzug dieser Regierung vor den meisten alten Republiken, wo der Mißbrauch bestand, daß das Volk zu gleicher Zeit Richter und Ankläger war.

Die ausführende Gewalt muß, wie wir gesagt haben, an der Gesetzgebung durch ihre Befugnis zu verhindern teilnehmen; sonst würde sie ihrer Vorrechte bald verlustig gehen. Wenn aber die gesetzgebende Gewalt an der Ausführung teilnimmt, wird die ausführende Gewalt gleichfalls zugrunde gehen.

Wenn der Monarch an der Gesetzgebung durch die Befugnis zu beschließen teilnähme, so würde die Freiheit aufhören. Da er aber dennoch an der Gesetzgebung teilhaben muß, um sich selbst zu schützen, so muß er durch die Befugnis zu hindern daran teilnehmen.

Der Grund, weshalb die Regierung zu Rom sich änderte, lag darin, daß der Senat, welcher einen Teil der ausführenden Gewalt, und die Behörden, welche einen anderen Teil innehatten, nicht, wie das Volk, die Befugnis besaßen zu verhindern.

Die Grundlage der Verfassung der Regierung, von welcher wir sprechen, ist also folgende: Die Zusammensetzung des gesetzgebenden Körpers aus zwei Teilen bewirkt, daß beide einander durch ihre wechselseitige Befugnis zu verhindern in Schranken halten. Alle beide werden durch die ausführende Gewalt gebunden, welche ihrerseits wieder durch die gesetzgebende Gewalt gebunden wird.

Diese drei Gewalten müßten eigentlich eine Ruhe und Untätigkeit zur Folge haben. Da aber die notwendige Bewegung der Dinge sie zwingt, vorwärts zu gehen, so sind sie genötigt, in Eintracht zusammen zu gehen.

Da die ausführende Gewalt teilnimmt, so kann sie in die mündliche Verhandlung der Angelegenheiten nicht eingreifen. Sie braucht nicht einmal Anträge zu stellen, weil sie die Beschlüsse stets mißbilligen und die Entscheidungen über Anträge, die gegen ihren Wunsch gestellt sind, zurückweisen kann.

In einigen alten Republiken, wo das Volk als Ganzes an der Beratung der Angelegenheiten teilnahm, war es natürlich, daß die ausführende Gewalt die Vorschläge machte und darüber mit dem Volk verhandelte, weil sonst bei den Beschlüssen eine arge Verwirrung stattgefunden haben würde.

Wenn die ausführende Gewalt über die Erhebung der öffentlichen Abgaben anders als bloß zustimmend beschließt, so hört die Freiheit auf, weil sie damit den wichtigsten Teil der Gesetzgebung in die Hand bekäme.

Wenn die gesetzgebende Gewalt nicht von Jahr zu Jahr, sondern ein für allemal über die Erhebung der öffentlichen Abgaben beschließt, so läuft sie Gefahr, ihre Freiheit zu verlieren, weil die ausführende Gewalt dann nicht mehr abhängig von ihr ist; und wenn man einmal ein solches Recht für immer hat, so ist es ziemlich gleichgültig, ob man es sich selbst oder einem anderen verdankt. Ebenso verhält es sich, wenn sie nicht von Jahr zu Jahr, sondern ein für allemal über die Land- und Seemacht, welche sie der ausführenden Gewalt anvertrauen muß, beschließt.

Um der Unterdrückung durch die ausführende Gewalt vorzubeugen, müssen die Heere, die man ihr anvertraut, zum Volk gehören und denselben Geist haben wie das Volk, wie dies in Rom bis zu der Zeit des Marius der Fall war. Und um dies zu erreichen, gibt es nur zwei Mittel, entweder müssen die im Heer Angestellten hinlängliches Vermögen besitzen, um den anderen Bürgern für ihre gute Aufführung Gewähr zu leisten, und nur auf ein Jahr eingestellt werden, wie dies in Rom üblich war, oder, wenn man einen ständigen Truppenkörper hält und die Soldaten einen der schlechtesten Teile des Volkes bilden, so muß die gesetzgebende Gewalt sie nach ihrem Belieben entlassen können; die Soldaten müssen mit den Bürgern zusammenwohnen, und es dürfen keine besonderen Lager, Kasernen oder Waffenplätze vorhanden sein.

Wenn das Heer einmal geschaffen ist, so darf es nicht unmittelbar dem gesetzgebenden Körper, sondern es muß der ausführenden Gewalt unterstellt sein, und zwar deshalb, weil nach der Natur der Sache seine Aufgabe mehr im Handeln als im Überlegen besteht.

Es ist in der menschlichen Denkweise begründet, daß man den Mut höher schätzt als die Zaghaftigkeit, die Tätigkeit höher als die Klugheit und die Kraft höher als den Rat. Das Heer wird immer einen Senat geringschätzen und seine Offiziere verehren. Es wird auf Befehle, welche ihm von seiten einer Körperschaft zugehen, die aus Leuten besteht, welche es für furchtsam und deshalb für unwürdig hält, ihm zu befehlen, nichts geben. Sobald also das Heer einzig von dem gesetzgebenden Körper abhängt, wird die Regierung eine militärische werden. Und wenn einmal das Gegenteil stattfindet, so ist dies die Wirkung von irgendwelchen außerordentlichen Umständen, sei es, daß das Heer immer verteilt ist oder daß es aus mehreren Truppenteilen besteht, die jeder von ihrer besonderen Provinz abhängen, oder daß die Hauptstädte ausgezeichnete Festungen sind, die allein durch die Lage geschützt sind und keine Truppen haben.

Holland befindet sich in noch größerer Sicherheit als Venedig: es würde die aufständischen Truppen durch Überschwemmungen ertränken oder sie Hungers sterben lassen. Denn sie sind nicht in Städten untergebracht, welche ihnen den Unterhalt gewähren könnten; dieser Unterhalt ist also ein unsicherer.

Wenn nun in dem Fall, wo die Armee von dem gesetzgebenden Körper regiert wird, besondere Umstände verhindern, daß die Regierung eine militärische wird, so gerät man in andere Unzuträglichkeiten: entweder wird die Armee die Regierung vernichten oder die Regierung die Armee schwächen müssen.

Und diese Schwächung wird eine sehr schlimme Ursache haben; sie wird aus der eigenen Schwäche der Regierung hervorgehen.

Wenn man das bewunderungswürdige Werk des Tacitus über die Sitten der Germanen[68] liest, so wird man finden, daß die Engländer den Gedanken ihrer politischen Regierung von diesen entnommen haben. Dieses schöne System ist in den Wäldern erfunden worden.

Wie alle menschlichen Dinge ein Ende haben, so wird auch der Staat, von dem wir sprechen, seine Freiheit verlieren und zugrunde gehen. Rom, Lakedaimon und Karthago sind auch zugrunde gegangen. Er wird zugrunde gehen, wenn die gesetzgebende Gewalt schlechter wird als die ausführende.

Es ist nicht meine Aufgabe zu prüfen, ob die Engländer diese Freiheit wirklich genießen oder nicht. Es genügt mir zu sagen, daß sie durch ihre Gesetze eingeführt ist, und mehr untersuche ich nicht.

Ich beabsichtige dadurch nicht, die anderen Regierungen herabzusetzen noch zu sagen, daß diese höchste politische Freiheit diejenigen kränken müsse, die nur eine gemäßigte besitzen. Wie könnte ich dies sagen, der ich glaube, daß gerade das übermäßig Vernünftige nicht immer begehrenswert ist und daß die Menschen fast immer besser mit dem Maßvollen als mit dem Übertriebenen zufrieden sind.

Harrington hat in seinem Werke „Oceana" auch untersucht, welches der höchste Grad von Freiheit sei, wohin die Verfassung eines Staates gebracht werden kann. Allein man kann von ihm sagen, daß er diese Freiheit erst gesucht hat, nachdem er sie verkannt hatte, und daß er Chalkedon gebaut hat, während die Küste von Byzanz vor seinen Augen lag.

Voltaire
Candide

(Auszug)

Voltaires Glaube an die Vernunft, sein Plädoyer für eine von der Vernunft geprägte Gesellschaft sowie sein Kampf gegen jede Form der Unterdrückung und Ungerechtigkeit, gegen Fanatismus und Intoleranz, die sich sowohl in seinen philosophischen und literarischen Werken als auch in seinem Einsatz für Verfolgte dokumentierte, ließen ihn als eine Verkörperung der Vorstellungen des 18. Jahrhunderts, der Epoche der Aufklärung, erscheinen, so daß diese Zeitspanne in Frankreich auch als das Jahrhundert Voltaires bezeichnet wird.

Bereits 1716 wurde Voltaire (eigentl. François Marie Arouet, 1694–1778) wegen seiner kritisch-satirischen Werke, die sich gegen Hof und Regierung richteten, aus Paris verbannt, und 1717 mußte er für elf Monate in die Bastille. 1726 bis 1729 hielt er sich in Großbritannien auf, dessen freiere politische Verfassung er bewunderte. In seinen „Philosophischen Briefen" (1734) kontrastiert er die französischen politischen Verhältnisse mit den englischen.

Da das französische Parlament dieses Werk unter anderem wegen seiner Kirchenkritik verdammte, floh Voltaire auf Schloß Cirey nach Lothringen, das der Marquise Gabrielle Emilie du Châtelet gehörte. Nach ihrem Tod im Jahre 1749 verbrachte er eine Reihe von Jahren am Hof des preußischen Königs Friedrich II. Ab 1755 lebte er am Genfer See, in der Villa „Les Délices" in Genf und dem in Frankreich gelegenen Gut Ferney.

1756 erschien sein Essay „Versuch über die Sitten und den Geist der Nationen", mit dem er die moderne Geschichtswissenschaft begründete. Seine Auffassungen über die gesellschaftspolitischen und philosophischen Probleme seiner Zeit sind in seinem „Philosophischen Taschenwörterbuch" (1764) zusammengefaßt, das erheblich zur Verbreitung des Gedankenguts der Aufklärung beitrug. Alle seine Werke weisen Voltaire als einen brillanten Erzähler aus und sprühen vor geistvoller Ironie.

Sein berühmtester Roman, „Candide oder Die beste Welt" (1759), der sich durch satirische Schärfe und Geschlossenheit auszeichnet, führt die These, in der besten aller Welten zu leben, ad absurdum. Der folgende Auszug aus diesem Werk kontrastiert die politischen und gesellschaftlichen Bedingungen, mit denen Candide sich auseinanderzusetzen hat, mit einem utopischen Staatsgebilde.

ACHTZEHNTES KAPITEL
Candides und Cacambos weitere Erlebnisse im Land Eldorado

Cacambo sprach dem Wirt seinen Wunsch aus, etwas Näheres über die Einrichtungen des Landes zu erfahren. Dieser antwortete jedoch: „Ich bin sehr unwissend und befinde mich dabei wohl; aber wir haben hier einen Greis, der sich vom Hof zurückgezogen hat und der gelehrteste und mitteilsamste Mann des ganzen Königreiches ist." Sofort führte er Cacambo zu dem Greis. Candide spielte dabei nur die zweite Rolle und ging hinter seinem Bedienten her. Sie betraten ein sehr einfaches Haus; denn die Tür war nur aus Silber und die Täfelung der Zimmer nur aus Goldplatten, die aber mit so erlesenem Geschmack gearbeitet waren, daß auch das glänzendste Tafelwerk sie nicht zu überstrahlen vermocht hätte. Das Vorzimmer war freilich nur mit Rubinen und Smaragden ausgelegt, aber die Anordnung des Ganzen entschädigte für diese große Einfachheit des Materials. Der Greis empfing die beiden Fremden auf einem mit Kolibrifedern gepolsterten Sofa, ließ ihnen Wein in diamantenen Gefäßen vorsetzen und befriedigte dann ihre Wißbegierde folgendermaßen:

„Ich bin hundertundzweiundsiebzig Jahre alt und habe von

meinem verstorbenen Vater, dem Oberstallmeister des Königs, einiges über die grundstürzenden Staatsumwälzungen in Peru erfahren, von denen er noch selbst Zeuge gewesen ist. Das Königreich, in dem wir uns befinden, ist die alte Heimat der Inkas, die sie höchst unklugerweise verließen, um sich einen Teil der Welt zu unterwerfen und schließlich von den Spaniern gestürzt zu werden. Die Fürsten aus ihrer Familie, die in ihrem Vaterland blieben, waren klüger; sie erließen mit Zustimmung der Nation ein Gesetz, daß keiner der Bewohner unser kleines Reich verlassen dürfe – eine Maßregel, die uns unsere Unschuld und unser Glück bewahrt hat. Die Spanier haben allerdings eine ungenaue Kenntnis von unserem Lande gehabt, das sie Eldorado nannten, und ein Engländer namens Sir Raleigh ist ihm sogar ziemlich nahe gekommen; da wir aber von unübersteigbaren Felsen und Abgründen umgeben sind, sind wir bisher von der Raubgier der europäischen Nationen verschont geblieben, die ein unbegreifliches Verlangen nach den Kieseln und der Erde unseres Landes haben[69] und uns alle bis auf den letzten Mann töten würden, nur um sich in deren Besitz zu setzen."

Die Unterhaltung dauerte lange; sie berührte die Regierungsform, die Sitten, die Frauen, die öffentlichen Schaustellungen, die Künste; schließlich ließ Candide, der stets eine Neigung für die Metaphysik gehabt hatte, durch Cacambo die Frage stellen, ob das Land eine Religion habe.

Der Greis errötete leicht. „Wie können Sie", erwiderte er, „daran zweifeln? Halten Sie uns denn für undankbar?" Cacambo fragte bescheiden, welche Religion denn in Eldorado herrsche. Der Greis errötete abermals und fragte: „Kann man denn zwei Religionen haben? Wir haben, glaube ich, die Religion, zu der sich jedermann bekennt; wir verehren Gott vom Abend bis zum Morgen." – „Verehren Sie denn nur einen einzigen Gott?" fragte Cacambo weiter, der den Zweifeln Candides immer zum Dolmetscher diente. „Gewiß", versetzte der Greis, „denn es gibt weder zwei noch drei noch vier Götter; ich muß gestehen, die Leute aus Ihrer Welt stellen mitunter sehr seltsame Fragen." Candide wurde nicht müde, den gütigen alten Mann um Aufklärung ersuchen zu lassen; er wollte wissen, wie man in Eldorado zu Gott bete. „Wir beten überhaupt nicht zu ihm", erwiderte der ehrwürdige Weise, „wir brauchen ihn um nichts zu bitten; er hat uns alles, was wir bedürfen, gegeben, und wir danken ihm ohne Unterlaß." Candide sprach den Wunsch aus, die Priester zu sehen, er ließ anfragen, wo diese seien. Der Greis lächelte. „Meine Freunde", sagte er, „wir sind alle Priester; der König und alle Familienväter stimmen alle Morgen feierliche Dankeshymnen an, wobei sie von fünf- bis sechstausend Musikern begleitet werden." – „Wie? Sie haben keine Mönche, die predigen, disputieren, herrschen, intrigieren und alle, die nicht ihrer Ansicht sind, verbrennen lassen?"

„Da müßten wir alle zusammen den Verstand verloren haben", erwiderte der Greis, „wir sind hier alle derselben Meinung und verstehen gar nicht, was Sie mit Ihren Mönchen sagen wollen."

Candide blieb bei all diesen Reden vor Verwunderung der Mund offen stehen, und er sprach zu sich selbst: „Das ist alles sehr verschieden von Westfalen und dem Schloß des Herrn Barons; wenn unser Freund Pangloß Eldorado gesehen hätte, so würde er nicht länger gesagt haben, daß das Schloß Thunder-ten-tronckh das schönste sei, was es auf Erden gibt; das Reisen ist daher unbedingt notwendig."

Nach dieser langen Unterredung ließ der würdige Greis einen Wagen mit sechs großen Widdern bespannen und gab den beiden Reisenden zwölf Diener mit, die sie zum Hof bringen sollten. „Entschuldigen Sie", sagte er dabei, „daß mein hohes Alter mich der Ehre beraubt, Sie zu begleiten. Der König wird Sie in einer Weise empfangen, mit der Sie nicht unzufrieden sein werden, und ohne Zweifel werden Sie es den Sitten eines Landes zugute halten, wenn einige darunter sind, die Ihnen weniger gefallen."

Candide und Cacambo bestiegen den Wagen; die sechs Widder trabten dahin, und in weniger als vier Stunden gelangten die Reisenden zum Palais des Königs, das an dem einen Ende der Hauptstadt lag. Das Portal war zweihundertundvierzig Fuß hoch und hundert lang; das Material, aus dem es errichtet war, läßt sich unmöglich beschreiben; Candide bemerkte zur Genüge, daß es unendlich kostbarer war als der Sand und die Kiesel, die wir Gold und Edelsteine nennen.

Zwanzig schöne Mädchen aus der Leibwache des Königs empfingen Candide und Cacambo beim Aussteigen, führten sie ins Bad und bekleideten sie mit Gewändern aus Kolibriflaum; darauf wurden sie nach dem Hofzeremoniell von den hohen Kronbeamten und den Hofdamen Seiner Majestät zwischen zwei Reihen von Musikern, von denen jede aus tausend Mann bestand, hindurchgeleitet. Als sie sich dem Thronsaal näherten, fragte Cacambo einen der Großwürdenträger, wie man sich bei der Begrüßung Seiner Majestät zu verhalten hätte, ob man niederkniee oder sich mit dem Bauche zu Boden werfe, ob man die Hände an den Kopf oder auf den Hintern lege, ob man den Staub des Saales auflecke, mit einem Wort, welches Zeremoniell vorgeschrieben sei. „Es ist Sitte", sagte der Hofbeamte, „den König zu umarmen und auf beide Wangen zu küssen." Candide und Cacambo fielen Seiner Majestät um den Hals; der König empfing sie mit aller erdenkbaren Gnade und lud sie höflich zum Souper ein.

Inzwischen führte man sie in der Stadt umher und zeigte ihnen die sich bis zu den Wolken erhebenden Staatsgebäude, die mit Tausenden von Säulen geschmückten Plätze, die Springbrunnen, aus denen beständig reines Wasser, Rosenwasser und Liköre aus Zuckerrohrsaft emporsprudelten, das Pflaster, das aus einer Art Edelsteinen bestand, die einen nelken- und zimtähnlichen Duft ausströmten. Candide wünschte den Justizpalast zu sehen; man sagte ihm, einen solchen gebe es nicht und man führe überhaupt keine Prozesse; er erkundigte sich nach den Gefängnissen und erfuhr, daß diese ebenfalls fehlten. Was ihn am meisten in Erstaunen setzte und ihm die größte Freude bereitete, war der Palast der Wissenschaften, in dem er eine zweitausend Schritt lange Galerie sah, die ganz mit mathematischen und physikalischen Instrumenten angefüllt war.

Nachdem sie im Lauf des ganzen Nachmittags ungefähr den tausendsten Teil der ganzen Stadt durchstreift hatten, wurden sie zu dem König zurückgeführt. Candide nahm an der Tafel zwischen Seiner Majestät, seinem Diener Cacambo und mehreren Damen Platz; auf der ganzen Welt konnte nicht besser gespeist werden, und nirgends wurde bei Tisch mehr Geist entwickelt als von Seiner Majestät. Cacambo übersetzte Candide die witzigen Einfälle des Königs, die auch in der Übersetzung noch witzig blieben, und von allem, worüber sich Candide wunderte, erschien ihm dies als das wunderbarste...

Voltaire
Über die Toleranz, veranlaßt durch die Hinrichtung des Jean Calas im Jahre 1762

(Auszug)

Seine Religionskritik, seine Verurteilung des Fanatismus und der Intoleranz der Kirche und seine Bekämpfung von Justizirrtümern nahmen einen herausragenden Stellenwert in Voltaires Leben ein.

Seine Kirchenkritik bildete einen Bestandteil seiner Anprangerung von Unvernunft und Ungerechtigkeit, und immer wieder wies er auf die negativen Begleiterscheinungen des Christentums hin, auf die Religionskriege, die Inquisition, die Verfolgung Andersdenkender. Voltaires Kampf gegen Fehlurteile und Mißstände der Justiz trug ihm den Beinamen „Freund der Unglücklichen" ein.

Einer der bekanntesten Justizskandale, in die Voltaire sich einmischte, war der Fall Calas. Der hugenottische Kaufmann Jean Calas war zum Tode verurteilt und hingerichtet worden, weil er seinen Sohn ermordet haben sollte, damit dieser nicht zur Katholischen Kirche übertreten könnte. Mit Petitionen, Briefen an einflußreiche Personen und seinem Traktat „Über die Toleranz" (1763 – 65) erreichte es Voltaire, daß das höchste französische Gericht das Urteil überprüfte und die Unschuld von Calas feststellte.

I. Kurze Geschichte der Hinrichtung des Johann Calas

Die Ermordung des Calas, die in Toulouse mit dem Schwerte der Gerechtigkeit den 9. März 1762 begangen ist, ist eine der seltsamsten Begebenheiten, die die Aufmerksamkeit unseres Zeitalters und der Nachwelt verdienen. Man vergißt bald den zahllosen Haufen von Toten, der im Schlachtfeld umkömmt, nicht nur weil es unvermeidliches Schicksal im Kriege ist, sondern auch weil die, die diesem Schicksal unterliegen, ihre Feinde wieder töten können und nicht umkommen, ohne sich zu verteidigen. Da, wo Gefahr und Vorteile gleich sind, hört das Erstaunen auf, und selbst das Mitleiden wird schwach. Aber wenn ein unschuldiger Hausvater dem Irrtum, der Leidenschaft oder dem Fanatismus unter die Hände gerät; wenn der Angeklagte keinen Verteidiger hat als seine Tugend; wenn die Schiedsrichter über sein Leben auf den Fall, daß sie ihn erwürgen, weiter keine Gefahr laufen als – sich zu irren; wenn sie ungestraft durch ein Urteil morden können: dann erhebt sich die Stimme des Publikums; jedem wird bang für sich selbst; man sieht, daß vor einem Tribunal, das errichtet worden ist, um über das Leben der Bürger zu wachen, niemand seines Lebens sicher ist; und alle Stimmen schreien gemeinschaftlich um Rache.

Es kam bei dieser seltsamen Geschichte auf Religion, Selbstmord und Vatermord an. Es kam darauf an, zu wissen, ob ein Vater und eine Mutter ihren Sohn erdrosselt hätten, um Gott einen Dienst zu tun; ob ein Bruder seinen Bruder, ein Freund seinen Freund ermordet und ob die Richter sich vorzuwerfen hätten, entweder einen unschuldigen Vater auf dem Rade sterben oder eine schuldige Mutter, einen schuldigen Bruder, einen schuldigen Freund ungestraft gelassen zu haben.

Johann Calas, ein Mann von achtundsechzig Jahren, lebte seit länger als vierzig Jahren zu Toulouse als Handelsmann, und alle, die ihn kannten, hielten ihn für einen guten Vater. Er war Protestant und seine Frau und Kinder gleichfalls, außer ein Sohn, der die Ketzerei abgeschworen hatte und dem der Vater ein kleines Jahrgeld auszahlte. Er schien so entfernt von dem unsinnigen Fanatismus, der alle gesellschaftliche Bande zerreißt, daß er gegen die Bekehrung seines Sohnes *Ludwig Calas* nichts einwandte und seit dreißig Jahren eine eifrige Katholikin zur Magd hatte, die dabei alle seine Kinder großzog.

Einer seiner Söhne, *Mark-Anton*, hatte sich auf Wissenschaften gelegt, und jedermann hielt ihn für einen unruhigen, düstern und hastigen Kopf. In der Handlung war es dem jungen Menschen nicht geglückt, weil er dazu nicht taugte, und als Advokat hatte man ihn auch nicht annehmen wollen, weil dazu Beglaubigungsscheine des Katholizismus erfordert wurden, die er nicht erhalten konnte. Aus Verdruß beschloß er, seinem Leben ein Ende zu machen, und ließ sich dies auch merken gegen einen seiner Freunde. Er las alles, was nur über den Selbstmord geschrieben war, und wurde dadurch noch fester in seinem Entschluß.

Endlich, als er einmal sein Geld im Spiel verloren hatte, wählte er gerade diesen Tag zur Ausführung seines Vorhabens. Ein Freund vom Hause und zugleich sein Freund, namens Lavaisse, ein junger Mensch von neunzehn Jahren, bekannt durch seinen aufrichtigen und sanften Charakter und Sohn eines berühmten Advokaten zu Toulouse, war den Abend vorher, den 12. Oktober 1761, von Bordeaux angekommen und aß diesen Abend von ohngefähr in Calas' Hause. Der Vater, die Mutter, Mark-Anton, ihr ältester, und Peter, ihr zweiter Sohn, aßen zusammen. Nach Tische ging man in einen kleinen Saal. Mark-Anton verschwand. Endlich, als der junge Lavaisse weggehen wollte und Peter Calas und er hinuntergingen, fanden sie unten neben dem Laden den Mark-Anton im Hemde an der Türe hängen und sein Kleid zusammengelegt auf dem Schreibtisch. Sein Hemd war nicht in der mindesten Unordnung; seine Haare waren ordentlich gekämmt; er hatte an seinem Körper keine Wunde, keine blauen Flecken.[70)]

Wir übergehen hier alle kleinen Umstände, welche die Advokaten hinlänglich berichtigt haben. Wir lassen den Schmerz und die Verzweiflung des Vaters und der Mutter ungeschildert. Die Nachbarn hörten das Geschrei. Lavaisse und Peter Calas liefen ganz außer sich nach Wundärzten und nach der Obrigkeit.

Während daß sie so ihre Pflicht erfüllten, während Vater und Mutter in Tränen und Schluchzen lagen, lief das Volk von Toulouse um das Haus zusammen. Dies Volk ist abergläubisch und ungestüm. Seine Brüder, die nicht mit ihm einerlei Religion haben, sind Ungeheuer in seinen Augen. In Toulouse war es, wo man Gott feierlich für den Tod Heinrichs III. dankte, wo man sich verschwur, den ersten, der den großen, den guten Heinrich IV. anerkennen würde, um's Leben zu bringen. Diese Stadt feiert noch jährlich mit einer Prozession und Freudengeschrei den Tag, wo sie vor zweihundert Jahren viertausend ketzerische Bürger niedermetzelte. Vergebens haben sechs Edikte des Rats dies verhaßte Fest verboten. Die Toulousaner feiern es demohngeachtet wie ihre *Jeux floreaux*.

Irgendein fanatischer Kopf aus dem Pöbel rief, Johann Calas hätte seinen eigenen Sohn Mark-Anton erhängt. Im Augenblick wiederholte dies ein einstimmiges Geschrei. Einige setzten noch hinzu, der Tote hätte den Tag darauf abschwören wollen, und deswegen hätte ihn seine Familie erdrosselt, aus Haß gegen die katholische Religion. Den Augenblick drauf zweifelte man schon nicht mehr. Die ganze Stadt war überzeugt, daß es bei den Protestanten ein Religionsartikel sei, daß Eltern ihre Kinder umbringen müssen, sobald sie abtrünnig werden wollen.

Wenn die Köpfe einmal in Gärung sind, so machen sie nicht leicht halt. Man bildete sich ein, die Protestanten von Languedoc hätten sich den Abend vorher versammelt; sie hätten durch die Wahrheit der Stimmen einen Henkersknecht aus ihrer Sekte gewählt, und die Wahl wäre auf den jungen Lavaisse gefallen. Dieser junge Mensch hätte in vierundzwanzig Stunden die Nachricht von seiner Wahl vernommen und wäre von Bordeaux hergekommen, um dem Johann Calas, seiner Frau und ihrem Sohn Peter bei der Ermordung eines Sohnes, eines Bruders, eines Freundes zu helfen. Der Capitoul oder Bürgermeister David, den dieser Lärm in Bewegung brachte, wollte sich durch eine schnelle Exekution in Kredit setzen und verfuhr gegen Regel und Gesetz. Er ließ die Familie Calas, die katholische Magd und den Lavaisse in Fesseln legen.

Man publizierte ein Monitorium, das ebenso ordnungswidrig als die Prozedur war. Man ging noch weiter. Mark-Anton Calas war als Calvinist gestorben, und wenn er Hand an sich selbst gelegt hatte, mußte er ausgeschleift werden. Aber man begrub ihn mit dem größten Pomp in der St. Stephanskirche, so sehr auch der Pfarrer gegen diese Entheiligung protestierte.

Es sind in Languedoc vier Pönitentenbrüderschaften, die weiße, die blaue, die graue und die schwarze. Die andächtigen Brüder tragen eine lange Kutte mit einer Maske von Tuch, die zwei Löcher hat, damit sie sehen können. Sie haben den Herrn Fitz-James, Commandanten der Provinz, bewegen wollen, in ihre Gesellschaft zu treten. Er hat es aber abgeschlagen. Die weißen Pönitentenbrüder erwiesen dem Mark-Anton Calas wahre Märtyrerehre. Nie ist in einer Kirche das Fest eines wirklichen Märtyrers mit mehrerem Pomp gefeiert. Aber dieser Pomp war schrecklich. Auf einem prächtigen Trauergerüste hatte man ein Skelett aufgestellt, das man Bewegungen machen ließ und das den Mark-Anton vorstellte, wie er in der einen Hand eine Palme und in der andern eine Feder hielt, mit der er die Abschwörung der Ketzerei unterzeichnen sollte und die in der Tat das Todesurteil seines Vaters schrieb.

Nun fehlte dem Unglücklichen, der Hand an sich selbst gelegt hatte, nichts mehr als die Kanonisation. Das ganze Volk sah ihn an als einen Heiligen. Einige riefen ihn an; andre beteten auf seinem Grabe; einige forderten Wunder von ihm; andre erzählten die Wunder, die er schon getan hatte. Ein Mönch brach ihm einige Zähne aus, um dauerhafte Reliquien zu haben. Eine andächtige Person, die taub war, sagte, sie habe läuten gehört. Ein apoplektischer Priester wurde kuriert, nachdem er etwas zu brechen eingenommen hatte. Man registrierte förmlich diese Wunder. Der Verfasser dieser Erzählung besitzt ein Zeugnis von einem jungen Menschen aus Toulouse, der verrückt geworden ist, weil er mehrere Nächte auf dem Grabe des neuen Heiligen gebetet hatte und ein Wunder nicht erhalten konnte, um das er ihn anrief.

Einige Magistratspersonen waren von der weißen Pönitentenbrüderschaft. Von diesem Augenblick an schien Johann Calas ohne weitres Bedenken des Todes schuldig.

Was seine Hinrichtung noch beschleunigte, war die Nähe des berüchtigten Festes, das die Toulousaner jährlich zum Andenken der Niedermetzelung der viertausend Hugenotten feiern. Das Jahr 1762 war gerade das zweite Jubeljahr des Festes. Man machte in der Stadt schon Anstalten zu dieser Feierlichkeit. Alles dies setzte die erhitzte Einbildungskraft des Pöbels noch mehr in Flammen. Man sagte öffentlich, das Schafott, auf dem man die Calas rädern würde, würde die größte Zierde des Festes sein. Man sagte, die Vorsehung habe diese Schlachtopfer beschert, damit sie unsrer heiligen Religion geopfert werden könnten. Zwanzig Personen haben diese und noch weit ärgre Reden gehört. Und dies geschah in unsern Tagen; geschah zu einer Zeit, wo die Philosophie solche Fortschritte gemacht hat; zu einer Zeit, wo hundert Akademien schreiben, um sanfte Sitten einzuflößen! Es scheint, als ob der Fanatismus, aufgebracht über die kleinen Fortschritte der Vernunft, sich mit desto größerer Wut gegen sie auflehnte.

Dreizehn Richter versammelten sich täglich, um den Prozeß zu beendigen. Man hatte keinen Beweis gegen die Familie. Man konnte keinen haben. Aber die betrogne Religion diente an Beweises Statt. Lange Zeit bestanden sechs Richter darauf, man sollte ohne Umstände den Johann Calas, seinen Sohn und den Lavaisse zum Rade und die Frau des Johann Calas zum Scheiterhaufen verdammen. Die sieben übrigen waren gemäßigter und wollten, daß man sie wenigstens erst verhörte. Der Streit darüber wurde lange und zu wiederholten Malen geführt. Einer der Richter, überzeugt von der Unschuld der Angeklagten und von der Unmöglichkeit des Verbrechens, sprach lebhaft zu ihrer Verteidigung. Er stellte dem Eifer der Strenge den Eifer der Menschlichkeit entgegen. Er wurde öffentlicher Schutzredner der Calas in allen Häusern zu Toulouse, wo das fortdauernde

Geschrei der getäuschten Religion das Blut dieser Unglücklichen verlangte. Ein anderer, durch seine Heftigkeit bekannter Richter sprach in der Stadt mit ebenso vieler Hitze gegen die Calas, als der erste Wärme in ihrer Verteidigung zeigte. Endlich wurde der Lärm so groß, daß beide sich genötigt sahen, auf ihre Stimmen Verzicht zu tun und sich auf das Land zu begeben.

Aber hier ereignete sich ein besondres Unglück. Der Richter, der den Calas günstig war, war so gewissenhaft, bei seiner Verzichtleistung zu beharren. Der andre hingegen kam wieder und gab seine Stimme gegen die, über die er nicht richten durfte; und gerade diese Stimme gab der Verurteilung zum Rade den Ausschlag. Denn es waren nur acht Stimmen gegen fünf, und einer der Richter von der Gegenpartei war erst gegen das Ende nach vielen Streitigkeiten zu der strengen Partei übergegangen.

Wenn von Ermordung eines Blutsfreundes die Rede ist und es darauf ankömmt, einen Hausvater zur abscheulichsten Strafe zu verdammen, so scheint es, daß immer das Urteil einstimmig gesprochen werden sollte. Die Beweise eines so unerhörten Verbrechens[71)] sollten von einer Evidenz sein, die jedermann einleuchtete. Der mindeste Zweifel sollte bei einem Fall wie diesem den Richter zittern machen, der ein Todesurteil unterzeichnen will. Täglich zeigt sich die Schwäche unsrer Vernunft und die Unzulänglichkeit unserer Gesetze; aber wann sieht man dieses Elend mehr ein, als wenn das Übergewicht einer einzigen Stimme einen Bürger aufs Rad bringt? In Athen wurden fünfzig Stimmen über die Hälfte erfordert, eh' man ein Todesurteil auszusprechen wagte. Was folgt daraus? Das, was wir längst wissen, ohne daß es uns etwas hilft; daß die Griechen vernünftiger und menschlicher waren als wir.

Es schien unmöglich, daß Johann Calas, ein alter Mann von achtundsechzig Jahren, der geschwollene und schwache Füße hatte, allein einen Sohn von achtundzwanzig Jahren, der noch dazu von ungewöhnlicher Stärke war, erdrosselt haben sollte. Seine Frau, sein Sohn Peter Calas, Lavaisse und die Magd mußten ihm durchaus Hilfe geleistet haben. Sie hatten einander an dem Abend, wo sich die unglückliche Geschichte zutrug, nicht einen Augenblick verlassen. Aber die letzte Vermutung war noch unvernünftiger als die erste. Denn wie konnte eine eifrige katholische Magd zugeben, daß die Hugenotten einen von ihr erzogenen jungen Menschen umbrächten, um ihn dafür zu bestrafen, daß er die Religion dieser Magd liebte? Wie sollte wohl Lavaisse gerade deswegen von Bordeaux gekommen sein, um seinen Freund zu erhenken, dessen vorgebliche Religionsänderung unbekannt war? Wie hätte eine zärtliche Mutter Hand an ihren Sohn legen können? Wie wären alle zusammen imstande gewesen, einen jungen Menschen, der so stark war als sie sämtlich, zu erhenken, ohne lange und heftige Gegenwehr, ohne ein entsetzliches Geschrei, das die Nachbarschaft hätte in Bewegung setzen müssen, ohne wiederholte Schläge, ohne Beulen, ohne Kleider zu zerreißen?

Konnte die Ermordung begangen werden, so waren unstreitig alle Angeklagten in gleichem Grade schuldig; denn alle hatten einander nicht einen Augenblick verlassen. Offenbar aber waren sie es nicht. Offenbar konnt' es der Vater allein unmöglich sein. Und das Urteil verdammte bloß den Vater, auf dem Rade zu sterben.

Der Grund, auf den sich dies Urteil stützte, war so unbegreiflich als alles übrige. Die Richter, welche für die Hinrichtung des Johann Calas entschieden hatten, überredeten die andern, daß dieser alte, schwache Mann die Martern nicht aushalten und unter den Stößen der Henker sein und seiner Mitschuldigen Verbrechen gestehen würde. Wie groß war ihre Bestürzung, als der alte Mann, indem er auf dem Rade starb, Gott zum Zeugen seiner Unschuld anrief und ihn bat, seinen Richtern zu vergeben!

Sie sahen sich genötigt, ein zweites Urteil abzufassen, das dem ersten widersprach und wodurch die Mutter, der Sohn, der junge Lavaisse und die Magd losgelassen werden sollten. Aber einer der Räte machte es ihnen begreiflich, daß dieses Urteil das vorige zuschanden machte, daß sie sich selbst verdammten und daß die Loslassung der Überlebenden offenbar die Unschuld des hingerichteten Hausvaters bewiese, indem alle Angeklagten zu der Zeit, wo der Mord geschehen sein sollte, immer beisammen gewesen wären. Man ergriff also den Ausweg, Peter Calas, den Sohn, Landes zu verweisen. Hatte diese Landesverweisung ein weniger inkonsequentes, weniger ungereimtes Ansehen als alles vorige? Peter Calas hatte teil an der Ermordung seines Bruders oder nicht. War das erstere, so verdiente er gerädert zu werden, wie sein Vater. War das letztere, so verdiente er keine Landesverweisung. Aber die Richter, bestürzt über die Hinrichtung des Vaters und die rührende Frömmigkeit, mit der er gestorben war, dachten ihre Ehre zu retten, wenn sie glauben machten, daß sie dem Sohne Gnade für Recht ergehen ließen. Als wenn hier Begnadigung nicht eine neue Ungerechtigkeit gewesen wäre! Sie glaubten, daß die Verbannung dieses armen, hilflosen jungen Menschen von keiner Bedeutung und nach dem, was sie unglücklicherweise einmal getan hatten, keine Ungerechtigkeit mehr wäre.

Man fing damit an, den Peter Calas in seinem Kerker zu bedrohen, daß man ihn wie seinen Vater behandeln würde, wofern er nicht seiner Religion abschwören wolle. Dies bezeugt dieser junge Mensch endlich.[72] Als Peter Calas aus der Stadt ging, begegnete er einem Abbé, der das Bekehrungsgeschäft trieb und ihn wieder mit sich zurück nach Toulouse nahm. Man sperrte ihn in ein Dominikanerkloster ein und zwang ihn, alle Verrichtungen des katholischen Gottesdienstes mitzumachen. Das war es zum Teil, worauf man es angelegt hatte. Das war der Preis für das Blut seines Vaters. Die Religion, die man rächen wollte, schien dadurch befriedigt.

Der Mutter nahm man ihre Töchter weg und sperrte sie gleichfalls in ein Kloster. Diese Frau, beinahe bespritzt mit dem Blute ihres Mannes, die ihren ältesten Sohn tot in ihren Armen gehalten hatte, den zweiten Landes verwiesen und ihrer Töchter und ihres ganzen Vermögens sich beraubt sah, war nun allein auf der Welt, ohne Brot, ohne Hoffnung und hinsterbend im äußersten Elend. Verschiedne Personen, die die Umstände dieses schrecklichen Vorfalls reiflich geprüft hatten, wurden davon so sehr gerührt, daß sie der Madame Calas, die sich in die Einsamkeit zurückgezogen hatte, dringende Vorstellungen tun ließen, sie sollte es wagen, vor dem Throne um Gerechtigkeit zu flehen. Sie konnte sich damals kaum aufrecht halten und war ganz zerfallen. Überdem, als eine geborne Engländerin, die in ihrer frühen Jugend in eine Provinz von Frankreich versetzt worden war, schauderte ihr vor dem bloßen Namen der Stadt Paris. Die Hauptstadt des Königreichs, glaubte sie, müßte noch barbarischer sein als die Hauptstadt von Languedoc. Endlich siegte die Pflicht, das Andenken ihres Mannes zu rächen, über ihre Schwäche. Sie kam, dem Tode nahe, zu Paris an und fand hier zu ihrem Erstaunen gütige Aufnahme, Hilfe und Tränen.

In Paris hat die Vernunft die Oberhand über die Schwärmerei, sie mag so stark sein, als sie will, statt daß in der Provinz die Schwärmerei fast immer die Oberhand über die Vernunft gewinnt.

Herr von Beaumont, berühmter Parlamentsadvokat zu Paris, übernahm sogleich ihre Verteidigung und setzte eine Consultation oder rechtliche Weisung auf, die von fünfzehn Advokaten unterschrieben wurde. Herr Loisteau schrieb mit nicht minderer Beredsamkeit ein Memoire zu Gunsten der Familie. Herr Mariette, Ratsadvokat, setzte eine juristische Supplik auf, die jedermann überzeugte.

Diese drei edlen Verteidiger der Unschuld und der Gesetze ließen der Witwe den Ertrag der Herausgabe ihrer vor Gericht gehaltenen Reden, die indes in verschiednen Städten nachgedruckt wurden, so daß für Madame Calas die Frucht dieser edlen Handlungen verlorenging. Paris und ganz Europa wurden von Mitleid gerührt und forderten Gerechtigkeit zugleich mit der unglücklichen Frau. Das Urteil war lange zuvor, eh' es vom Pariser Conseil unterzeichnet werden konnte, vom ganzen Publikum ausgesprochen.

Das Mitleid drang bis ins Ministerium, ohngeachtet des immerwährenden Stroms von Geschäften, der oft dem Mitleiden den Zutritt versagt, und ohngeachtet der Gewohnheit, Unglückliche zu sehen, die das Herz noch mehr abhärten kann. Man verschaffte der Mutter ihre Töchter wieder. Man sah sie alle drei mit Flor bedeckt und mit Tränen benetzt ihre Richter zu Tränen bringen.

Indes hatte diese Familie noch immer einige Feinde; denn die Religion war im Spiel. Mehrere Leute der Art, die man in Frankreich *Dévots*[73)] nennt, sagten laut, es sei besser, einen alten Calvinisten unschuldig rädern zu lassen, als acht Räte von Languedoc in die Notwendigkeit zu setzen, einmütig zu gestehen, daß sie sich geirrt hätten. Man bediente sich sogar des Ausdrucks: „Es gibt mehr obrigkeitliche Personen als Calas", und folgerte daraus, man müsse die Familie Calas der Ehre der Obrigkeit aufopfern. Daran dachte man wohl nicht, daß die Ehre aller Richter so gut wie andrer Menschen auch darin bestehe, ihre Fehler wiedergutzumachen. Man glaubt in Frankreich nicht, daß der Papst, unterstützt von seinen Kardinälen, untrüglich sei. Man hätte also auch wohl glauben können, daß es acht Richter von Toulouse ebensowenig sind. Alle übrigen vernünftigen und uninteressierten Leute sagten, daß das Urteil von Toulouse in ganz Europa kassiert werden würde, selbst dann, wenn besondre Rücksichten eben dies im Pariser Conseil verhinderten.

So stand es mit dieser erstaunenswürdigen Sache, als sie unparteiischen, aber empfindungsvollen Männern die Idee eingab, dem Publikum einige Bemerkungen über Toleranz, Nachsicht und Mitleiden vorzulegen, ohnerachtet der Abbé Houtteville in seiner schwülstigen und in Tatsachen irrigen Deklamation das letztere ein *abscheuliches* Dogma nennt. Die Vernunft nennt das Mitleiden ein *Erbteil der Natur*.

Entweder haben die Richter von Toulouse, vom Fanatismus des Pöbels hingerissen, einen Hausvater unschuldig rädern lassen – eine Geschichte ohne Beispiel –, oder dieser Hausvater und seine Frau haben ihren ältesten Sohn umgebracht, wobei ihnen ein andrer Sohn und ein Freund hilfreiche Hand geleistet haben – eine Geschichte gegen die Natur. In beiden Fällen hat der Mißbrauch der heiligsten Religion ein großes Verbrechen veranlaßt. Es muß also der Menschheit daran gelegen sein, zu untersuchen, ob die Religion Milde oder Barbarei zur Pflicht macht...

4. Ist die Toleranz gefährlich? Und bei welchen Völkern ist sie erlaubt?

Es haben verschiedne behauptet, daß, wenn wir gegen unsre irrenden Brüder, die in schlechtem Französisch zu Gott beten, väterliche Nachsicht hätten, dies nichts geringeres hieße, als ihnen die Waffen in die Hände geben und neue Schlachten bei Jarnac, Moncontour, Coutras, Dreux, St. Denis usw. veranlassen. Davon verstehe ich nichts; denn ich bin kein Prophet. Aber es scheint mir doch nicht ganz konsequent geurteilt, wenn man sagt: „Diese Leute haben sich empört, als ich sie übel behandelte; folglich werden sie sich empören, wenn ich sie gut behandle."

Ich möchte mir wohl die Freiheit nehmen, diejenigen, die an der Spitze der Regierung stehen oder zu wichtigen Posten bestimmt sind, zu bitten, daß sie die Frage reiflich überlegen, ob man zu befürchten hat, daß Milde ebensolche Empörungen hervorbringe, als Grausamkeit hervorgebracht hat; ob das, was unter gewissen Umständen eingetreten ist, auch unter anderen Umständen eintreten muß; ob die Zeiten, Meinungen und Sitten stets dieselben sind?

Die Hugenotten sind so gut als wir vom Fanatismus betört gewesen und haben so gut als wir Blut vergossen. Aber ist denn die gegenwärtige Generation noch so barbarisch als ihre Väter? Sollte die Zeit und die so mächtig fortschreitende Vernunft, sollten gute Bücher und Milde im Umgang bei denen, die den Verstand dieser Völker leiten, keinen Eingang gefunden haben? Sehn wir denn nicht, daß fast ganz Europa sich seit fünfzig Jahren geändert hat?

Die Regierung hat allenthalben mehr Stärke gewonnen, so wie sich die Sitten gemildert haben. Die allgemeine und noch dazu von zahlreichen stehenden Armeen unterstützte Polizei erlaubt doch wohl nicht, die Rückkehr jener anarchistischen Zeiten zu befürchten, wo calvinische Bauern gegen katholische Bauern, zwischen der Saatzeit und Ernte eilig angeworben, zu Felde zogen.

Andre Zeiten, andre Sorgen. Es würde ungereimt sein, die heutige Sorbonne zu dezimieren, weil sie vormals das Gesuch anbrachte, das Mädchen von Orléans verbrennen zu lassen; weil sie Heinrichs III. Recht zum Throne für verfallen erklärte; weil sie den großen Heinrich IV. exkommunizierte und in den Bann tat. Ebensowenig wird man andre Kollegien des Königreichs aufsuchen, die in den Zeiten der Phrenesie ähnliche Ausschweifungen begingen. Nicht nur ungerecht wäre dies, sondern gerade so lächerlich, als wenn man allen Einwohnern von Marseille etwas abzuführen eingeben wollte, weil sie im Jahr 1720 die Pest gehabt haben.

Sollen wir wie Karls V. Truppen hingehen und Rom verwüsten, weil Sixtus V. im Jahr 1585 allen Franzosen, die gegen ihren Souverän die Waffen ergreifen würden, auf neun Jahre Ablaß bewilligte? Ist es nicht genug, wenn wir Rom abhalten, jemals wieder solche Exzesse zu begehen?

Die Wut, die der Dogmengeist und der Mißbrauch der mißverstandenen christlichen Religion einflößt, hat in Deutschland, England und selbst in Holland ebensoviel Blut vergossen, ebensoviel Unheil angerichtet als in Frankreich; und heutigentages veranlaßt die Religionsverschiedenheit in diesen Staaten nicht die mindeste Unruhe. Der Jude, der Katholik, der Grieche, der Lutheraner, der Calvinist, der Anabaptist, der Sozinianer, der Mennonit, der mährische Bruder u.a.m. leben in diesen Ländern wie Brüder und tragen jeder das seinige bei zum Wohl des Ganzen.

Man befürchtet in Holland nicht mehr, daß die Streitigkeiten eines Gomar[74)] über die Prädestination dem Großpensionär den Kopf kosten. Man befürchtet in England nicht mehr, daß die Streitigkeiten der Presbyterianer mit den Episkopalen über eine Liturgie und ein Chorhemd ein Schafott mit Königsblute bespritzen[75]. Das bevölkerte und reich gewordene Irland wird nie mehr sehen, wie seine katholischen Bürger zwei Monate hindurch ihre protestantischen Mitbürger Gott opfern, sie lebendig begraben, die Mütter an Galgen aufhängen und die Töchter am Halse ihrer Mütter festbinden und so zuzusehen, wie sie gemeinschaftlich ihren Geist aufgeben; es wird nie wieder sehen, wie sie schwangeren Frauen den Leib aufschneiden, die halbgebildete Frucht herausreißen und sie den Hunden und Säuen vorwerfen; wie sie ihren geknebelten Gefangenen einen Dolch in die Hand zwingen und ihnen den Arm führen, um damit ihren Weibern, Eltern und Kindern ins Herz zu stoßen, in der Meinung, sie dadurch gegenseitig zu Mördern ihrer Blutsfreunde zu machen und sie zugleich mit ihrer Ausrottung in die Verdammnis zu stoßen. Dieses nämlich berichtet uns Rapin Thoiras, ein irländischer Offizier, der gleich nach diesen Zeiten lebte. Dies berichten alle Annalen, alle Geschichten von England; und hoffentlich wird es nirgends nachgeahmt werden. Die Philosophie, sie allein, diese Schwester der Religion, hat die Hände entwaffnet, die durch den Aberglauben so lange von Blut trieften. Der Menschenverstand erstaunte beim Erwachen aus seiner Trunkenheit über die entsetzlichen Dinge, zu welchen ihn der Fanatismus verleitet hatte.

Wir selbst haben in Frankreich eine reiche Provinz, wo das Luthertum stärker ist als der Katholizismus. Unsre Universität im Elsaß ist in den Händen der Lutheraner. Ein Teil der Stellen in den kleineren Städten wird mit ihnen besetzt. Niemals hat die mindeste Religionszänkerei die Ruhe dieser Provinz gestört, seitdem sie zu Frankreich gehört. Warum? Man hat hier niemanden verfolgt. Tut nur den Herzen keine Gewalt an, und aller Herzen werden euer sein.

Ich will damit gar nicht sagen, daß diejenigen, die nicht der Religion des Landesfürsten zugetan sind, mit denen, die sich zur herrschenden Religion bekennen, die Ämter und Ehrenstellen teilen sollen. In England kann kein Katholik ein öffentliches Amt bekleiden, weil man glaubt, daß alle Katholiken dem Präsidenten anhängen. Sie müssen selbst doppelte Taxen bezahlen. Übrigens aber genießen sie aller bürgerlichen Rechte. Man hat gegen einige französische Bischöfe den Verdacht gehegt, daß sie es ihrer Ehre und ihrem Vorteile entgegen fänden, in ihren Diözesen Calvinisten zu haben, und daß dieses das größte Hindernis der Toleranz wäre. Ich kann es nicht glauben. Das Corps der französischen Bischöfe besteht aus Leuten von Stande, die auf eine ihrer Abkunft gemäße Art edel denken und handeln. Sie sind mildtätig und großmütig.

Diese Gerechtigkeit muß ihnen jeder widerfahren lassen. Sie müssen es einsehen, daß die Calvinisten, die aus ihren Diözesen entfliehen, sich sicherlich nicht in andern Ländern bekehren werden und daß sie vielleicht, wenn sie zu ihren Pfarrern zurückkehren, durch den Unterricht derselben aufgeklärt und durch ihr Beispiel ermuntert werden könnten. Sie zu bekehren würde eine Ehre sein, und die zeitlichen Vorteile würden darunter nicht leiden. Je mehr Bürger, desto mehr Einkünfte für die Prälaten, denen die Grundstücke gehören.

Ein Bischof von Ermeland in Polen hatte einen Anabaptisten zum Pächter und einen Sozinianer zum Einnehmer. Man tat ihm den Vorschlag, beide abzuschaffen und zu verfolgen, den einen, weil er nicht an die Konsubstantialität glaubte, und den andern, weil er seinen Sohn erst nach dem vierzehnten Jahr taufte. In jener Welt, antwortete der Bischof, werden beide ewig verdammt werden, aber in dieser Welt sind sie mir unumgänglich notwendig.

Wenn wir itzt unsre enge Sphäre verlassen und einen Blick auf den übrigen Teil unsers Erdbodens werfen, was sehen wir dann? Der Großsultan regiert im Frieden zwanzig Völker von verschiednen Religionen. Zweihunderttausend Griechen leben in völliger Sicherheit in Konstantinopel. Der Mufti selbst ernennt den griechischen Patriarchen und stellt ihn dem Kaiser vor. Auch ein lateinischer Patriarch wird geduldet. Der Sultan ernennt lateinische Bischöfe für einige Inseln Griechenlands, und zwar mit folgender Formel: „Ich verordne ihn hiermit zum

Bischof auf der Insel Chio nach ihrer alten Gewohnheit und ihren eitlen Gebräuchen.“ Außerdem gibt es im türkischen Reiche eine Menge Jakobiten, Nestorianer, Monotheliten, Kopten, Johanneschristen, Juden, Guebern, Banianen. Die türkischen Annalen wissen nichts von einem Aufstande, der jemals durch eine dieser Religionen erregt worden wäre.

In Indien, Persien und der Tatarei herrscht eben die Toleranz und eben die Ruhe. Peter der Große hat alle Arten von Gottesdienst in seinem ungeheuren Reiche begünstigt. Die Handlung und der Ackerbau haben dadurch gewonnen, und der Staatskörper hat nicht den geringsten Schaden gelitten.

Die Regierung von China hat seit länger als viertausend Jahren, solange sie bekannt ist, nie eine andre Religion als die der Noachiden angenommen, die einfache Verehrung eines einzigen Gottes. Dabei duldet sie den Aberglauben des Fo und eine Menge Bonzen, die gefährlich sein würden, wenn die Weisheit der Obrigkeit sie nicht stets in Ordnung hielte.

Es ist wahr, der große Kaiser Chontchin, der vernünftigste und großmütigste vielleicht, den China jemals gehabt hat, hat die Jesuiten vertrieben, aber nicht, weil er intolerant war, sondern weil es die Jesuiten waren. Sie berichten selbst in ihren *Merkwürdigen Briefen* die Worte, die der gute Kaiser zu ihnen sagte: „Ich weiß, daß eure Religion intolerant ist. Ich weiß, was ihr auf den Manillen und in Japan getan habt. Meinen Vater habt ihr betrogen. Hofft nicht, mich auch zu betrügen.“ Wenn man alle Gespräche liest, die er mit ihnen gehalten hat, so muß man sehen, daß er ein sehr vernünftiger und gütiger Mann war. Konnte er europäische Physiker bei sich behalten, die unter dem Vorwand, dem Hofe Thermometer und Luftkugeln zu zeigen, schon einen Prinzen von Hause zum Aufruhr gereizt hatten? Und was würde dieser Kaiser vollends gesagt haben, wenn er unsre Geschichtsschreiber gelesen und unsre Zeiten der Ligue und der Pulververschwörung kennengelernt hätte!

Es war ihm schon hinreichend, von den unanständigen Zänkereien der Jesuiten, Dominikaner, Kapuziner und Weltgeistlichen, die vom andern Ende der Welt in seine Staaten geschickt waren, unterrichtet zu sein. Sie kamen, die Wahrheit zu predigen, und anathematisierten einander. Der Kaiser tat also nichts weiter, als daß er fremde Störer der öffentlichen Ruhe wieder nach Haus schickte. Und wie gütig schickte er sie nicht nach Haus! Welche väterliche Sorgfalt trug er nicht für sie auf ihrer Reise und um zu verhüten, daß sie unterwegs nicht verspottet würden! Selbst ihre Verweisung war ein Beispiel von Toleranz und Menschlichkeit.

Die Japaneser waren, nach Kämpfers und andrer Berichten, das toleranteste Volk von der Welt. Zwölf Religionen herrschten friedlich in ihrem Staate. Die Jesuiten kamen und machten die dreizehnte aus; aber bald wollten sie keine andre neben sich dulden, und man weiß, was daraus entsprang. Ein bürgerlicher Krieg, ebenso schrecklich als der Krieg der Ligue, verheerte das Land. Die christliche Religion wurde endlich in Blut ertränkt. Die Japaneser verschlossen ihr Reich vor allen übrigen Menschen und sahen uns an wie reißende Tiere gleich denen, von welchen die Engländer ihre Insel gesäubert haben. Der Minister Colbert, der fühlte, wie sehr wir der Japaneser bedürfen, die unser nicht bedürfen, versuchte vergebens, den Handel mit diesem Reiche wieder herzustellen. Sie waren nicht dahin zu bringen.

So beweist uns unsre ganze Hälfte der Erdkugel, daß man Intoleranz sowenig verkündigen als ausüben muß.

Werfen wir einen Blick auf die andre Hemisphäre, so sehen wir zuerst Carolina, dessen Gesetzgeber der weise Locke war. Sieben Hausväter brauchte es daselbst nur, um einen öffentlichen Gottesdienst einzuführen, den das Gesetz billigt; und nie hat diese Freiheit eine Unordnung veranlaßt. Gott sei dafür, daß wir dieses Beispiel anführen sollten, um Frankreich zur Nachahmung aufzumuntern. Wir führen es bloß an, um zu zeigen, daß selbst der höchste Grad der Toleranz nicht einmal Uneinigkeit veranlaßt. Aber was für eine aufblühende Kolonie sehr gut und nützlich sein kann, taugt nicht immer für ein altes Königreich.

Was sollen wir von den Nachfolgern der ersten Kirche sagen, die man spottweise *Quäker* nennt und die bei vielleicht lächerlichen Gebräuchen immer so tugendhaft gewesen sind und den übrigen Teil der Menschen vergebens den Frieden gelehrt haben? Ihre Zahl beläuft sich in Pennsylvanien auf hunderttausend. Uneinigkeit und Zänkereien kennt man nicht in ihrem von ihnen selbst gestifteten glücklichen Vaterlande. Schon der Name ihrer Stadt Philadelphia, der die Menschen jeden Augenblick erinnert, daß sie Brüder sind, dient allen Völkern, die die Toleranz noch nicht kennen, zum Beispiel und zur Beschämung.

Kurz, die Toleranz hat nie einen bürgerlichen Krieg veranlaßt; die Intoleranz hat Blutvergießen über die Erde ausgebreitet. Itzt richte man zwischen diesen beiden Nebenbuhlerinnen, der Mutter, die will, daß man ihren Sohn erwürge, und der Mutter, die ihn hingibt, damit er am Leben bleibe.

Ich rede hier indes nur vom Interesse der Nationen und sehe mit schuldiger Achtung für die Theologie in diesem Artikel nur auf das physische und moralische Beste der menschlichen Gesellschaft. Ich ersuche jeden Leser, diese Wahrheiten zu erwägen, zu berichten und zu erweitern. Aufmerksame Leser, die einander ihre Ideen mitteilen, gehen stets weiter als der Verfasser[76)].

5. Zulässigkeit der Toleranz

Ich glaube, annehmen zu dürfen, daß ein aufgeklärter und edeldenkender Minister, ein menschlicher und einsichtsvoller Prälat, ein Fürst, der weiß, daß sein Vorteil in der Menge seiner Untertanen und sein Ruhm in dem Glück derselben besteht, wenn er auf diese unvollkommne und mangelhafte Schrift ein Auge zu werfen für gut findet, durch seine eignen Einsichten die Mängel derselben ersetzen und sich fragen wird: Was wage ich denn dabei, das Land durch mehr arbeitsame Hände angebauet und verschönert, die Einkünfte vermehrt und den Staat blühender zu sehen?

Deutschland wäre eine Wüste, bedeckt mit den Gebeinen der Katholiken, Lutheraner, Reformierten, Anabaptisten, die einander aufgerieben haben würden, wenn nicht der westfälische Friede endlich Gewissensfreiheit zuwege gebracht hätte.

Wir haben Juden zu Bordeaux, zu Metz und im Elsaß. Wir haben Lutheraner, Molinisten, Jansenisten. Können wir nicht die Calvinisten auf eben die Art dulden und im Zaum halten, wie man in London die Katholiken duldet? Je mehr Sekten sind, desto weniger Gefahr ist von jeder einzelnen zu besorgen. Die Menge macht sie schwach. Alle werden in Ordnung gehalten durch gerechte Gesetze, welche tumultierende Versammlungen, Injurien und Aufstand verbieten und stets durch die vollziehende Gewalt Nachdruck erhalten.

Wir wissen, daß mehrere Häupter von Familien, die sich ein großes Vermögen erworben haben, bereit sind, in ihr Vaterland zurückzukehren. Sie verlangen nichts als den Schutz des Naturrechts, Gültigkeit ihrer Heiraten, Gewißheit des Standes für ihre Kinder, das Recht, ihre Väter zu beerben, und persönliche Freiheit; keine öffentlichen Kirchen, kein Recht an Ämtern und Würden, so wenig wie dies die Katholiken in London und anderen Ländern haben. Es ist gar nicht mehr die Rede davon, einer Partei unangemeßne Privilegien und sichere Plätze einzuräumen, sondern ein friedliches Volk leben zu lassen, Edikte, die ehemals vielleicht notwendig waren, zu mildern, weil sie nicht mehr so notwendig sind. Es ist nicht unsre Sache, dem Ministerium zu zeigen, was es tun könnte. Wir flehen nur um Hilfe für die Unglücklichen. Wie viele Mittel gibt es nicht, sie nützlich zu machen und zu verhindern, daß sie nie gefährlich werden! Die von Macht unterstützte Klugheit des Ministeriums und des Staatsrats wird mit leichter Mühe diese Mittel ausfindig machen, deren sich andre Nationen so glücklich bedienen.

Es gibt noch Schwärmer unter dem calvinistischen Pöbel; aber es gibt ihrer sicherlich noch mehrere unter dem Pöbel der Konvulsionärs. Der Auswurf der Wahnsinnigen von St. Medard wird in der Nation für nichts geachtet, und die calvinistischen Propheten rottet man aus. Das große Mittel, die Zahl der

Besessenen, wenn es ihrer noch gibt, zu vermindern, ist, daß man diese Krankheit des Verstandes der Heilung der Vernunft überläßt, welche die Menschen langsam aber untrüglich aufklärt. Diese Vernunft ist sanft, menschenfreundlich, flößt Nachsicht ein, erstickt die Zwietracht, stärkt die Tugend und erzeugt eine Liebe zum Gehorsam gegen die Gesetze, die noch stärker ist als die Gewalt, die diese Gesetze unterstützt. Und rechnet man denn das Lächerliche, das heutigentages der Schwärmerei bei allen vernünftigen Leuten anklebt, für nichts? Dies Lächerliche ist eine mächtige Schutzmauer gegen die Ausschweifungen aller Sektierer. Die vergangenen Zeiten sind anzusehen, als ob sie gar nicht gewesen wären. Man muß ausgehen von dem Punkte, wo man ist und zu welchem die Nationen gelangt sind.

Es war eine Zeit, wo man glaubte, gerichtliche Verfügungen gegen diejenigen treffen zu müssen, die eine Lehre behaupteten, welche den Kategorien des Aristoteles, dem Abscheu vor dem Leeren, den Quidditäten und dem Allgemeinen von seiten der Sache entgegen lief. Wir haben in Europa mehr als hundert juristische Bände über die Hexerei und die Kennzeichen, woran man falsche Hexen von wahren unterscheiden soll. Die Exkommunikation der Heuschrecken und andrer dem Getreide schädlicher Insekten ist sehr üblich gewesen und steht noch in mehreren Ritualen. Sie ist nicht mehr üblich. Man läßt den Aristoteles, die Hexen und die Heuschrecken zufrieden. Die Beispiele dieser ernsthaften, ehemals so wichtigen Torheiten sind unzählig. Von Zeit zu Zeit entstehen andre; aber wenn sie ihre Wirkung getan haben, wenn man ihrer müde ist, verschwinden sie wieder. Wenn heutigentages jemand auf den Einfall geriete, ein Karpokratianer, ein Eutychianer, ein Monothelit, ein Monophysit, ein Nestorianer, ein Manichäer usf. zu werden, was würde dabei herauskommen? Man würde ihn auslachen, wie einen, der sich nach der alten Mode mit Halskragen und Brustlatz kleidete.

Die Nation fing schon an, hin und wieder die Augen aufzutun, als die Jesuiten le Tellier und Doucin die Bulle *Unigenitus* schmiedeten und nach Rom schickten. Sie glaubten noch in jenen Zeiten der Unwissenheit zu sein, wo das Volk ohne Prüfung die ungereimtesten Behauptungen annahm. Sie wagten es, den Satz zu verdammen, der in allen Fällen und zu allen Zeiten eine allgemein anerkannte Wahrheit gewesen ist: „Die Furcht vor ungerechter Exkommunikation muß niemanden abhalten, seine Pflicht zu tun." Dies hieß mit andern Worten, dic Vernunft, die Freiheit der gallikanischen Kirche und die Grundwahrheiten der Moral verdammen. Das hieß den Leuten sagen: „Gott befiehlt euch, nie eure Pflicht zu tun, sobald ihr euch vor Ungerechtigkeiten fürchtet." Nie hat man doch wohl den gesunden Menschenverstand auf eine verwegenere Art vor den Kopf gestoßen. Die Herren in Rom dachten daran nicht. Man machte der römischen Kirche weis, daß diese Bulle notwendig wäre und daß die Nation sie verlangte. Sie wurde unterzeichnet, untersiegelt und hergeschickt. Die Folgen davon sind bekannt; und sicherlich, wenn man sie vorhergesehen hätte, würde man die Bulle gemildert haben. Die Streitigkeiten wurden lebhaft, bis sie die Klugheit und Gütes des Königs zur Ruhe brachte.

Ebenso sieht es aus mit einem großen Teil der Punkte, die uns von den Protestanten trennen. Einige darunter sind ernsthafter; aber die Wut des Streits über dieselben hat sich so sehr gelegt, daß die Protestanten selbst jetzt keine Kontroverspredigten mehr in ihren Kirchen halten.

Dieser Zeit des Elends und Überdrusses oder vielmehr der Vernunft muß man sich als einer Epoche und einer Gewährleistung der öffentlichen Ruhe bedienen. Die Religionszänkerei ist eine epidemische Krankheit, die sich ihrem Ende nähert. Die Pest, von der wir geheilt sind, verlangt nur eine sanfte Behandlungsart. Kurz, das Staatsinteresse verlangt, daß verstoßene Kinder mit Bescheidenheit ins Haus ihrer Väter zurückkehren; die Menschlichkeit fordert es, die Vernunft rät es an, und die Politik braucht sich nicht davor zu fürchten.

6. Ist die Intoleranz den natürlichen und menschlichen Rechten gemäß?

Naturrecht ist das Recht, das die Natur alle Menschen lehrt. Wer sein Kind erzogen hat, dem ist es Achtung als seinem Vater und Dankbarkeit als seinem Wohltäter schuldig. Wer die Erde mit seinen Händen bearbeitet hat, hat Recht an den Produkten derselben. Wer ein Versprechen getan oder erhalten hat, muß es halten und kann verlangen, daß es gehalten werde.

Das Menschenrecht kann auf nichts anderes als auf dies Naturrecht gegründet werden, und der große Grundsatz beider über den ganzen Erdboden ist: *Was du nichts willst, das man dir tun soll, das tue du auch nicht.* Nach diesem Grundsatz ist's aber nicht einzusehen, wie ein Mensch zum andern sagen kann: *Glaube, was ich glaube und was du nicht glauben kannst, oder du sollst des Todes sein.* So spricht man indes in Portugal, in Spanien und zu Goa. In verschiednen andern Ländern begnügt man sich itzt, den Satz so zu fassen: *Glaube, oder ich verabscheue dich. Glaube, oder ich tue dir Böses, soviel ich nur kann. Ungeheuer, du hast nicht meine Religion; du hast also keine Religion. Du mußt deinen Nachbarn, deiner Stadt, deiner Provinz ein Greuel sein.*

Wenn es dem Menschenrechte gemäß wäre, sich so zu betragen, so müßte notwendig der Japaneser den Chineser verabscheuen und dieser wiederum den Sianer verfluchen. Der Sianer müßte die Gangariden verfolgen, die dann wieder über die Bewohner Indiens herfallen würden. Ein Mongole müßte dem ersten Malabaren, den er fände, das Herz aus dem Leibe reißen. Der Malabar hätte das Recht, den Perser zu erwürgen, der Perser den Türken, und alle zusammen würden auf die Christen losgehen, die sich so lange schon untereinander aufgerieben haben.

Das Recht der Intoleranz ist also ebenso unvernünftig als barbarisch. Es ist das Recht der Tiger; ja noch schrecklicher als dies. Die Tiger zerreißen nur, um ihren Hunger zu stillen; wir vertilgen einander um Paragraphen...

11. Mißbrauch der Intoleranz

...Soll es denn jedem Bürger erlaubt sein, nur seiner Vernunft zu trauen und nur das zu glauben, was ihm diese aufgeklärte oder getäuschte Vernunft sagen wird? Das muß ihm wohl erlaubt werden, solange er nicht die öffentliche Ruhe stört[77]. Denn es hängt nicht von dem Menschen ab, zu glauben oder nicht zu glauben, aber es hängt von ihm ab, den Gebräuchen seines Vaterlandes Achtung zu bezeigen. Sagt ihr aber, es sei Verbrechen, nicht an die herrschende Religion zu glauben, so beschuldigt ihr dessen die ersten Christen, eure Vorfahren, und rechtfertigt die Heiden, die sie hinrichten ließen.

Ihr antwortet mir: Alle Religionen sind Menschenwerk, und allein die römisch-katholisch-apostolische Kirche ist das Werk Gottes. Aber im Ernst, muß denn unsre Kirche, weil sie göttlich ist, durch Haß, Wut, Verweisung, Plünderung, Gefangenschaft, Quälen, Foltern und Mord oder durch Dankbezeugungen gegen Gott für alles dies herrschen? Je göttlicher die christliche Religion ist, desto weniger hat der Mensch darin zu befehlen. Ist sie von Gott, so wird sie Gott ohne unsre Hilfeleistung zu erhalten wissen. Die Intoleranz bringt nur Heuchler oder Rebellen hervor. Eine traurige Alternative! Und wollt ihr durch Henkershände die Religion eines Gottes behaupten, der durch Henkershände gestorben ist und nur Sanftmut und Geduld gepredigt hat?

Überlegt doch die schrecklichen Folgen des Rechts der Intoleranz! Wenn es erlaubt wäre, einen Bürger, der unter einem gewissen Grade der Breite nicht die unter diesem Grade der Breite erlaubte Religion bekennte, seines Vermögens zu berauben, in den Kerker zu werfen und umzubringen: welche Ausnahme würde dann die ersten Personen des Staates von eben den Strafen befreien? Die Religion verbindet auf gleiche Art den Monarchen und den Bettler. Auch haben mehr als fünfzig Doktoren und Mönche den scheußlichen Satz verteidigt, daß es erlaubt sei, Regenten, die nicht denken wie die herrschende Kirche, abzusetzen und umzubringen. Die Parlamente haben unaufhörlich diese abscheulichen Lehren abscheulicher Theologen verbannt.[78)]

Noch dampfte das Blut Heinrichs des Großen, als das Pariser Parlament ein Edikt ergehen ließ, das die Unabhängigkeit der Krone als ein Grundgesetz festsetzt. Der Kardinal Duperron, der Heinrich dem Großen den Purpur zu danken hatte, lehnte sich bei der Versammlung der Stände im Jahr 1614 gegen dies Parlamentsedikt auf und ließ es unterdrücken. Alle Journale der damaligen Zeit erwähnten der Ausdrücke, deren sich Duperron bediente: „Wenn ein Prinz Arianer wird, so ist man verbunden, ihn abzusetzen."

Nein, gewiß nicht, Herr Kardinal! Ich habe große Lust, ihre Behauptung schimärisch zu finden; und wenn einer unsrer Könige, der die Geschichte der Konzilien und der Kirchenväter gelesen hat oder sonst auf den Vers in der Bibel gefallen ist: „Mein Vater ist größer als ich", ihn zu buchstäblich genommen und nach einigem Schwanken zwischen dem Nicäischen und Konstantinopolitanischen Konzilium sich für den Eusebius von Nicomedia erklärt, so werde ich nichtsdestoweniger meinem Könige gehorchen, nichtsdestoweniger mich ihm durch den Eid, den ich ihm geleistet habe, verpflichtet halten. Und wenn Sie, mein Herr Kardinal, sich gegen ihn auflehnen und ich einer Ihrer Richter wäre, so würde ich Sie des Verbrechens der beleidigten Majestät schuldig erkennen.

Duperron trieb den Streit weiter, als ich ihn wiederholen mag. Es ist hier nicht der Ort, seine empörenden Schimären gründlich zu prüfen. Ich begnüge mich, mit allen meinen Mitbürgern zu sagen, daß man Heinrich IV. Gehorsam schuldig war, nicht nur, weil er zu Chartres gesalbt wurde, sondern weil ein unwidersprechliches Erbrecht diesem Fürsten die Krone gab, die er durch seinen Mut und seine Güte verdiente. Nach eben dem Recht mußte also auch jeder Bürger das Vermögen seines Vaters erben, und es ist nicht abzusehen, warum er desselben beraubt und an den Galgen geschleppt zu werden verdienen soll, weil er der Meinung des Ratram gegen Pafkasius Tarkert oder des Berengar gegen den Scotus zugetan ist.

Es ist bekannt, daß unsre Dogmen nicht immer deutlich auseinandergesetzt und allgemein in unsrer Kirche angenommen worden sind. Da uns Christus nicht gesagt hatte, woher der heilige Geist ausgeht, so hat die lateinische Kirche lange Zeit mit der griechischen geglaubt, er gehe nur vom Vater aus, bis sie zuletzt zu dem Symbol hinzufügte, daß er auch vom Sohne ausgehe. Nun frage ich, würde ein Bürger, der den Abend vor dieser Entscheidung noch der alten Meinung anhing, des folgenden Morgens am Leben gestraft worden sein? Und ist die Grausamkeit und Ungerechtigkeit minder groß, heutigentages denjenigen zu bestrafen, der denkt, wie man ehemals dachte? War es zur Zeit Honorius I. ein Verbrechen zu glauben, daß Jesus nicht zwei Willen hätte?

Noch vor nicht gar langer Zeit ist die Lehre von der unbefleckten Empfängnis eingeführt, und die Dominikaner glauben noch nicht daran. Wann werden die Dominikaner Bestrafung in dieser und jener Welt dafür verdienen?

Wenn wir lernen wollen, wie wir uns in unsern endlosen Streitigkeiten betragen müssen, so laßt uns die Evangelisten und Apostel zum Muster nehmen. Unter Paulus und Petrus hätte leicht ein heftiges Schisma entstehen können. Paulus sagt ausdrücklich in seinem Briefe an die Galater, daß er dem Petrus ins Angesicht widersprochen habe, weil Petrus tadelnswürdig gewesen sei, weil er sowohl als Barnabas sich der Verstellung bedienten, weil beide vor der Ankunft des Jakobus mit den Heiden zu Tische saßen und darauf sich im Stillen zurückzogen und von den Heiden trennten, um die Beschnittenen nicht zu beleidigen. „Ich sah", sagt er, „daß sie nicht wandelten nach dem Evangelio, und sprach zu Kephas: Wenn du ein Jude bist, so lebe wie die Heiden und nicht wie die Juden. Warum nötigst du die Heiden zum Judentum?"

Das war Grund genug zu einer heftigen Zänkerei. Es kam darauf an zu wissen, ob die neuen Christen jüdisch werden sollten oder nicht. Paulus opferte um diese Zeit selbst im Tempel zu Jerusalem. Man weiß, daß die fünfzehn ersten Bischöfe von Jerusalem beschnittene Juden gewesen sind, die den Sabbat beobachteten und sich der verbotenen Speisen enthielten. Ein spanischer oder portugiesischer Bischof, der sich beschneiden ließe oder den Sabbat feierte, würde im Autodafè verbrannt werden. Unter den Aposteln und ersten Christen wurde die Eintracht über diesen wichtigen Punkt nicht gestört.

Hätten die Evangelisten unsern heutigen Schriftstellern geglichen, welch ein geräumiges Feld stand ihnen offen, um sich miteinander herumzutummeln! Matthäus zählte achtundzwanzig Generationen von David bis Christus; Lucas zählte zweiundvierzig; und beide gehen in der Geschlechtsfolge selbst voneinander ab. Gleichwohl hat man über diese scheinbaren Widersprüche, die auch nachher von mehreren Kirchenvätern sehr wohl ausgeglichen worden sind, nicht den mindesten Streit sich unter ihnen erheben sehen. Die christliche Liebe wurde nicht verletzt und der Friede hochgehalten. Welche große Lehre für uns, einander in unsern Streitigkeiten zu ertragen und uns zu demütigen in dem, was wir nicht verstehen.

Paulus beweiset in seinem Briefe an einige römische, zum Christentum bekehrte Juden im ganzen Schlusse des dritten Kapitels, daß der Glaube allein selig mache und daß die Werke niemand rechtfertigen. Jakobus dagegen sagt im zweiten Kapitel seines Briefes an die über den ganzen Erdboden zerstreuten zwölf Stämme unaufhörlich, daß man ohne Werke nicht selig werden kann. Diese Verschiedenheit der Meinungen, die unter uns zwei große Gemeinden getrennt hat, machte keine Spaltung unter den Aposteln.

Wenn die Verfolgung derer, mit denen wir disputieren, eine heilige Handlung ist, so ist unstreitig derjenige, der die meisten Ketzer hat umbringen lassen, der größte Heilige im Paradiese. Welche Figur wird da ein Mensch spielen, der sich damit begnügt hat, seine Brüder auszuplündern, sie in Kerker zu werfen, gegen einen Eiferer, der ihrer Hunderte in der Bartholomäusnacht niedergemetzelt hat? Hier ist der Beweis.

Der Nachfolger des heiligen Petrus mit seinem Konsistorium kann nicht irren. Sie billigten, feierten und weihten die Handlung in der Bartholomäusnacht. Folglich war diese Handlung eine höchstheilige Handlung. Folglich, wenn von zwei an Frömmigkeit gleichen Meuchelmördern der eine vierundzwanzig und der andere nur zwölf schwangeren hugenottischen Frauen den Leib aufgerissen hat, so muß jener zu einer zweifachen Herrlichkeit erhoben werden. Ebenso mußten die Fanatiker in den Sevennen glauben, daß sie nach Verhältnis der Priester, Mönche und katholischen Weiber, die sie umgebracht haben, zur Herrlichkeit erhoben werden würden. Wahrlich, seltsame Ansprüche an die ewige Seligkeit!...

22. Allgemeine Toleranz

Es bedarf keiner großen Kunst, keiner gesuchten Beredsamkeit, um zu beweisen, daß die Christen einander zu dulden schuldig sind. Ich gehe weiter; ich sage, man muß alle Menschen wie seine Brüder ansehen. – Wie, der Türke mein Bruder? Der Chinese, der Jude, der Siameser mein Bruder? – Ja, zuverlässig. Denn sind wir nicht alle Kinder *eines* Vaters? Hat uns nicht *ein* Gott geschaffen?

Aber diese Völker verachten uns! Sie behandeln uns wie Abgötter! Gut; ich will ihnen sagen, daß sie daran höchst unrecht tun. Mich dünkt doch, ich würde die stolze Halsstarrigkeit eines Iman oder Talopoin ziemlich aus der Fassung bringen, wenn ich etwa zu ihm redete:

„Dieser kleine Erdball, der nicht mehr als ein Punkt ist, dreht sich im Raume so gut als andre Weltkugeln. Wir verlieren uns in dieser Unermeßlichkeit. Der etwa fünf Schuh hohe Mensch ist gewiß eine Kleinigkeit in der Schöpfung. Eins dieser kleinen, unmerklichen Wesen redete einmal einige seiner Nachbarn in Arabien oder auf der Küste der Kaffern folgendergestalt an: ‚Hört mir zu, denn der Schöpfer aller dieser Welten hat mich erleuchtet. Es gibt neunhundert Millionen kleiner Ameisen wie wir auf der Erde; aber Gott liebt nur meinen Ameisenhaufen; alle andern sind ihm von Ewigkeit her ein

Greuel. Mein Ameisenhaufen allein wird glücklich, und alle übrigen werden ewig unglücklich sein.'"

Hier wird man sich sogleich unterbrechen und fragen, wer der Narr gewesen ist, der so unvernünftig Zeug geredet hat. Und ich werde mich genötigt sehen, ihnen zu antworten: „Ich selbst." Ich werde dann sie wieder zu besänftigen suchen; aber dies wird schwer halten.

Itzt werde ich mich zu den Christen wenden und zum Beispiel zu einem Pater Inquisitor aus dem Dominikanerorden etwa so reden: „Lieber Bruder, du weißt, daß jede Provinz in Italien ihre eigene Sprache hat und daß man zu Venedig und Bergamo nicht spricht wie zu Florenz. Die Akademie della crusca hat der Sprache Bestimmtheit gegeben. Ihr Wörterbuch ist eine Richtschnur, von der man sich nicht entfernen, und die Grammatik des Buon Mattei ein Führer, dem man folgen muß. Aber glaubst du wohl, daß der Konsul der Akademien oder in seiner Abwesenheit Buon Mattei allen Venezianern und Bergamasken, die auf ihrem platten Dialekt beharrten, auf ihr Gewissen hätte die Zungen abschneiden können?"

Der Inquisitor wird mir antworten: „Das ist eine ganz andre Sache. Da ist die Rede nicht vom Heil eurer Seele. Es geschieht zu eurem Besten, daß das Direktorium der Inquisition euch ergreifen läßt auf die Angabe eines einzigen Menschen, sollte er auch infam und vor Gericht verwerflich sein; daß ihr keinen Advokaten erhaltet, euch zu verteidigen, daß euch nicht einmal der Name eures Anklägers bekannt wird; daß der Inquisitor euch Gnade verspricht und darauf verdammt; daß er euch die fünf Grade der Tortur geben läßt; daß ihr darauf gepeitscht, auf die Galeeren geschickt oder feierlich verbrannt werdet. Darüber sind der Vater Ivonet, der Doktor Cuchalon, Zanchinus, Campegius, Roias, Felynus, Gomarus, Diabarus eins, und dieser fromme Gebrauch leidet keinen Widerspruch."

Ich würde mir die Freiheit nehmen, ihm darauf zu erwidern: „Lieber Bruder, du kannst recht haben. Ich bin überzeugt, daß du mir Gutes erweisen willst. Aber kann meine Seele nicht ohne das gerettet werden?" Freilich wird die Erde nicht täglich von diesen ungereimten Greueln befleckt; aber sie geschehen doch häufig, und man könnte ein Buch darüber schreiben, das größer wäre als die Evangelien, die sie mißbilligen. Es ist nicht nur grausam, in diesem kurzen Leben diejenigen zu verfolgen, die anders denken als wir, sondern auch, wie es scheint, sehr kühn, sie für ewig verdammt zu erklären. Mich dünkt, Atome eines Augenblicks wie wir sollen nicht so den Urteilen Gottes vorgreifen. Ich bin weit entfernt, die Lehre der Kirche: „Außer der Kirche ist keine Seligkeit" zu bestreiten. Ich habe Achtung davor wie vor allem, was sie lehrt. Aber kennt ihr denn alle Wege Gottes und den ganzen Umfang seiner Barmherzigkeit? Ist es nicht ebenso erlaubt, zu ihm zu hoffen, als ihn zu fürchten? Ist es nicht genug, der Kirche getreu zu bleiben? Muß ein einzelner Mann die Rechte der Gottheit an sich reißen und noch eher als sie das ewige Schicksal aller Menschen entscheiden?

Wenn wir über einen König von Schweden, Dänemark, England und Preußen Trauer anlegen, sagen wir dann, daß wir um einen Verworfenen trauern, der ewig in der Hölle bratet? In Europa wohnen vierzig Millionen Menschen, die nicht zur römischen Kirche gehören. Sollen wir zu jedem derselben sagen: „Herr, weil Ihr doch unausbleiblich verdammt werdet, so mag ich mit Euch weder essen, noch trinken, noch handeln, noch umgehen?"

Welcher französische Gesandte, der dem Großsultan vorgestellt wird, wird im Grunde seines Herzens denken: Seine Hoheit wird die Ewigkeit hindurch unausbleiblich verbrannt werden, weil sie sich der Beschneidung unterworfen hat? Glaubt er in der Tat, daß der Großsultan ein tödlicher Feind Gottes und der Gegenstand seiner Rache ist, wie kann er dann mit ihm reden? Hätte man ihn dann zu dem Sultan schicken müssen? Wie kann man denn mit solch einem Menschen etwas zu tun haben? Welche Pflicht des bürgerlichen Lebens kann man gegen ihn erfüllen, wenn man fest überzeugt ist, daß man mit einem Verworfenen zu tun hat?

O ihr Sektierer, die ihr einen gnädigen Gott anbetet! Wenn euer Herz grausam gewesen ist; wenn ihr den verehrt, dessen ganzes Gesetz in diesen Worten besteht: „Liebe Gott und deinen Nächsten“, und dieses reine, heilige Gesetz mit Sophismen und unverständlichen Zänkereien belastet habt; wenn ihr bald um eines Worts, bald um eines einzigen Buchstabens willen die Fackel der Zwietracht angezündet; wenn ihr mit der Auslassung einiger Worte, einiger Zeremonien, die andre Völker nicht kennen konnten, ewige Strafen verknüpft habt: so werd' ich mit Tränen, die ich der Menschheit weihe, zu euch sagen:

„Versetzt euch mit mir an jenen Tag, wo Gott alle Menschen richten wird, einen jeden nach seinen Werken. Ich sehe die Toten der Vorzeit und unserer Zeit vor ihm erscheinen. Seid ihr versichert, daß unser Schöpfer, unser Vater zu dem weisen und tugendhaften Konfuzius, zum Gesetzgeber Solon, zu Pythagoras, Zaleukus, Sokrates, Plato, zu den göttlichen Antoninen, zum guten Trajan, zu Titus, dem Wohlgefallen des menschlichen Geschlechts, zu Epiktet, zu so vielen andern, die Muster der Menschheit gewesen sind, sagen wird: Fort, ihr Ungeheuer! Geht hin in ewige, an Dauer und Stärke unendliche Strafen! Eure Qual sei ewig, wie ich bin! Und ihr, meine Geliebten, Jean Châtel, Ravaillac, Damiens, Cartouche usf., die ihr nach vorgeschriebenen Formeln gestorben seid, kommt her zu meiner Rechten und nehmt teil an meinem Reich und an meiner Seligkeit!“

Ihr schaudert zurück vor diesen Worten; und nachdem sie mir entwischt sind, hab' ich euch nichts mehr zu sagen.

Voltaire
Über die Widersprüche in dieser Welt

Je mehr man die Welt betrachtet, desto mehr Widerspruche findet man darinnen. Mit dem Großsultan anzufangen; er läßt alle Köpfe abschlagen, die ihm mißfallen, und kann seinen eigenen selten behalten.

Von dem Großsultan auf den heiligen Vater zu kommen: Er bestätigt die Wahl der Kaiser, er hat Könige zu Vasallen und ist nicht einmal so mächtig als der Herzog von Savoyen. Er fertigt Befehle nach Amerika und Afrika aus und kann der Republik Lucca nicht einmal ein Privileg nehmen. Der Kaiser ist römischer König, das Recht des römischen Königs aber besteht darin, daß er ihm den Steigbügel halten und in der Messe das Bekken reichen muß.

Die Engländer bedienen ihren Monarchen auf den Knien; sie setzen ihn aber ab, werfen ihn ins Gefängnis und lassen ihn auf der Henkerbühne sterben.

Leute, welche das Gelübde der Armut tun, erhalten, vermöge dieses Gelübdes, bis zweihunderttausend Taler jährlicher Einkünfte und werden, vermöge ihres Gelübdes der Demut, unumschränkte Herren.

Man verbrennt diejenigen öffentlich, die der Sünde der Nonkonformität überführt werden, andererseits erklärt man aber in allen Schulen ganz ernsthaft die zweite Ecloga des Vergil, worinnen Corydon dem Alexis eine Liebeserklärung tut: *Formosum pastor Corydon ardebat Alexin;* und man läßt junge Leute noch die Anmerkung machen, daß, obgleich Alexis blond und Amyntas braun sei, Amyntas gleichwohl den Vorzug haben könne.

Wenn ein armer Philosoph, der nichts Übles denkt, die Erde sich bewegen läßt oder sich einbildet, das Licht komme von der Sonne, oder voraussetzt, die Materie könne wohl noch andere

Eigenschaften haben als diejenigen, die wir kennen; so schreit man ihn als Ruchlosen, als einen Störer des Friedens aus, und die Tusculane des Cicero und den Lucrez, zwei vollständige Lehrgebäude der Gottlosigkeit, hat man *ad usum Delphini* übersetzt.

Die Gerichte glauben die Besitzungen nicht mehr, und man lacht über die Hexenmeister; gleichwohl werden Gauffredy und Grandier wegen der Wahrsagerei verbrannt, und vor nicht langer Zeit wollte das halbe Parlament einen Geistlichen zum Feuer verdammen, welcher ein Mädchen durch seinen Atem behext haben sollte.

Der zweifelnde Weltweise Bayle wurde sogar in Holland verfolgt; La Motte le Vayer, welcher ein größerer Zweifler und ein kleinerer Weltweiser war, ist Lehrmeister des Königs Ludwig XIV. und des Bruders des Königs gewesen. Gouville war zu gleicher Zeit in Paris im Bildnisse am Galgen und Minister von Frankreich in Deutschland.

Der berüchtigte Gottesleugner Spinoza lebte und starb ruhig. Vanini, welcher bloß wider den Aristoteles geschrieben hatte, wurde als ein Gottesleugner verbrannt. Er hat die Ehre, in allen Geschichten der Gelehrten, in allen Wörterbüchern, den Archiven unzähliger Lügen und sehr weniger Wahrheiten, einen Artikel als ein Gottesleugner zu füllen. Öffnet diese Bücher, ihr werdet darinnen sehen, daß Vanini in seinen Schriften nicht allein die Gottesleugnung öffentlich gelehrt, sondern auch zwölf Professoren von seiner Sekte von Neapel aus in der Welt herum geschickt hat, überall Proselyten zu machen. Öffnet nunmehr die Bücher des Vanini, und ihr werdet nicht wenig erstaunen, überall Beweise von dem Dasein Gottes anzutreffen. Folgendes sagt er in seinem *Amphitheatrum,* einem Werk, das ebenso unbekannt als verworfen ist.

„Gott ist sein Ursprung und sein Ziel ohne Ende und ohne Anfang; er braucht weder das eine noch das andere; er ist der Vater von allem Anfang und Ende; er ist beständig, aber in keiner Zeit. Vor ihm flieht das Vergangene nicht; und das Zukünftige wird nicht kommen. Er regiert überall, ohne an einem

Ort zu sein; er ist unbeweglich, ohne sich aufzuhalten; schnell ohne Bewegung; er ist alles und außer allem; er ist in allen, aber ohne eingeschlossen zu sein; er ist außer allen, aber ohne ausgeschlossen von etwas zu sein; er ist gut ohne Eigenschaft; groß ohne Größe; ganz ohne Teile; unveränderlich, indem er die ganze Welt verändert; sein Wollen ist seine Gewalt. Er ist einfach; nichts ist in ihm, das nur bloß möglich wäre, alles ist in ihm wirklich; er ist die erste, die mittelste und letzte Handlung. Kurz, er ist alles, über alle Wesen, außer allen, in allen, ewig vor allen und nach allen."

Nach einem solchen Glaubensbekenntnis wurde Vanini für einen Gottesleugner erklärt. Aus welchem Grunde wurde er verdammt? Auf die bloße Aussage eines gewissen Françon. Umsonst zeugten seine Bücher für ihn. Ein einziger Feind brachte ihn um das Leben und in ganz Europa um seinen Namen.

Das kleine Buch, *Cymbalum mundi,* welches nichts als eine frostige Nachahmung des Lucians ist und welches die allergeringste Verwandtschaft mit dem Christentum hat, ist gleichfalls zum Feuer verdammt worden. Rabelais aber ist mit Privilegiis gedruckt worden, und dem türkischen Spion hat man freien Lauf gelassen, eben sowohl als den Persischen Briefen, diesem leichten, sinnreichen und verwegenen Buch, worinnen sich ein ganzer Brief für den Selbstmord befindet; ein anderer, worinnen man die eigentlichen Worte findet, *wenn man eine Religion voraussetzt;* ein anderer, worinnen ausdrücklich gesagt wird, daß die Bischöfe keine anderen Verrichtungen hätten, als von der Beobachtung der Gesetze Erlassung zu erteilen; ein anderer endlich, wo gesagt wird, der Papst sei ein Magicus, der uns glaubend mache, drei wären nur eins und das Brot, welches man ißt, wäre kein Brot.

Der Abt von St. Pierre, ein Mann, welcher sich oft hat betrügen können, der aber niemals aus einer anderen Absicht geschrieben hat, als das gemeine Beste zu befördern, und dessen Werke der Kardinal du Bois Träume eines redlichen Bürgers nannte; der Abt von St. Pierre, sage ich, ist einmütig aus der französischen Akademie ausgeschlossen worden, weil er in einem politischen Werk die Stiftung der Ratsversammlungen der Stiftung der Staatssekretariate vorgezogen und gesagt hat, die Finanzen wären zu Ende dieser glorreichen Regierung übel verwaltet worden. Der Verfasser der *Persischen Briefe* hatte in seinem Buch von Ludwig XIV. nichts weiter gesagt, als daß er ein Hexenmeister wäre, welcher machte, daß seine Untertanen glauben müßten, Papier wäre Geld; daß er bloß die türkische Regierungsart liebte; daß er einen Mann, der ihm die Serviette reicht, einem Mann vorzöge, der ihm Schlachten gewonnen hätte; daß er einem Mann eine Pension gegeben hatte, der zwei Meilen geflohen wäre, und einem anderen ein Gouvernement, welcher vier Meilen geflohen wäre; daß er endlich in Armut versunken sei; obgleich in eben dem Brief gesagt wird, daß seine Finanzen unerschöpflich wären. Dieses ist es alles, daß ich es noch einmal wiederhole, was dieser Verfasser in dem einzigen Buch, das von ihm bekannt ist, von Ludwig XIV., dem Beschützer der französischen Akademie, gesagt hat; und gleichwohl ist dieses Buch der einzige Grund, aus welchem man ihn in die französische Akademie aufgenommen hat.

Diesen Widerspruch auf das höchste zu treiben, darf man nur hinzufügen, daß ihn diese Gesellschaft aufgenommen, weil sie von ihm lächerlich gemacht worden. Denn unter allen Büchern, worinnen man sich auf Kosten dieser Akademie lustig gemacht hat, ist kein einziges, worinnen sie mehr mißhandelt worden ist als in den *Persischen Briefen*. Man darf nur den Brief nachsehen, worinnen gesagt wird: Diejenigen, welche diese Gesellschaft ausmachen, haben keine andere Verrichtung, als ohne Unterlaß zu plaudern. Die Lobeserhebungen mischen sich wie von selbst in ihr ewiges Geschwätz ein. Nachdem er der Gesellschaft auf diese Art mitgespielt hatte, wurde er bei seiner Aufnahme von ihr gelobt, daß er die Gabe habe, in seinen Schilderungen ungemein zu treffen.

Wenn ich diese Untersuchung der Widersprüche fortsetzen wollte, die man in dem Reich der Gelehrsamkeit findet, so müßte ich die Geschichte aller Gelehrten und aller witzigen Köpfe beschreiben; so wie ich, wenn ich die Widersprüche in der Gesellschaft alle durchgehen wollte, die Geschichte des menschlichen Geschlechts schreiben müßte. Einer aus Asien, welcher in Europa reiste, könnte uns gar leicht für Heiden ansehen. Unsere Tage in der Woche werden nach dem Mars, dem Merkur, dem Jupiter und der Venus genannt. Die Hochzeit des Cupido und der Psyche ist in dem Palast der Päpste abgemalt. Wenn dieser Reisende aus Asien vollends unsere Opern sehen sollte, so würde er ganz gewiß glauben, es wäre ein Fest zu Ehren der heidnischen Götter.

Wenn er sich ein wenig genauer nach unseren Sitten erkundigte, so würde er noch mehr erstaunen. In Spanien würde er sehen, daß ein strenges Gesetz verbietet, daß ein Ausländer in unmittelbarer Weise den geringsten Anteil an dem Handel nach Amerika habe, und daß gleichwohl die Ausländer daselbst durch die spanischen Faktors jährlich einen Handel von 50 Millionen dahin unterhalten; so daß Spanien nicht reich werden kann als durch die Übertretung des Gesetzes, welches beständig bleibt und beständig verachtet wird.

Er würde sehen, daß in einem andern Land die Regierung eine indische Gesellschaft in der Blüte erhält, obschon die Theologen die Dividenden der Aktien für strafbar vor Gott erklärt haben. Er würde sehen, daß man das Recht, die Menschen zu richten, das Recht, im Kriege zu kommandieren, das Recht, in einem Rat zu sitzen, kaufen könne. Er würde nicht begreifen können, warum in den Patenten gesagt würde, diese Stellen wären umsonst und ohne Anhalten erteilt worden, da doch die Quittung der Finanzkammer gleich dem Patent beigefügt sei.

Sollte unser asiatischer Reisender nicht erstaunen, wenn er sehen müßte, daß die Schauspiele von Monarchen unterhalten und von den Geistlichen in Bann getan würden? Er würde fragen, warum ein Lieutnantgeneral von bürgerlichem Herkommen, wenn er auch Schlachten gewonnen hätte, wie ein Bauer zum Kopfgeld geschätzt würde, ein Scabinus aber so adlig wäre als die Montmorencis? Er würde fragen, warum die regelmäßigen Schauspiele in einer der Andacht geheiligten Woche verboten wären, und man doch Possenspielern Erlaubnis gäbe, welche doch Ohren, die nichts weniger als zärtlich wären, beleidigten. Er würde sehen, daß fast beständig unsere Gebräuche mit unseren Sitten in Widerspruch stehen, und wenn wir nach Asien reisten, so würden wir beinahe ebensolche Widersprüche daselbst entdecken.

Die Menschen sind überall gleich närrisch. Sie haben die Gesetze gemacht, so wie man die Einstürzungen der Mauern wieder zubaut. Hier haben die ältesten Söhne den jüngsten alles weggenommen, was sie gekonnt haben; dort gehen beide in gleiche Teile. Bald hat die Kirche den Zweikampf befohlen, bald hat sie den Fluch darauf gelegt. Man hat, nach der Reihe, bald die Feinde und bald die Freunde des Aristoteles, bald diejenigen, welche lange Haare tragen, und bald die, welche kurze tragen, in Bann getan.

Wir haben in der Welt kein vollkommenes Gesetz als eines für eine gewisse Art der Narrheit, für das Spiel. Die Regeln des Spiels sind die einzigen, welche keine Ausnahme, keine Nachsicht, keine Veränderung, keine Tyrannei leiden. Wenn auch ein Mensch Bedienter gewesen wäre und er spielte mit Königen Lansquenet, so wird er ohne Schwierigkeit bezahlt, wenn er gewonnen hat. So ist das Gesetz überall ein Schwert, womit der Stärkste den Schwächsten in Stücke haut.

Gleichwohl besteht diese Welt, als wenn alles wohl darinnen geordnet wäre. Das Unregelmäßige ist uns natürlich; unsere politische Welt ist wie unsere Erdkugel, etwas Ungestaltetes, welches beständig so bleibt. Es wäre töricht, wenn man wollte, daß die Berge, die Meere, die Flüsse, alle nach regelmäßigen Figuren abgeordnet wären; noch törichter wäre es, von allen Menschen eine vollkommene Weisheit zu verlangen; das wäre, den Hunden Flügel und den Adlern Hörner geben wollen.

Voltaire
Torheiten auf beiden Teilen

Torheiten auf beiden Teilen ist, wie man weiß, die Devise von allen Streitigkeiten. Ich rede hier nicht von denen, bei welchen Blut vergossen wird. Die Anabaptisten, welche Westfalen verwüsteten, die Calvinisten, welche so viel Kriege in Frankreich ansponnen; die blutigen Parteien der Armagnacs und der Bourguignons; die Strafe des Mädchens von Orleans, welche von der einen Hälfte Frankreichs für eine himmlische Heldin und von der anderen für eine Hexe gehalten wurde; die Sorbonne, welche eine Bittschrift, sie zu verbrennen, eingab; die Ermordung des Herzogs von Orleans, welche von Doktoren gerechtfertigt wurde; die durch ein Dekret der heiligen Fakultät von ihrer Pflicht losgesagten Untertanen; die Scharfrichter, die man so oft, Meinungen zu unterstützen, gebraucht hat; die Feuerhaufen, die man für Unglückliche anzündete, welche man beredete, daß sie Zauberer oder Ketzer wären: alles dieses geht über alle Torheit.

Diese Abscheulichkeiten geschahen gleichwohl in der guten Zeit der alten deutschen Treue und der gallischen Aufrichtigkeit, und ich verweise alle diejenigen ehrlichen Leute dahin, welche den vergangenen Jahrhunderten allezeit bedauern.

Ich will hier nur, zu meiner eigenen Erbauung, ein kleines unterrichtendes Verzeichnis von den schönen Sachen machen, welche die Geister unserer Voreltern trennten.

In dem elften Jahrhundert, in der guten Zeit, wo man weder die Kunst, Kriege zu führen, den man doch immer führte, kannte, noch die Kunst, die Städte gesittet zu machen, noch die Handlung, noch die Gesellschaft, wo wir weder lesen noch schreiben konnten; stritten Leute von großem Verstand ganz feierlich, sehr lange und hitzig über das, was der Garderobe begegnete, wenn man einer heiligen Pflicht genug getan hatte, von der man nicht anders als mit der tiefsten Ehrfurcht reden muß. Dieses nannte man den Streit der Stercoristen. Dieser

Streit erweckte keinen Krieg und war also eine von den stillsten Narrheiten des menschlichen Geistes.

Der Streit, welcher zu eben der Zeit das gelehrte Spanien wegen der mosarabischen Übersetzung trennte, endete gleichfalls ohne Verwüstung der Provinzen und ohne Blutvergießen. Der Geist der Ritterschaft, welcher damals herrschte, ließ es nicht zu, daß man diese Schwierigkeit anders entschied, als daß man das Endurteil zwei edlen Rittern auftrug; derjenige von den beiden Don Quichottes, welcher seinen Gegner zu Boden werfen würde, sollte derjenigen Version den Triumph zuerkennen, für die er gestritten habe. Don Ruis de Martanza, der Ritter des mosarabischen Rituals, hob den Ritter des lateinischen aus dem Sattel. Weil aber die Gesetze der edlen Ritterschaft nicht ausdrücklich festsetzten, daß ein Ritual abgeschafft werden müßte, weil sein Ritter aus dem Sattel gehoben worden, so nahm man seine Zuflucht zu einem weit sicheren und damals gebräuchlicheren Geheimnis, um zu erfahren, welches von beiden Büchern vorgezogen werden müsse; man warf sie nämlich ins Feuer. Denn es war unmöglich, daß das gute Ritual von den Flammen nicht hätte unbeschädigt bleiben sollen. Ich weiß aber nicht, wie es kam, daß alle beide verbrannten und daß der Streit, zum großen Erstaunen der Spanier, also unentschieden blieb. Nach und nach bekam das lateinische Ritual den Vorzug; und wenn sich in der Folge ein Ritter aufgeworfen hätte, welcher das mosarabische hätte verteidigen wollen, so würde man nicht das Ritual, sondern den Ritter ins Feuer geworfen haben.

In diesen schönen Jahrhunderten mußten wir gesitteten Völker, wenn wir krank waren, unsere Zuflucht zu einem arabischen Arzt nehmen. Wenn wir wissen wollten, welchen Tag des Mondes wir hätten, so mußten wir uns gleichfalls an sie wenden. Wenn wir ein Stück Tuch wollten kommen lassen, so mußten wir es einem Juden teuer bezahlen; und wenn der Akkermann Regen brauchte, so ging er zu einem Hexenmeister. Als endlich einige von uns lateinisch gelernt hatten und nun eine üble Übersetzung des Aristoteles da war, so machten wir eine ansehnliche Figur in der Welt. Drei oder vier Jahrhunderte brachten wir zu, einige Seiten des Stagyritens zu entziffern, sie anzubeten und sie zu verdammen. Einige sagten, ohne ihn würden wir keine Glaubensartikel haben, andere behaupteten, er wäre ein Gottesleugner. Ein Spanier hat bewiesen, Aristoteles wäre ein Heiliger, dessen Fest man feiern müsse. Ein Konzil in Frankreich hat seine göttlichen Schriften verbrennen lassen. Schulen, Universitäten, ganze geistliche Orden haben sich wechselweise in Bann getan wegen verschiedener Stellen dieses großen Mannes, die weder sie noch die Richter, welche ihr Ansehen dabei brauchen wollten, noch der Verfasser selbst jemals verstanden hatte. In Deutschland hat es ziemliche Faustschläge wegen dieser wichtigen Streitigkeit gesetzt; Blut aber wurde doch wenig dabei vergossen. Es ist schade, daß man nicht zu Ehren des Aristoteles einen bürgerlichen Krieg angesponnen oder Schlachten für die Quidditäten oder Universalia geliefert hat. Unsere Väter haben um Fragen einander die Hälse gebrochen, die sie ebensowenig verstanden.

Es ist wahr, ein berühmter Narr, Ockham, mit dem Zunamen „der unüberwindliche Lehrer", das Haupt des sogenannten Nominalismus, verlangte von dem Kaiser Ludwig dem Bayern, daß er seine Feder mit seinem kaiserlichen Degen gegen einen anderen Narren verteidigen solle, gegen den Scotus, einen Schotten, welcher an der Spitze des Realismus war und Doktor fubtilis genannt wurde. Zu allem Glück blieb das Schwert des Kaisers in seiner Scheide. Wer sollte glauben, daß diese Streitigkeiten bis auf unsere Zeiten gedauert haben und daß das Parlament von Paris im Jahre 1624 einen schönen Befehl für den Aristoteles hat ergehen lassen?

Gegen die Zeit des tapferen Ockham und des mutigen Scotus erhob sich eine weit ernsthaftere Streitigkeit, in welche die ehrwürdigen Franziskaner beinahe die ganze christliche Welt zogen. Man wollte nämlich wissen, ob ihre Suppe ihnen eigentümlich zugehörte oder ob sie nur die Nutzung davon zögen. Die Form der Kappe und die Weite des Ärmels waren gleichfalls die Gegenstände dieses heiligen Krieges. Der Papst Johannes

XXII., welcher sich darein mischen wollte, fand seine Leute vor sich. Die Franziskaner verließen seine Partei und schlugen sich zu dem Kaiser, der damals seinen Degen zog. Übrigens wurden drei oder vier Franziskaner als Ketzer verbrannt. Dieses ist ein wenig arg, weil aber doch dieser Handel weder Throne erschüttert noch Provinzen ruiniert hat, so kann man ihn noch unter die friedlichen Torheiten rechnen.

Es hat immer welche von dieser Art gegeben. Die meisten sind in die tiefste Vergessenheit gefallen, und von vier bis fünfhundert Sekten, welche aufgekommen sind, sind keine in dem Gedächtnis der Menschen mehr übrig als die, welche entweder entsetzliche Unordnungen angerichtet oder außerordentlich lächerlich gewesen sind; zwei Umstände, weswegen man etwas sehr leicht behält. Wer weiß jetzt, daß es Orebiten, Osmiten, Insdorsianer gegeben hat? Wer kennt die Uncti, die Artocopi, die Iscariotisten?

Als ich einmal bei einer holländischen Dame speiste, so gab mir einer von den Gästen liebreich den Rat, daß ich mich ja in acht nehmen möchte, den Boetius zu loben. Ich habe keine Lust, sagte ich, weder Gutes noch Böses von ihrem Boetius zu sagen; aber warum geben Sie mir diesen Rat? Weil, sagte mein Nachbar, die Dame eine Coccejanerin ist. Oh, von Herzen gern, antwortete ich. Er fügte hinzu, daß noch vier Coccejanerinnen in Holland wären und daß es schade sei, daß diese Art von Leuten eingehen sollte. Es wird eine Zeit kommen, in welcher die Jansenisten, welche unter uns so viel Aufsehen machen und von welchen man an anderen Orten nichts weiß, das Schicksal der Coccejaner haben werden. Ein alter Doktor sagte zu mir: Mein Herr, in meiner Jugend habe ich mir es um die *Mandata impossibilia volentibus et conantibus* äußerst angelegen sein lassen. Ich habe wider das Formular und den Papst geschrieben und geglaubt, ich sei ein Bekenner; man hat mich ins Gefängnis gelegt, und ich habe geglaubt, ich sei ein Märtyrer. Jetzt menge ich mich in nichts mehr und halte mich für vernünftig. Was sind denn Ihre Beschäftigungen, fragte ich ihn. Mein Herr, antwortete er, ich liebe das Geld sehr. So lachen fast alle

Menschen in ihrem Alter innerlich über die Torheiten, denen sie in ihrer Jugend eifrigst angehangen haben. Die Sekten werden wie die Menschen alt. Diejenigen, welche von keinem großen Monarchen unterstützt werden, die kein großes Unglück angerichtet haben, veralten noch eher als die übrigen. Es sind herumgehende Krankheiten, die bald wieder aufhören.

Man bekümmert sich nicht mehr um die frommen Träume der Frau Guion. Man liest nicht mehr das unverständliche Buch der Lebensregeln der Heiligen; man liest den Telemach. Man gedenkt nicht mehr an das, was der beredte Bossuet wider den zärtlichen, zierlichen und liebenswürdigen Fenelon geschrieben; man gibt seinen Leichenreden den Vorzug. In dem ganzen Streit über den Quietismus ist nichts Gutes gewesen als die alte, aufgewärmte Erzählung von einer guten Frau, die eine Glutpfanne herzugebracht, das Paradies zu verbrennen, einen Wasserkrug, das Feuer in der Hölle auszulöschen, damit man Gott nicht mehr aus Hoffnung oder aus Furcht diene. Ich will nur einen besonderen Umstand aus diesem Prozeß anführen, welcher bei weitem nicht so gut als die Erzählung von der wackeren Frau ist, nämlich daß die Jesuiten, welche in Frankreich von den Jansenisten so heftig beschuldigt worden, der heilige Ignatius habe ihren Orden ausdrücklich zur Ausrottung der göttlichen Liebe gestiftet, daß, sage ich, diese sehr heftig für die reine Liebe des Herren von Cambray in Rom Vorstellungen taten. Es ging ihnen ebenso wie dem Herrn von Langeais, welchen seine Frau vor dem Parlament zu Paris wegen seines Unvermögens verfolgte, und der vor dem Parlament zu Rennes von einem Mädchen angeklagt wurde, welches er sollte geschwängert haben. Einen von beiden Prozessen hätte er notwendig gewinnen sollen; er verlor sie aber alle beide. Die reine Liebe, für die sich die Jesuiten so viel Mühe gemacht, wurde in Rom verdammt, und in Paris wurden sie immer für die Leute gehalten, welche es nicht haben wollten, daß man Gott liebte. Diese Meinung hatte in den Gemütern solche Wurzeln gefaßt, daß, als man vor einigen Jahren einen Kupferstich verkaufen wollte, auf welchem unser Herr Jesus

Christus als ein Jesuit gebildet war, ein lustiger Kopf folgende Zeilen unter das Kupfer setzte:

Admiréz l'artifice extreme
De ces Peres igenieux,
Ils vous ont habillé comme eux
Mon Dieu de peur qu'on ne vous aime.

„Bewundert die unbeschreibliche List dieser sinnreichen Patres; sie haben dich, lieber Gott, gekleidet, wie sie gekleidet sind, aus Furcht, daß man dich nicht etwa lieben möchte."

In Rom, wo man dergleichen Streitigkeiten nicht hat und wo man über diejenigen urteilt, die an anderen Orten entstehen, war man der Streitigkeiten über die reine Liebe sehr überdrüssig geworden. Der Kardinal Carpeigne, welcher die Sache des Erzbischofs von Cambray vortrug, war krank und stand an einem Teile sehr viel aus, welches bei den Kardinälen ebenso wenig geschont wird als bei anderen Menschen. Sein Wundarzt steckte ihm kleine Fasern von Leinen hinein, welche man in Italien und in verschiedenen anderen Ländern Cambray nennt. Der Kardinal schrie. Es ist gleichwohl, sagte der Wundarzt, von dem feinsten Cambray. Was auch hier Cambray, schrie der Kardinal. Ist es nicht genug, daß der Kopf davon ermüdet ist? Glückliche Streitigkeiten, die sich also schließen. Glückliche Menschen, wenn alle Streiter in der Welt, wenn alle Ketzer sich mit so viel Mäßigung, mit einer so großmütigen Ergebenheit als der große Erzbischof von Cambray unterwürfen, welcher nicht die geringste Lust hatte, das Haupt einer Sekte zu werden. Ich weiß nicht, ob er recht hatte, wenn er wollte, daß man Gott um seiner selbst willen lieben müsse; Herr Fenelon wenigstens verdiente, also geliebt zu werden.

In den bloß gelehrten Streitigkeiten ist oft ebenso viel Mut und so viel Geist der Parteilichkeit als in den wichtigsten Streitigkeiten. Man würde, wenn man könnte, die Rotten des Circus wieder aufwecken, welche das römische Reich erschütterten. Zwei eifersüchtige Schauspielerinnen sind vermögend, eine ganze Stadt zu trennen. Die Menschen haben alle eine heimliche Neigung zu Rotten. Wenn es nicht Kronen, Tiaren und

Infuln sind, derentwegen man Parteien macht, sich verfolgt oder sich schadet, so ist es ein Tänzer oder ein Musikus, dessentwegen wir gegeneinander aufgebracht werden. Rameau hat eine heftige Partei wider sich gehabt, die ihn gern hätte ausrotten wollen, und er wußte nichts davon. Ich habe eine noch heftigere Partei wider mich gehabt, und ich habe es wohl gewußt.

Rousseau
Abhandlung über den Ursprung und über den Grund der Ungleichheit unter den Menschen

(Auszug)

Der gebürtige Schweizer Jean-Jacques Rousseau (1712–1778) nimmt innerhalb des Zeitalters der Aufklärung eine besondere Stellung ein: In seiner kritischen Haltung gegenüber der Gesellschaft seiner Zeit stand er der Aufklärung nahe, in seinem radikalen Subjektivismus, seinem Kult des Gefühls und seinem Irrationalismus ging er weit über sie hinaus.

Seine Wendung gegen den Fortschrittsoptimismus und sein „Unbehagen an der Kultur" kamen bereits in seiner ersten preisgekrönten Schrift „Über Kunst und Wissenschaft" (1750) zum Ausdruck, in der er die Kultur und die Laster der Zivilisation verurteilte. Im Mittelpunkt seiner Kultur-, Erziehungs- und Sozialphilosophie steht der Begriff der Natur, die Vorstellung, der Mensch sei von Natur aus gut, und die zum Schlagwort gewordene Forderung „Zurück zur Natur". In seinem Erziehungsroman „Emile" (1762) entwickelt er ein Modell, nach dem sich die Kinder fern von den schädlichen Einflüssen der Zivilisation gemäß ihren natürlichen Anlagen entfalten sollen.

Diese Erziehungsvorstellungen beeinflußten die Nachwelt ebenso eindringlich wie seine politischen Auffassungen. Rousseau trat vehement für die Freiheit ein, die durch die gesellschaftlichen Bedingungen zerstört worden war, sowie für gleiche Rechte für alle Bürger, also auch für die Armen und Deklassierten.

Der aus dem Kleinbürgertum stammende und stets in ärmlichen Verhältnissen lebende Philosoph griff in seiner „Abhandlung über den Ursprung und über den Grund der Ungleichheit unter den Menschen" (1754) sogar das Eigentum an. Er legte dar, daß erst das Eigentumsrecht und die Anerkennung des Besitzes die Ungleichheit unter den Menschen geschaffen haben.

...Ich finde zweierlei Ungleichheit in dem Menschengeschlecht. Die eine nenne ich die natürliche oder physische, weil sie aus der Natur herrührt; sie besteht in dem Unterschied des Alters, der Gesundheit, der Körperkräfte und der Geistes- oder Seelenbeschaffenheiten. Die andere kann die moralische oder die bürgerliche Ungleichheit genannt werden, denn sie hängt mit einer Art von Übereinkunft zusammen, und ist entweder eingeführt oder wenigstens autorisiert durch Einwilligung der Menschen. Sie besteht in den verschiedenen Vorrechten, welche die einen auf Unkosten der anderen genießen, z.B. reicher, geehrter, mächtiger zu sein als andere, wohl auch sie unter seinem Gehorsam zu haben ...

Hüten wir uns also, den wilden Menschen mit den Menschen zu verwechseln, die wir vor Augen haben. ... Das Pferd, die Katze, sie alle sind weit stärker, haben mehr Feuer, mehr Kraft und mehr Mut in den Wäldern als in unseren Häusern. Sie verlieren die Hälfte dieser Vorteile, wenn sie Haustiere werden. ... So ist es aber auch mit dem Menschen selbst. Indem er Gesellschaften schließt, wird er Sklave, schwach, furchtsam, kriechend, und seine weichliche und weibische Lebensart entnervt ihm Kräfte und Mut zugleich ...

Ganz gewiß ist also das Mitleiden ein natürliches Gefühl; es mildert in jedem Individuum die übergroße Stärke der Liebe gegen sich selbst und trägt zur gegenseitigen Erhaltung der Gattung das seinige bei. ... Es verhindert, daß der nervige Wilde keinem schwachen Kind und keinem unbeholfenen Greis die mühsam gesammelten Nahrungsmittel wegnehmen wird, so lange er Hoffnung hat, für sich noch anderswo welche zu finden; es gibt an der Stelle der erhabenen Vorschrift der Vernunft-Gerechtigkeit „Tue anderen, was du willst, das sie dir tun sollen“, jedem Menschen die andere, zwar weniger vollkommene, vielleicht aber mehr anwendbare Vorschrift der natürlichen Güte ein: „Besorge dein Wohl mit so wenig Nachteil für andere, als möglich ist.“ In diesem natürlichen Gefühl muß man, mit einem Wort gesagt, weit mehr als in künstlichen Schlußreihen die Ursache des Widerwillens suchen, den jedermann gegen schlechte Handlungen empfindet, und der selbst von dem, was die Erziehung tut, unabhängig ist ...

Es ist in der Tat ganz leicht einzusehen, daß vieles von den Verschiedenheiten unter den Menschen für etwas natürliches gelte, was doch nur das Werk der Gewohnheiten und der Lebensarten ist, welche die Menschen in der Gesellschaft angenommen haben. So kommt ein starkes oder ein feines Temperament sowie die Kraft oder die Schwäche, die damit zusammenhängt, gar oft mehr von der rauhen oder weichlichen Erziehungsart her als von der wirklichen Anlage im Körper. Mit den Geisteskräften ist es dasselbe; die Erziehung bringt nicht nur große Verschiedenheit in gebildete Seelen und in ungebildete, sondern sie vergrößert auch noch diejenigen, die sich bei der ersten findet, nach den verschiedenen Kulturgraden. ... Wenn man also die außerordentliche Verschiedenheit der Erziehung und der Lebensarten, die in den mancherlei Ständen der bürgerlichen Lebensart herrscht, mit der Einfachheit und Gleichförmigkeit des Tierlebens der Wilden vergleicht, wo jeder sich mit denselben Speisen sättigt, auf einerlei Weise lebt und genau dasselbe tut wie der andere, so wird man begreifen, um wieviel geringer die Verschiedenheit zwischen Menschen und Menschen in dem Naturzustand sein müsse als in dem bürgerlichen und wie stark die natürliche Ungleichheit in dem Menschengeschlecht durch die eingeführte Ungleichheit erhöht werde ...

...Ich höre, daß man immerdar versichert, die Stärkeren würden die Schwächeren unterdrücken; aber man erkläre sich doch erst, was man mit diesem Unterdrücken sagen will. Die einen werden mit Gewalt herrschen, die anderen werden seufzen als Sklaven unter deren Launen? Dies ist zwar genau das, was ich unter uns wahrnehme; aber ich begreife nicht, wie man es von Wilden sagen könne, denen man nur mit sehr großer Mühe würde begreiflich machen, was Knechtschaft und Herrschaft wohl sei. Ein Mensch kann sich zwar der Früchte bemächtigen, die ein anderer gepflückt hat, des Wildes, das dieser erlegte, der Höhle, die diesem als Zuflucht diente; wie wird er es jemals aber dahin bringen, daß er ihn selbst zum Gehorsam zwinge, und wo sind unter Menschen, die gar nichts besitzen, die Ketten der Abhängigkeit?

... Es sieht jeder ein, daß die Bande der Knechtschaft nur bei gegenseitiger Abhängigkeit der Menschen voneinander und bei den sie vereinigenden Bedürfnissen geknüpft werden können. Es ist also unmöglich, sich einen Menschen zu unterwerfen, ehe man ihn in die Lage gesetzt hat, einen anderen nicht entbehren zu können ...

Der erste, der ein Stück Feld einzäunte und sich dabei einfallen ließ zu sagen: „Dieses ist mein", und auch Leute fand, die einfältig genug waren, es ihm zu glauben – dieser ist der eigentliche Stifter der bürgerlichen Gesellschaft gewesen. Was für Verbrechen, für Kriege, für Mordtaten, was für Elend, was für entsetzliche Dinge wären dem Menschengeschlecht nicht erspart worden, wenn jemand die Pfähle ausgerissen, den Graben zugeworfen und dabei ausgerufen hätte: „Hütet euch, auf diesen Betrüger zu hören. Ihr seid verloren, wenn ihr vergeßt, daß die Früchte für jedermann da sind und daß der Erdboden niemandes Eigentum ist." ...

Jetzt bildeten sich Niederlassungen, und man teilte sich in Familien, auch mußte eine Art von Eigentum entstehen. Hier fingen vielleicht auch schon Uneinigkeiten und Kämpfe an ...

Jeder fing an, auf andere zu merken und zu wünschen, daß man auf ihn merke, und die allgemeine Achtung erhielt nun einen Preis. Wer am besten sang oder tanzte, der Schönere, der

Stärkere, der Gewandtere oder der Beredtere wurde am meisten geachtet, und so machte sich der erste Schritt zur Ungleichheit, zugleich auch zu dem Laster ...

... mit einem Wort, so lange sie sich nur auf Dinge beflissen, die jeder allein machen konnte, und nicht auf solche sich einließen, zu denen die Hände mehrerer gehören, so lange lebten sie frei, waren gesund, waren gut und waren so glücklich, als man es durch Hilfe der Natur sein kann, und sie fuhren fort, die Süßigkeiten eines freien Verkehrs untereinander zu genießen. Aber von dem Augenblick an, als man sich sagte, es sei gut, daß ein einziger Vorrat für zwei habe, war die Gleichheit verschwunden, das Eigentum stellte sich ein, die Arbeit wurde etwas Notwendiges, die dichten Waldungen verwandelten sich in lachende Felder, die mit dem Schweiß der Menschen getränkt werden mußten, und bald sah man Sklaverei und Elend zugleich mit den Ernten hervorkeimen und groß werden.

Die Metallbearbeitung und der Ackerbau waren die beiden Künste, deren Erfindung diese große Veränderung hervorbrachte ...

Endlich führte nun ein verzehrender Ehrgeiz und das heiße Verlangen, die Vermögensstände zu vergrößern, weniger aus wahren Bedürfnissen als vielmehr, um sich über andere erheben zu können, alle Menschen zu der häßlichen Neigung, einander Schaden zu tun, zu einer heimlichen Eifersucht, die umso nachteiliger ist, als sie die Larve des Wohlwollens oft vornimmt, um den Schlag desto sicherer führen zu können. Kurz, auf einer Stelle Konkurrenz und Wettstreit, auf der anderen entgegengesetztes Interesse, und überall der geheime Wunsch, sich Vorteile auf Unkosten anderer zu verschaffen – alle diese Übel sind die erste Wirkung des Eigentums und das unzertrennliche Gefolge der entstehenden Ungleichheit ...

So schufen die Mächtigen oder die Schlechtesten sich aus ihrer Stärke oder aus ihrem Bedürfnis eine Art von Recht auf das, was anderen gehörte, einen Ersatz, wie sie meinten, für das ihnen fehlende Eigentum, und es folgte auf die Verletzung der Gleichheit die abscheulichste Unordnung …

Auch mußten sie, welchen Anstrich sie ihren Usurpationen auch geben mochten, doch fühlen, daß diese nur auf einem schwankenden und gemißbrauchten Recht beruhten, daß alles nur durch Stärke erworben war und daß also Stärke es ihnen auch wieder nehmen konnte, ohne daß sie sich hierüber beklagen dürften …

„Vereinigen wir uns“, sprach er, „die Schwachen gegen Unterdrückung zu beschützen, die Ehrsüchtigen im Zaum zu halten und jedem den Besitz dessen, was ihm gehört, sicherzustellen.“ Dieses war entweder oder dieses muß der Anfang der bürgerlichen Gesellschaft und der Gesetze gewesen sein, die den Schwachen neue Fesseln und den Reichen neue Stärke gaben, die die natürliche Freiheit auf ewig vernichteten, das Gesetz des Eigentums und der Ungleichheit für immer errichteten, aus geschickter Usurpation ein unwiderrufliches Recht machten und, zum Vorteil einer kleinen Anzahl Ehrgeiziger, das ganze übrige Menschengeschlecht zur Arbeit, zur Knechtschaft und zum Elend verurteilten …

Rousseau
Der Gesellschaftsvertrag

(Auszug)

In seinem berühmtesten staatstheoretischen Werk „Der Gesellschaftsvertrag" (1762) entwickelt Jean-Jacques Rousseau die Idee der Volkssouveränität und tritt für eine radikale Demokratie ein. Er versteht den Staat als eine Organisation, die auf einem Vertrag besteht, den die einzelnen freiwillig eingegangen sind, um ihre Rechte zu schützen. Unterdrückung und Mißbrauch der obersten Gewalt beruhen auf einer fehlgeleiteten Entwicklung, und es kommt darauf an, das Volk wieder zum Träger der obersten Gewalt zu machen.

Vorrede

Diese kleine Abhandlung ist einem größeren Werk entnommen, welches ich einst ohne Rücksicht darauf, ob meine Kräfte dazu ausreichen würden, begonnen und schon längst hatte liegen lassen. Von verschiedenen Auszügen aus dem vollendeten Teil dieser Arbeit ist vorliegender der wichtigste und scheint mir am wenigsten unwert, dem Lesepublikum vorgelegt zu werden. Der Rest ist bereits vernichtet.

Erstes Buch

Ich beabsichtige zu untersuchen, ob es in der bürgerlichen Verfassung irgendeinen gerechten und sicheren Grundsatz der Verwaltung geben kann, wenn man die Menschen nimmt, wie sie sind, und die Gesetze, wie sie sein können. Bei dieser Untersuchung werde ich mich bemühen, stets das, was das Recht zuläßt, mit dem zu vereinen, was das allgemeine Beste vorschreibt, damit Gerechtigkeit und Nutzen nicht getrennt werden.

Ich beginne die Arbeit, ohne erst die Wichtigkeit meines Gegenstandes zu beweisen. Man wird mich fragen, ob ich Fürst oder Gesetzgeber sei, um berechtigt zu sein, über Politik zu schreiben. Ich antworte Nein und halte mich gerade deshalb für berechtigt, über Politik zu schreiben. Wäre ich Fürst oder Gesetzgeber, so würde ich nicht meine Zeit damit vergeuden zu sagen, was man tun muß; ich würde es tun oder schweigen.

Einen wie geringen Einfluß auch die Stimme eines einfachen Bürgers, wie ich bin, der in einem freien Staat geboren ist und durch das allgemeine Stimmrecht Anteil an der Staatsgewalt hat, auf die öffentlichen Angelegenheiten haben mag, so genügt doch schon das bloße Recht, meine Stimme abzugeben, um mir die Pflicht aufzulegen, mich über sie zu unterrichten. So oft ich über die Regierungen nachdenke, fühle ich mich glücklich, daß ich in meinen Forschungen stets neue Gründe finde, die Verwaltung meines Vaterlandes zu lieben.

Erstes Kapitel
Inhalt des ersten Buches

Der Mensch wird frei geboren, und überall ist er in Banden. Mancher hält sich für den Herrn seiner Mitmenschen und ist trotzdem mehr Sklave als sie. Wie hat sich diese Umwandlung zugetragen? Ich weiß es nicht. Was kann ihr Rechtmäßigkeit verleihen? Diese Frage glaube ich beantworten zu können.

Würde ich nur auf die Gewalt und auf die Wirkungen, die sie hervorbringt, Rücksicht nehmen, so würde ich sagen: So lange ein Volk durch Übergewalt gezwungen wird zu gehorchen, so tut es wohl, wenn es gehorcht; sobald es sein Joch abzuschütteln imstande ist, so tut es noch besser, wenn es dasselbe von sich wirft, denn sobald es seine Freiheit durch das nämliche

Recht wiedererlangt, welches sie ihm geraubt hat, so ist es entweder befugt, sie wieder zurückzunehmen, oder man hat sie ihm unbefugterweise entrissen. Allein die gesellschaftliche Ordnung ist ein geheiligtes Recht, welches die Grundlage aller übrigen bildet. Dieses Recht entspringt jedoch keineswegs aus der Natur; es beruht folglich auf Verträgen. Deshalb kommt es darauf an, die Beschaffenheit dieser Verträge kennenzulernen. Ehe ich dazu komme, ist es meine Pflicht, die eben aufgestellten Behauptungen zu begründen.

Zweites Kapitel
Erste gesellschaftliche Vereinigungen

Die älteste und die einzige natürliche unter allen gesellschaftlichen Vereinigungen ist die Familie; trotzdem bleiben die Kinder nur so lange mit dem Vater verbunden, wie sie seiner zu ihrer Erhaltung bedürfen. Sobald dieses Bedürfnis aufhört, löst sich das natürliche Band. Von dem Gehorsam befreit, den die Kinder dem Vater schuldig sind, und der Sorgfalt überhoben, zu der der Vater den Kindern gegenüber verpflichtet ist, kehren alle in gleicher Weise zur Unabhängigkeit zurück. Setzen sie demungeachtet ihre Verbindung fort, so ist das nicht mehr ein natürlicher Zustand, sondern ein freiwilliges Übereinkommen; die Familie an sich hat nur durch Übereinkunft Bestand.

Diese gemeinsame Freiheit ist eine Folge der Natur des Menschen. Sein erstes Gesetz verlangt von ihm, über seine eigene Erhaltung zu wachen; seine Hauptsorge ist die, welche er sich selbst schuldig ist, und sobald er zu dem Alter der Vernunft gekommen, ist er allein Richter über die zu seiner Erhaltung geeigneten Mittel und wird dadurch sein eigener Herr.

Demnach ist die Familie, wenn man will, das erste Muster der politischen Gesellschaften. Der Herrscher ist das Abbild des Vaters, das Volk ist das Abbild der Kinder, und da alle gleich und frei geboren sind, verzichten sie auf ihre Freiheit nur um ihres Nutzens willen. Der ganze Unterschied besteht darin, daß in der Familie den Vater seine Liebe zu den Kindern für die Sorgen, die sie ihm bereiten, entschädigt, während im Staat die Lust zu befehlen die Liebe ersetzt, welche der Herrscher für sein Volk nicht empfindet.

Grotius leugnet, daß jede menschliche Regierung zu Gunsten der Regierten eingesetzt sei; zum Beweis beruft er sich auf die Sklaverei. In seiner bekannten Schlußweise begründet er das Recht auf die Ausübung desselben.[79] Man würde wohl eine folgerichtigere Lehre aufstellen können, aber keine, die den Gewaltherrschern günstig wäre.

Nach Grotius ist es demnach zweifelhaft, ob das Menschengeschlecht etwa hundert einzelnen Menschen als Eigentum gehört oder ob diese hundert dem Menschengeschlecht angehören, und in seinem Werk scheint er sich zu der ersten Ansicht hinzuneigen; auch Hobbes teilte diese Meinung. So ist also das menschliche Geschlecht wie Vieh in Herden abgeteilt, deren jede ihr Oberhaupt hat, welches sie beschützt, um sie zu verschlingen.

Wie ein Hirt von einer höheren Natur ist als seine Herde, so überragen auch die Hirten der Menschen, die Herrscher, ihre Völker. So schloß, wie Philo berichtet, der Kaiser Caligula, indem er nach dieser Analogie ziemlich richtig folgerte, daß die Könige Götter oder die Völker Tiere wären.

Diese Schlußfolgerung Caligulas stimmt mit den von Hobbes und Grotius aufgestellten Lehren vollkommen überein. Schon vor ihnen allen hatte Aristoteles ebenfalls [80] behauptet, daß die Menschen von Natur keineswegs gleich wären, sondern die einen zur Sklaverei und die anderen zur Herrschaft geboren würden.

Aristoteles hatte recht, aber er hielt die Wirkung für die Ursache. Jeder in der Sklaverei geborene Mensch wird für die Sklaverei geboren; nichts ist gewisser. Die Sklaven verlieren in ihren Fesseln alles, sogar den Wunsch sie abzuwerfen, sie lieben ihre Knechtschaft, wie die Gefährten des Odysseus ihren tierischen Zustand nach ihrer Verwandlung liebten. Wenn es also Sklaven von Natur gibt, so liegt der Grund darin, daß es schon vorher Sklaven wider die Natur gegeben hat. Die Gewalt hat die ersten Sklaven gemacht; die Gemeinheit und Feigheit derselben hat sie immerdar erhalten.

Ich habe nichts vom König Adam noch vom Kaiser Noah, dem Vater der drei großen Monarchen, gesagt, welche gleich den Kindern des Saturn, die man in ihnen hat wiedererkennen wollen, die Welt unter sich teilten. Ich hoffe, daß man mir für dieses Maßhalten dankbar sein wird; denn da ich von einem dieser Fürsten und vielleicht von dem ältesten Zweig in gerader Linie abstamme, so kann ich ja nicht wissen, ob ich mich nicht durch den Nachweis der Richtigkeit meiner Rechtsansprüche als das rechtmäßige Oberhaupt des menschlichen Geschlechts enthüllen würde? Wie dem auch sein möge, so kann man doch nicht leugnen, daß Adam Beherrscher der Welt gewesen ist wie Robinson Beherrscher seiner Insel, so lange er ihr einziger Bewohner war, und das Angenehmste bei dieser Herrschaft lag darin, daß der Monarch auf seinem Thron sicher war und weder Aufstand noch Kriege noch Empörer zu fürchten hatte.

Drittes Kapitel
Recht des Stärkeren

Der Stärkste ist nie stark genug, um immerdar Herr zu bleiben, wenn er seine Stärke nicht in Recht und den Gehorsam nicht in Pflicht verwandelt. Daher entspringt das Recht des Stärkeren, ein Recht, das scheinbar ironisch aufgefaßt und in der Tat doch als Prinzip anerkannt wird. Aber wird man uns dieses Wort denn nie erklären? Die Stärke ist ein physisches Vermögen; ich begreife nicht, welche sittliche Verpflichtung aus ihren Wirkungen hervorgehen kann. Der Stärke nachgeben ist eine Handlung der Notwendigkeit, nicht des Willens, höchstens eine Handlung der Klugheit. In welchem Sinn kann es eine Pflicht werden?

Lassen wir dieses angebliche Recht einen Augenblick gelten. Nach meiner Überzeugung ergibt sich daraus nur ein unlöslicher Wirrwarr von Begriffen, denn sobald die Stärke das Recht verleiht, so wird die Wirkung mit der Ursache verwechselt; jede Stärke, welche die erste übersteigt, ist die Erbin ihres Rechts. Sobald man ungestraft nicht gehorchen braucht, besitzt man das Recht dazu, und da der Stärkste immer Recht hat, handelt es sich nur darum, es so einzurichten, daß man der Stärkste ist. Was bedeutet nun aber ein Recht, welches mit dem Aufhören der Stärke ungültig wird? Muß man aus Zwang gehorchen, so braucht man nicht aus Pflicht zu gehorchen, und wird man nicht mehr zum Gehorchen gezwungen, so ist man dazu auch nicht mehr verpflichtet. Man sieht also, daß das Wörtlein „Recht" der Stärke keinen höheren Wert verleiht; es ist hier vollkommen bedeutungslos.

Gehorchet den Gewalthabern! Wenn dies bedeuten soll: gebet der Stärke, der Gewalt nach, so ist das Gebot gut, aber überflüssig; ich bürge dafür, daß es nie übertreten werden wird. Ich gebe zu, daß jede Gewalt von Gott kommt; aber auch jede Krankheit kommt von ihm; heißt das etwa, deshalb sei es verboten, den Arzt zu rufen? Wenn mich ein Räuber im Waldesdickicht überfällt, so muß ich mich der Gewalt fügen und ihm meine Börse geben, verpflichtet mich aber wohl mein Gewissen, sie zu geben, wenn ich imstande wäre, sie ihm vorzuenthalten? Die Pistole, die er mit vorhält, ist ja am Ende doch immer eine Gewalt.

Gestehen wir also, daß Stärke kein Recht gewährt und daß man nur verpflichtet ist, der rechtmäßigen Gewalt Gehorsam zu leisten. So taucht meine erste Frage immer wieder von neuem auf.

Viertes Kapitel
Sklaverei

Da kein Mensch eine natürliche Gewalt über seinesgleichen hat und da die Stärke kein Recht gewährt, so bleiben also die Verträge als die einzige Grundlage jeder rechtmäßigen Gewalt unter den Menschen übrig.

Wenn ein einzelner, sagt Grotius, seine Freiheit veräußert und sich zum Sklaven eines Herrn machen kann, weshalb sollte dann nicht auch ein ganzes Volk die seinige veräußern und sich einem König unterwerfen können? In diesem Satz kommen einige unklare Worte vor, die erst einer genauen Erklärung bedürfen. Halten wir uns aber zunächst an den Ausdruck „veräußern". Veräußern heißt verschenken oder verkaufen. Ein Mensch, der sich zum Sklaven eines anderen macht, verschenkt sich nun aber nicht, sondern verkauft sich wenigstens für seinen Unterhalt; wofür verkauft sich aber ein Volk? Weit davon entfernt, daß ein König seinen Untertanen ihren Lebensunterhalt gewährt, bezieht er den seinen vielmehr nur von ihnen, und nach Rabelais' Versicherung lebt ein König nicht von wenigem. Verschenken die Untertanen ihre Person also unter der Bedingung, daß man ihnen auch noch ihr Vermögen nehme? Ich begreife nicht, was ihnen dann noch zu bewahren übrigbleibt.

Man wird sagen, daß der Gewaltherrscher seinen Untertanen die bürgerliche Ruhe sichere; es mag sein, aber was gewinnen sie dabei, wenn sie Kriege, in die sein Ehrgeiz sie verwickelt, wenn seine unersättliche Habgier, wenn die Bedrückungen seiner Minister sie mehr belasten, als ihre Zwistigkeiten es vermöchten? Was gewinnen sie dabei, wenn diese Ruhe selbst ein Glied in der langen Kette ihres Elends ist? Im Kerker lebt man auch ruhig; genügt das, um sich darin wohlzufühlen? Die in der Höhle des Zyklopen eingesperrten Griechen lebten, bis die Reihe, verschlungen zu werden, an sie kam, ebenfalls in tiefster Ruhe.

Die Behauptung, ein Mensch verschenke sich unentgeltlich, ist eine unbegreifliche Albernheit; eine solche Handlung ist schon deshalb ungesetzlich und nichtig, weil derjenige, welcher sich zu ihr hergibt, nicht bei gesunder Vernunft ist. Wer dies einem ganzen Volk nachsagt, muß es für ein Volk von Verrückten halten: Verrücktheit verleiht kein Recht.

Sogar wenn ein jeder sich selbst veräußern könnte, kann er doch nicht seine Kinder veräußern; sie werden als Menschen und als Freie geboren; ihre Freiheit gehört ihnen, und sie allein besitzen das Recht, über dieselbe zu verfügen. Vor ihrem Eintritt in das Alter der Vernunft kann der Vater in ihrem Namen zum Zweck ihrer Erhaltung und ihres Wohlbefindens Bestimmungen treffen, sie aber nicht unwiderruflich und bedingungslos verschenken, weil eine solche Verschenkung den Zwecken der Natur zuwiderläuft und die väterlichen Rechte überschreitet. Damit eine willkürliche Regierung rechtmäßig wäre, müßte deshalb das Volk nach jedem Menschenalter immer wieder das Recht besitzen, sie anzunehmen oder zu verwerfen; aber dann würde diese Regierung nicht mehr willkürlich sein.

Auf seine Freiheit verzichten, heißt auf seine Menschheit, die Menschenrechte, ja selbst auf seine Pflichten verzichten. Wer auf alles verzichtet, für den ist keine Entschädigung möglich. Eine solche Entsagung ist mit der Natur des Menschen unvereinbar, und man entzieht, wenn man seinem Willen alle Freiheit nimmt, seinen Handlungen allen sittlichen Wert. Kurz, es ist ein nichtiger und mit sich selbst im Widerspruch stehender Vertrag, auf der einen Seite eine unumschränkte Macht und auf der anderen einen schrankenlosen Gehorsam festzusetzen. Ist es nicht klar, daß man gegen den, von welchem man das Recht hat, alles zu verlangen, zu nichts verpflichtet ist? Zieht diese einzige Verbindung ohne Entschädigung, ohne Gegenleistung nicht die Nichtigkeit des Übereinkommens nach sich? Denn welches Recht könnte mein Sklave gegen mich haben, da alles, was er besitzt, mir gehört, und da dadurch, daß sein Recht das meine ist, dieses mein Recht wider mich selbst ein Wort ist, das keinen Sinn hat.

Grotius und andere fanden in dem Krieg eine andere Quelle des angeblichen Rechts der Sklaverei. Da nach ihnen der Sieger das Recht besitzt, den Besiegten zu töten, dürfte letzterer sein Leben für seine Freiheit erkaufen, ein Vertrag, der um so rechtmäßiger sei, da er beiden Vorteil bringe.

Aber es liegt auf der Hand, daß dieses vermeintliche Recht, die Besiegten zu töten, in keinerlei Weise aus dem Kriegsstand hervorgeht. Schon aus dem einzigen Grund, daß die Menschen, solange sie in ihrer ursprünglichen Unabhängigkeit leben, unter sich in keiner Beziehung stehen, die dauernd genug wäre, um den Friedens- oder Kriegszustand herbeizuführen, sind sie von Natur nicht Feinde. Das Verhältnis der Dinge und nicht das der Menschen zueinander ruft den Krieg hervor; und da der Kriegsstand nicht aus einfachen persönlichen Beziehungen, sondern lediglich aus sachlichen Beziehungen entstehen kann, so ist weder im Stande der Natur, in dem es kein beständiges Eigentum gibt, noch im Stande der Gesellschaft, in dem alles unter der Gewalt der Gesetze steht, der Privatkrieg oder der Kampf von Mann gegen Mann möglich.

Privatkämpfe, Duelle, zufällig herbeigeführte Zweikämpfe sind Handlungen, die keinen besonderen Zustand begründen, und was die durch die Einrichtungen König Ludwigs IX. von Frankreich gestatteten und durch den Gottesfrieden aufgehobenen Privatfehden anlangt, so sind es Mißbräuche der Feudalregierung, des sinnlosesten Systems, das es je gegeben hat und das den Grundsätzen des Naturrechts und einer jeden gesunden Politik völlig widerspricht.

Der Krieg ist demnach kein Verhältnis eines Menschen zum anderen, sondern das Verhältnis eines Staates zum anderen, bei welchem die einzelnen nur zufällig Feinde sind, und zwar nicht als Menschen, ja nicht einmal als Bürger[81)], sondern als Soldaten, nicht als Glieder des Vaterlandes, sondern als seine Verteidiger. Kurz, jeder Staat kann nur andere Staaten zu Feinden haben und nicht Menschen, da man zwischen Dingen von verschiedener Natur kein wirkliches Verhältnis zueinander nachweisen kann.

Dieses Prinzip ist denn auch mit den Grundsätzen aller Zeiten und mit der unwandelbaren Handlungsweise aller gesitteten Völker in vollem Einklang. Die Kriegserklärungen sind nicht sowohl an die Mächte als an ihre Untertanen gerichtet. Der Fremde, welcher, ob er nun König, Privatmann oder ein ganzes Volk sei, ohne vorher ergangene Kriegserklärung an den Fürsten dessen Untertanen beraubt, tötet oder gefangen hält, ist nicht ein Feind, sondern ein Räuber. Sogar mitten im Krieg bemächtigt sich ein gerechter König im Feindesland wohl alles Staatseigentums, aber er schont die Person und das Vermögen des einzelnen, er achtet Rechte, auf welche die seinigen gegründet sind. Da der Zweck des Krieges die Vernichtung des feindlichen Staates ist, so hat man das Recht, die Verteidiger desselben zu töten, solange sie die Waffen in der Hand haben; sobald sie sie jedoch niederlegen und sich ergeben, so werden sie, weil sie aufhören, Feinde oder Werkzeuge des Feindes zu sein, wieder nur Menschen, und man hat kein Recht mehr auf ihr Leben. Mitunter kann man den Staat vernichten, ohne ein einziges seiner Glieder zu töten, denn der Krieg verleiht nur das zur Herbeiführung seines Zwecks notwendige Recht. Diese Grundsätze teilt Grotius nicht; sie sind nicht auf die Überredungskraft der Dichter gegründet, sondern entspringen aus der Natur der Dinge und gründen sich auf die Vernunft.

Was nun das Eroberungsrecht anlangt, so hat es keine andere Begründung als das Gesetz des Stärkeren. Wenn der Krieg dem Sieger nicht das Recht einräumt, die besiegten Völker niederzumetzeln, so kann ihm dieses Recht, welches er nicht besitzt, auch nicht das Recht gewähren, sie zu unterjochen. Nur dann hat man das Recht, den Feind zu töten, wenn man ihn nicht zum Sklaven machen kann; das Recht, ihn zum Sklaven zu machen, geht also nicht aus dem Recht, ihn zu töten, hervor; mithin ist es ein unbilliger Tausch, ihn sein Leben, auf welches man kein Recht hat, mit seiner Freiheit erkaufen zu lassen. Verfällt man dadurch, daß man das Recht über Tod und Leben auf das Recht der Sklaverei und das Recht der Sklaverei auf das Recht über Tod und Leben gründet, nicht augenscheinlich in einen Kreisschluß?

Selbst wenn man dieses schreckliche Recht, alle zu töten, als richtig gelten ließe, behaupte ich trotzdem, daß ein im Krieg zum Sklaven gemachter Mensch oder ein unterjochtes Volk gegen seinen Herrn keine andere Verpflichtung hat, als ihm solange zu gehorchen, wie er die Macht hat, ihn dazu zu zwingen. Da der Sieger für das Leben desselben einen entsprechenden Ersatz annahm, hat er es ihm nicht geschenkt; anstatt ihn ohne einen Gewinn für sich zu töten, hat er ihn in einer Weise unschädlich gemacht, die ihm Nutzen brachte. Also weit davon entfernt, über ihn ein mit der Gewalt verbundenes Recht gewonnen zu haben, besteht der Kriegsstand zwischen ihnen nach wie vor fort, selbst ihr Verhältnis ist eine Wirkung desselben, und die Ausübung des Kriegsrechts setzt keinen Friedensvertrag voraus. Sie haben ein Übereinkommen getroffen, das mag sein; aber statt dem Kriegsstande ein Ende zu machen, setzt dieses Übereinkommen gerade die Fortdauer desselben voraus.

Von welchem Gesichtspunkt man deshalb auch die Dinge betrachten möge, so ist das Recht der Sklaverei immer nichtig, nicht allein weil es ungesetzmäßig, sondern auch weil es sinnlos und bedeutungslos ist. Die Worte „Sklave" und „Recht" stehen im Widerspruch; sie heben sich gegenseitig auf. Ob sich dieser Redeweise ein Mensch zu einem anderen oder zu einem ganzen Volk bedient, so wird es stets gleich unsinnig sein zu sagen: „Ich schließe mit dir eine Übereinkunft, die ich halten werde, so lange es mir gefällt, und die du halten mußt, so lange es mir gefällt."

Fünftes Kapitel
Die Abstammung aller Verträge aus einem Urvertrag

Wenn ich euch alles, was ich bisher widerlegt, zugestände, so würden doch die Verteidiger des Despotismus dadurch noch nicht weiter gelangt sein. Es wird stets ein großer Unterschied zwischen der Unterjochung einer Menge und der Regierung einer Gesellschaft stattfinden. In wie großer Anzahl auch zerstreute Menschen nach und nach von einem einzelnen unterjocht werden, so sehe ich dabei doch nur einen Herrn und Sklaven; ich erblicke darin kein Volk und sein Oberhaupt; es ist, wenn man will, eine Zusammenhäufung, aber keine genossenschaftliche Gesellschaft; es ist weder ein allgemeines Beste noch ein Staatskörper vorhanden. Dieser Mensch ist, wenn er auch die halbe Welt unterjocht hätte, immer nur ein Privatmann und sein Interesse, sobald es von dem der übrigen losgelöst ist, immer nur ein Privatinteresse. Nach seinem Tod bleibt sein Reich zerstückt und ohne Verbindung zurück, wie eine Eiche, wenn sie vom Feuer verzehrt ist, sich auflöst und in einen Aschenhaufen zerfällt.

Ein Volk, sagt Grotius, kann sich an einen König verschenken. Nach ihm ist also ein Volk schon ein Volk, bevor es sich an einen König verschenkt. Diese Verschenkung selbst ist ein bürgerlicher Akt, der eine öffentliche Beratung voraussetzt. Deshalb würde es vor der Untersuchung des Aktes, durch welchen ein Volk einen König wählt, angemessen sein, den Akt zu prüfen, durch welchen ein Volk eben ein Volk ist, denn da dieser Akt dem andern notwendigerweise vorausgehen muß, so ist er auch die eigentliche Grundlage der Gesellschaft.

In der Tat, gäbe es keine vorausgehende Übereinkunft, was würde dann, sobald die Wahl nicht einstimmig ausfiele, der Minorität die Verpflichtung auferlegen, sich der Wahl der Majorität zu unterwerfen? Und woher besäßen hundert, die sich einen Herrn wünschen, das Recht, für zehn, die sich keinen wünschen, mitzustimmen? Das Gesetz der Stimmenmehrheit ist selbst eine Sache des Übereinkommens und setzt wenigstens eine einmalige Einstimmigkeit voraus.

Sechstes Kapitel
Der Gesellschaftsvertrag

Ich nehme an, daß sich die Menschen bis zu der Stufe emporgeschwungen haben, wo die Hindernisse, die ihrer Erhaltung in dem Naturstand schädlich sind, durch ihren Widerstand die Oberhand über die Kräfte gewinnen, die jeder einzelne aufbieten muß, um sich in diesem Stand zu behaupten. Dann kann dieser ursprüngliche Zustand nicht länger fortbestehen, und das menschliche Geschlecht müßte zugrunde gehen, wenn es die Art seines Daseins nicht änderte.

Da nun die Menschen unfähig sind, neue Kräfte hervorzubringen, sondern lediglich die einmal vorhandenen zu vereinigen und zu lenken vermögen, so haben sie zu ihrer Erhaltung kein anderes Mittel, als durch Vereinigung eine Summe von Kräften zu bilden, die den Widerstand überwinden kann, und alle diese Kräfte durch eine einzige Triebkraft in Bewegung zu setzen und sie in Gemeinschaft wirken zu lassen.

Eine solche Summe von Kräften kann nur durch das Zusammenwirken mehrerer entstehen. Da jedoch die Stärke und die Freiheit jedes Menschen die Hauptwerkzeuge seiner Erhaltung sind, wie kann er sie hergeben, ohne sich Schaden zu tun und die Sorgfalt zu versäumen, die er sich schuldig ist? Diese Schwierigkeit läßt sich, wenn man sie auf den Gegenstand meiner Betrachtung anwendet, in die Worte zusammenfassen:

„Wie findet man eine Gesellschaftsform, welche mit der ganzen gemeinschaftlichen Kraft die Person und das Vermögen jedes Gesellschaftsgliedes verteidigt und schützt und kraft dessen jeder einzelne, obgleich er sich mit allen vereint, gleichwohl nur sich selbst gehorcht und so frei bleibt wie vorher?“ Dies ist die Hauptfrage, deren Lösung der Gesellschaftsvertrag gibt.

Die Klauseln des Vertrages sind durch die Natur der Verhandlung so bestimmt, daß die geringste Abänderung sie nichtig und wirkungslos machen müßte. Die Folge davon ist, daß sie, wenn sie auch nie ausdrücklich ausgesprochen wären, doch überall gleich, überall stillschweigend angenommen und anerkannt sind, bis nach Aufhebung des Gesellschaftsvertrags jeder in seine ursprünglichen Rechte zurücktritt und seine natürliche Freiheit zurückerhält, während er zugleich die auf Übereinkommen beruhende Freiheit, für welche er auf jene verzichtete, verliert.

Alle diese Klauseln lassen sich, wenn man sie richtig auffaßt, auf eine einzige zurückführen, nämlich auf das gänzliche Aufgehen jedes Gesellschaftsgliedes mit allen seinen Rechten in der Gesamtheit, denn indem sich jeder ganz hingibt, so ist das Verhältnis zunächst für alle gleich, und weil das Verhältnis für alle gleich ist, so hat niemand ein Interesse daran, es den anderen drückend zu machen.

Da ferner dieses Aufgehen ohne allen Vorbehalt geschieht, so ist die Verbindung so vollkommen, wie sie nur sein kann, und kein Gesellschaftsgenosse hat irgend etwas weiteres zu beanspruchen, denn wenn den einzelnen irgendwelche Rechte blieben, so würde in Ermangelung eines gemeinsamen Oberherrn, der zwischen ihnen und dem Gemeinwesen entscheiden könnte, jeder, der in irgendeinem Punkt sein eigener Richter ist, auch bald verlangen, es in allen zu sein; der Naturzustand würde fortdauern und die gesellschaftliche Vereinigung tyrannisierend oder zwecklos sein.

Während sich endlich jeder allen übergibt, übergibt er sich damit niemandem, und da man über jeden Gesellschaftsgenossen das nämliche Recht erwirbt, das man ihm über sich gewährt, so gewinnt man für alles, was man verliert, Ersatz und mehr Kraft, das zu bewahren, was man hat.

Scheidet man also vom Gesellschaftsvertrag alles aus, was nicht zu seinem Wesen gehört, so wird man sich überzeugen, daß er sich in folgende Worte zusammenfassen läßt: „Jeder von uns stellt gemeinschaftlich seine Person und seine ganze Kraft unter die oberste Leitung des allgemeinen Willens, und wir nehmen jedes Mitglied als untrennbaren Teil des Ganzen auf."

An die Stelle der einzelnen Person des Vertragsabschließers setzt solcher Gesellschaftsvertrag sofort einen geistigen Gesamtkörper, dessen Mitglieder aus sämtlichen Stimmabgebenden bestehen und der durch eben diesen Akt seine Einheit, sein gemeinsames Ich, sein Leben und seinen Willen erhält. Diese öffentliche Person, welche sich auf solche Weise aus der Vereinigung aller übrigen bildet, wurde ehemals Stadt genannt und heißt jetzt Republik oder Staatskörper. Seine Mitglieder nennen ihn im leidenden Zustand Staat, im tätigen Zustand Oberhaupt, im Vergleich mit anderen seiner Art Macht. Die Gesellschaftsgenossen führen als Gesamtheit den Namen Volk und nennen sich einzeln als Teilhaber der höchsten Gewalt Staatsbürger und im Hinblick auf den Gehorsam, den sie den Staatsgesetzen schuldig sind, Untertanen. Aber diese Ausdrücke gehen oft ineinander über und werden miteinander verwechselt; es genügt, sie unterscheiden zu können, wenn sie in ihrer eigentlichen Bedeutung gebraucht werden.

Siebentes Kapitel
Das Staatsoberhaupt

Aus jener Formel erkennt man, daß der Gesellschaftsvertrag eine gegenseitige Verpflichtung zwischen dem Gemeinwesen und den einzelnen in sich schließt und daß sich jeder einzelne, da er gleichsam mit sich selbst einen Vertrag abschließt, doppelt verpflichtet steht, nämlich als Glied des Staatsoberhauptes gegen die einzelnen und als Glied des Staates gegen das Staatsoberhaupt. Hier darf man jedoch den Grundsatz des bürgerlichen Rechts, daß niemand an gegen sich selbst eingegangene Verpflichtungen gebunden sei, nicht in Anwendung bringen, denn es ist ein großer Unterschied zwischen einer Verpflichtung gegen sich selbst und einer Verpflichtung gegen ein Ganzes, von dem man einen Teil bildet.

Man muß ferner beachten, daß der öffentliche Beschluß, welcher allen Untertanen Verpflichtungen gegen das Staatsoberhaupt aufzuerlegen vermag, und zwar infolge des doppelten Verhältnisses, unter welchem jeder von ihnen betrachtet werden muß, aus entgegengesetztem Grund das Staatsoberhaupt nicht gegen sich selbst verpflichten kann, und daß es folglich gegen die Natur des Staatskörpers ist, wenn sich das Staatsoberhaupt ein Gesetz auferlegt, welches es nicht brechen kann. Da es sich immer nur in einem und demselben Verhältnis betrachten kann, so befindet es sich dann in dem Fall eines Privatmannes, der mit sich selber einen Vertrag abschließt; hieraus geht klar hervor, daß es für den Volkskörper keinerlei Art eines bindenden Grundgesetzes gibt noch geben kann; nicht einmal der Gesellschaftsvertrag reicht dazu aus. Das soll jedoch nicht heißen, daß sich dieser Körper nicht in allen Stükken, durch welche jener Vertrag nicht verletzt wird, gegen einen anderen verbindlich machen könne, denn dem Fremden gegenüber wird er wieder ein einfaches, einzelnes Wesen.

Da aber der Staatskörper oder das Staatsoberhaupt sein Dasein nur aus der Heiligkeit des Vertrages schöpft, kann es sich gegen einen anderen nie selbst zu etwas verpflichten, was eine Abänderung jenes Urvertrags hervorbringen würde, wie etwa zur Veräußerung eines Teils seiner selbst oder zur Unterwerfung unter ein anderes Oberhaupt. Die Verletzung des Vertrags, durch welchen es sein Dasein erhält, würde seine Selbstvernichtung sein, und ein Nichts kann nichts schaffen.

Sobald die Menge auf solche Weise zu einem Körper vereinigt ist, kann man keines seiner Glieder verletzen, ohne den Körper anzugreifen, und noch weniger den Körper verletzen, ohne daß die Glieder darunter leiden. So verbinden Pflicht und Interesse beide vertragschließenden Teile in gleicher Weise, sich gegenseitig Beistand zu leisten, und in dieser doppelten Beziehung müssen die nämlichen Menschen darauf bedacht sein, alle daraus hervorgehenden Vorteile zu vereinigen.

Das Staatsoberhaupt nun, welches nur aus den einzelnen, aus denen es besteht, gebildet wird, hat und kann kein dem ihrigen zuwiderlaufendes Interesse haben; folglich bedarf die oberherrliche Macht den Untertanen gegenüber keiner Bürgschaft, weil der Körper unmöglich den Willen haben kann, allen seinen Gliedern zu schaden; und wir werden später sehen, daß er einem einzelnen nicht schaden kann. Schon durch sein bloßes Dasein ist das Staatsoberhaupt stets, was es sein soll.

Anders jedoch ist die Stellung der Untertanen dem Staatsoberhaupt gegenüber, welches trotz des gemeinschaftlichen Interesses keine Bürgschaft für ihre Verpflichtungen besitzen würde, wenn es nicht Mittel fände, sich ihrer Treue zu versichern.

In der Tat kann jeder einzelne als Mensch einen besonderen Willen haben, der dem allgemeinen Willen, welchen er als Staatsbürger hat, zuwiderläuft oder mit dem er doch nicht überall in Einklang steht. Sein besonderes Interesse kann ganz andere Anforderungen an ihn stellen als das gemeinsame Interesse; sein selbständiges und von Natur unabhängiges Dasein kann ihm das, was er dem Gemeinwesen schuldig ist, als eine freiwillige Beisteuer erscheinen lassen, deren Verlust den anderen einen geringeren Schaden bereiten würde, als ihm die Last der Abtragung verursacht; er würde die moralische Person, die den Staat ausmacht, nur als eine Idee auffassen können, weil sie eben kein Mensch ist, und die Rechte des Staatsbürgers genießen, ohne die Pflichten des Untertans erfüllen zu wollen, eine Ungerechtigkeit, deren Umsichgreifen den Untergang des Staatskörpers herbeiführen würde.

Damit demnach der Gesellschaftsvertrag keine leere Form sei, enthält er stillschweigend eine Verpflichtung, die allein den übrigen Kraft gewähren kann, die Verpflichtung nämlich, daß jeder, der dem allgemeinen Willen den Gehorsam verweigert, von dem ganzen Körper dazu gezwungen werden soll; das hat keine andere Bedeutung, als daß man ihn zwingen werde, frei zu sein, denn das ist die Verbindung, die jedem Bürger dadurch, daß sie ihn dem Vaterland einverleibt, Schutz gegen jede persönliche Abhängigkeit verleiht, eine Bedingung, welche die Stärke und Beweglichkeit der Staatsmacht ausmacht und den bürgerlichen Verpflichtungen, die ohne sie sinnlos, tyrannisch und den ausgedehntesten Mißbräuchen ausgesetzt wären, Rechtmäßigkeit gibt.

Achtes Kapitel
Das Staatsbürgertum

Der Übergang aus dem Naturzustand in das Staatsbürgertum bringt in dem Menschen eine sehr bemerkbare Veränderung hervor, indem in dem Verhalten desselben die Gerechtigkeit an die Stelle des Instinkts tritt und sich in seinen Handlungen der sittliche Sinn zeigt, der ihnen vorher fehlte. Erst in dieser Zeit verdrängt die Stimme der Pflicht den physischen Antrieb und das Recht der Begierde, so daß sich der Mensch, der bis dahin lediglich auf sich selbst Rücksicht genommen hatte, gezwungen sieht, nach anderen Grundsätzen zu handeln, und seine Vernunft um Rat fragt, bevor er auf seine Neigungen hört. Obgleich er in diesem Zustand mehrere Vorteile, welche ihm die Natur gewährt, aufgibt, so erhält er dafür doch so bedeutende andere Vorteile, seine Fähigkeiten üben und entwickeln sich, seine Ideen erweitern, seine Gesinnungen veredeln, seine ganze Seele erhebt sich in solchem Grade, daß er, wenn ihn der Mißbrauch seiner neuen Lage nicht oft noch unter die, aus der er hervorgegangen, erniedrigte, unaufhörlich den glücklichen Augenblick segnen müßte, der ihn dem Naturzustand auf ewig entriß und aus einem ungesitteten und beschränkten Tier ein einsichtsvolles Wesen, einen Menschen machte.

Führen wir die ganze Vergleichung beider Zustände auf einige Punkte zurück, bei denen die Unterschiede am klarsten hervortreten. Der Verlust, den der Mensch durch den Gesellschaftsvertrag erleidet, besteht in dem Aufgeben seiner natürlichen Freiheit und des unbeschränkten Rechts auf alles, was ihn reizt und er erreichen kann; sein Gewinn in der bürgerlichen Freiheit und in dem Eigentumsrecht auf alles, was er besitzt. Um sich bei dem Abwägen der Vorteile beider Stände keinem Irrtum hinzugeben, muß man die natürliche Freiheit, die nur in den Kräften des einzelnen ihre Schranken findet, von der durch den allgemeinen Willen beschränkten bürgerlichen Freiheit genau unterscheiden und in gleicher Weise den Besitz, der nur die Wirkung der Stärke oder das Recht des ersten Besitzergreifers ist, von dem Eigentum, das nur auf einen sicheren Rechtsanspruch gegründet werden kann.

Nach dem Gesagten würde man noch zu den Vorteilen des Staatsbürgertums die sittliche Freiheit hinzufügen können, die allein den Menschen erst in Wahrheit zum Herrn über sich selbst macht; denn der Trieb der bloßen Begierde ist Sklaverei, und der Gehorsam gegen das Gesetz, das man sich selber vorgeschrieben hat, ist Freiheit. Aber hierüber habe ich schon allzuviel gesagt, und die philosophische Bedeutung des Wortes Freiheit gehört nicht zu den Aufgaben meiner Arbeit ...

Zweites Buch

Viertes Kapitel
Grenzen der oberherrlichen Macht

Wenn der Staat oder das Gemeinwesen eine moralische Person ist, deren Leben in der Verbindung ihrer Glieder besteht, und wenn seine wichtigste Sorge auf seine eigene Erhaltung gerichtet ist, so hat er eine allgemeine und zwingende Kraft nötig, um jeden Teil auf die dem Ganzen zweckmäßigste Weise zu bewegen und nutzbar zu machen. Wie die Natur jeden Menschen mit einer unumschränkten Macht über alle seine Glieder ausstattet, so stattet auch der Gesellschaftsvertrag den Staatsbürger mit einer unumschränkten Macht über all die seinigen aus, und eben diese vom allgemeinen Willen geleitete Macht wird, wie bereits erwähnt, Staatshoheit oder Oberherrlichkeit genannt.

Außer der Person des Staates haben wir jedoch auch die einzelnen Personen, die jene bilden und deren Leben und Freiheit naturgemäß von ihr unabhängig sind, in Anschlag zu bringen. Es gilt also, die gegenseitigen Rechte der Staatsbürger und des Staatsoberhauptes[82)] sowie die Pflichten, welche erstere in ihrer Eigenschaft als Untertanen zu erfüllen haben, von dem natürlichen Recht, dessen sie als Menschen genießen müssen, genau zu unterscheiden.

Man gesteht zu, daß durch den Gesellschaftsvertrag jeder von seiner Macht, seinem Vermögen und seiner Freiheit nur den Teil veräußert, welchen das Gemeinwesen nötig hat; aber man muß auch zugestehen, daß das Staatsoberhaupt allein die Höhe des abzutretenden Teils bestimmen darf.

Alle Dienste, die der Staatsbürger dem Staat zu leisten vermag, ist er ihm schuldig, sobald das Staatsoberhaupt sie verlangt; dagegen kann das Staatsoberhaupt von seiner Seite aus die Untertanen mit keiner dem Gemeinwesen unnützen Fessel belasten, ja, es kann es nicht einmal wollen, denn nach dem

Gesetz der Vernunft geschieht ebensowenig wie nach dem Gesetz der Natur etwas ohne Ursache.

Die Zusagen, die uns an den Gesellschaftskörper knüpfen, sind nur deswegen verpflichtender Natur, weil sie gegenseitig sind, und ihr Wesen ist derart, daß man bei ihrer Erfüllung nicht für andere arbeiten kann, ohne auch für sich zu arbeiten. Weshalb ist der allgemeine Wille immer richtig, und weshalb wollen alle stets das Glück eines jeden unter sich, wenn nicht um deswillen, weil es niemand gibt, der nicht das Wort „jeder" sich aneignet und nicht an sich selber denkt, so oft er für alle stimmt? Darin liegt der Beweis, daß die Vorstellung von Gerechtigkeit aus dem Vorzug, den jeder sich selbst beilegt, und folglich aus der menschlichen Natur entspringen; daß der allgemeine Wille, soll er in Wahrheit dafür anerkannt werden, es sowohl im Hinblick auf seinen Gegenstand wie auf sein Wesen sein muß; daß er, um auf alle Anwendung finden zu können, auch von allen ausgehen muß, und daß er seine natürliche Richtigkeit verliert, sobald er es nur mit einem einzelnen bestimmten Gegenstand zu tun hat, weil wir bei der Beurteilung einer uns fremden Angelegenheit uns von keinem wahren Grundsatz der Billigkeit leiten lassen.

Sobald es sich bei einem durch eine frühere allgemeine Übereinkunft noch nicht geregelten Punkt um ein besonderes Ereignis oder ein besonderes Recht handelt, wird die Sache in der Tat streitig; es liegt dann ein Rechtshandel vor, in welchem die dabei beteiligten einzelnen die eine Partei und das Gemeinwesen die andere bilden, für den ich jedoch weder das Gesetz, das zu befolgen, noch den Richter, der zur Fällung des Urteils berechtigt wäre, aufzufinden vermag. Es würde lächerlich sein, sich in diesem Fall auf eine ausdrückliche Entscheidung des allgemeinen Willens verlassen zu wollen, die ja doch nur der Beschluß der einen Partei sein kann und folglich für die andere nur eine fremde, einzelne, bei dieser Gelegenheit zur Ungerechtigkeit geneigte und dem Irrtum unterworfene Willensmeinung ist. Ebenso wie der Wille des einzelnen nicht imstande ist, für den allgemeinen Willen einzutreten, verändert seinerseits auch der allgemeine Wille seine Natur, sobald es sich um einen einzelnen Gegenstand handelt, und kann nicht als allgemeiner Wille über einen Menschen oder ein Ereignis ein Urteil fällen. Wenn beispielsweise die Athener ihre Feldherren ernannten oder absetzten, dem einen Ehrenbezeigungen zuerkannt, den anderen zu Strafen verurteilten und durch eine Menge besonderer Beschlüsse ohne Unterschied alle Regierungsgeschäfte ausübten, so hatten sie im eigentlichen Sinn keinen allgemeinen Willen mehr; sie handelten nicht mehr als Staatsoberhaupt, sondern als Beamte. Dies wird freilich scheinbar mit den gewöhnlichen Begriffen in Widerspruch stehen; man möge mir jedoch nur Zeit lassen, die meinigen auseinanderzusetzen.

Aus dem Gesagten erhellt, daß den Willen nicht sowohl die Anzahl der Stimmen als vielmehr das Interesse, welches sie vereinigt, zu einem allgemeinen macht, da sich bei dieser Einrichtung jeder notwendigerweise den Bedingungen unterwirft, welche er den anderen auferlegt. Es herrscht ein bewundernswerter Einklang des Interesses und der Gerechtigkeit, der den gemeinsamen Beschlüssen einen Charakter der Billigkeit verleiht, die bei der Erörterung jeder Privatangelegenheit sichtlich verloren geht, weil kein gemeinschaftliches Interesse vorhanden ist, welches die Anschauung des Richters mit der der Partei in Einklang und Übereinstimmung bringt.

Von welcher Seite aus man auch auf das Prinzip zurückgehen möge, stets gelangt man zu demselben Schluß, zu dem Schluß nämlich, daß der Gesellschaftsvertrag unter den Staatsbürgern eine derartige Gleichheit herstellt, daß sich alle auf dieselben Bedingungen hin verpflichten und alle derselben Rechte genießen müssen. Der Natur des Vertrages gemäß verpflichtet oder begünstigt jede Handlung der Staatshoheit, d.h. jede authentische Handlung des allgemeinen Willens, alle Staatsbürger in gleicher Weise, so daß das Staatsoberhaupt lediglich den Körper der Nation kennt und von allen, die ihn bilden, keinen unterscheidet. Was ist denn nun eigentlich eine Handlung der Staatshoheit? Nicht eine Übereinkunft des Höheren mit dem Niederen, sondern eine Übereinkunft des Körpers mit jedem seiner Glieder; sie ist rechtmäßig, weil sie den Gesellschaftsvertrag zur Grundlage hat; sie ist billig, weil alle gleichen Anteil daran haben; sie ist nützlich, weil sie nur auf das allgemeine Beste ausgehen kann, und auch dauerhaft, da die Staatskraft und die oberste Gewalt für sie eintreten. Solange die Untertanen nur den in solcher Übereinkunft angenommenen Gesetzen unterworfen sind, gehorchen sie niemand als ihrem eigenen Willen; und die Frage aufstellen, bis wohin sich die gegenseitigen Rechte des Staatsoberhauptes und der Staatsbürger erstrekken, heißt nichts anderes als fragen, bis wie weit sich letztere gegen sich selbst, jeder gegen alle und alle gegen jeden verpflichten können.

Hieraus ist ersichtlich, daß die oberherrliche Gewalt, so unumschränkt, heilig und unverletzlich sie auch ist, die Grenzen der allgemeinen Übereinkunft weder überschreitet noch überschreiten kann, und daß jeder Mensch über den ihm durch diese Übereinkunft gebliebenen Teil seiner Güter und seiner Freiheit vollkommen unbehindert verfügen kann, so daß dem Staatsoberhaupt nie das Recht zusteht, einen Untertanen stärker als den andern zu belasten, weil dies zu einer Privatangelegenheit wird, deren Entscheidung nicht in seiner Macht liegt.

Bei Annahme dieser Unterscheidung ist die Behauptung einer wirklichen Entsagung von seiten der einzelnen im Gesellschaftsvertrag so falsch, daß sich vielmehr eine wesentliche Verbesserung ihrer Lage gegen früher als Folge dieses Vertrages nachweisen läßt. Anstatt einer Veräußerung haben sie nur einen vorteilhaften Tausch gemacht, indem sie für eine unsichere und ungewisse Lebensweise eine bessere und gesichertere, für die natürliche Unabhängigkeit Freiheit, für die Macht, anderen zu schaden, ihre eigene Sicherheit und für ihre Kraft, welche andere zu besiegen vermochte, ein Recht eintauschten, welches die gesellschaftliche Verbindung unbesieglich macht. Sogar ihr Leben, welches sie nun dem Staat geweiht, wird von demselben beständig geschützt, und was tun sie, wenn sie es zu seiner Verteidigung der Gefahr aussetzen, anderes, als daß sie ihm das von ihm Erhaltene zurückerstatten? Würden sie nicht im Stande der Natur dasselbe weit häufiger und mit weit größerer Gefahr tun müssen, wenn sie das zum Lebensunterhalt Nötige unter unvermeidlichen Kämpfen mit Lebensgefahr verteidigten? Im Notfall müssen allerdings alle für das Vaterland kämpfen, aber niemand braucht auch für sich selbst zu kämpfen. Haben wir also nicht noch Gewinn dabei, wenn wir uns für das, was unsere Sicherheit bildet, einem Teil der Gefahren aussetzen, denen wir uns, sobald uns jene Sicherheit genommen wäre, doch aussetzen müßten? ...

Sechstes Kapitel
Vom Gesetz

Durch den Gesellschaftsvertrag haben wir dem politischen Körper zum Dasein und Leben verholfen; jetzt kommt es darauf an, ihn durch die Gesetzgebung mit Tatkraft und Willenskraft zu erfüllen. Denn der ursprüngliche Akt, durch welchen er sich bildet und verbindet, veranlaßt noch nicht, was er zu seiner Erhaltung tun müsse.

Das an sich Gute und Ordnungsmäßige ist beides unabhängig von menschlichen Verträgen lediglich durch die Natur der Dinge. Alle Gerechtigkeit kommt von Gott, er allein ist ihre Quelle; wären wir imstande, sie gleich von oben zu empfangen, so hätten wir weder Regierung noch Gesetze nötig. Ohne Zweifel ist eine allgemeine Gerechtigkeit vorhanden, die nur von der Vernunft ausgeht; allein um bei uns anerkannt zu werden, muß diese Gerechtigkeit gegenseitig sein. Betrachtet man die Dinge nur vom menschlichen Gesichtspunkt aus, so sind die Gesetze der Gerechtigkeit in Ermangelung einer natürlichen Bestätigung derselben unter den Menschen völlig unverbindlich und nichtig; sie dienen nur zum Besten des Bösen und zum Nachteil des Rechtschaffenen, wenn letzterer sie gegen jedermann beobachtet, während niemand sie ihm gegenüber befolgt. Es bedarf also gewisser Verträge und Gesetze, um die Rechte mit den Pflichten zu vereinbaren und die Gerechtigkeit auf ihr Gebiet zurückzuführen. Im Stande der Natur, wo alles gemeinsam ist, habe ich niemandem etwas versprochen und bin deshalb auch niemandem etwas schuldig; ich gestatte dem anderen nur den Besitz dessen, was mir unnütz ist. In dem staatsbürgerlichen Stande, wo alle Rechte durch das Gesetz bestimmt sind, ist das nicht der Fall.

Aber was ist denn schließlich ein Gesetz? So lange man es dabei bewenden läßt, mit diesem Wort nur metaphysische Begriffe zu verbinden, wird man unaufhörlich Redensarten machen, ohne sich selber klar zu werden, und trotz aller Erläuterung eines Naturgesetzes noch immer nicht besser wissen, was ein Staatsgesetz ist.

Ich habe bereits gesagt, daß es über einen besonderen Gegenstand keinen allgemeinen Willen gäbe. Dieser besondere Gegenstand betrifft nun den Staat oder betrifft ihn nicht. Betrifft er den Staat nicht, so kann ein Wille, an dem er unbeteiligt ist, in bezug auf ihn auch kein allgemeiner sein; betrifft jener Gegenstand dagegen den Staat, so bildet er ja einen Teil desselben. Dann entsteht zwischen dem Ganzen und seinem Teil ein Verhältnis, welches zwei getrennte Wesen aus ihnen macht; das eine stellt der Teil und das um eben diesen Teil verminderte Ganze das andere dar. Allein das Ganze, dem ein Teil entzogen, ist nicht mehr das Ganze; und so lange dieses Verhältnis fortbesteht, gibt es kein Ganzes mehr, sondern es sind zwei ungleiche Teile vorhanden; daraus folgt, daß der Wille des einen in bezug auf den anderen ebenfalls kein allgemeiner ist.

Sobald jedoch das ganze Volk über das ganze Volk beschließt, nimmt es nur auf sich selbst Rücksicht, und bildet sich dann ein Verhältnis, so findet es ohne irgendeine Teilung des Ganzen nur zwischen dem ganzen Gegenstand unter einem Gesichtspunkt und dem ganzen Gegenstand unter einem andern Gesichtspunkt statt. Dann ist die Sache, über die man beschließt, ebenso allgemein wie der Wille, der beschließt; und diesen Akt eben nenne ich ein Gesetz.

Wenn ich sage, daß der Gegenstand der Gesetze immer allgemein ist, so meine ich damit, daß das Gesetz die Untertanen insgesamt und die Handlungen an sich ins Auge faßt, dagegen nie einen Menschen als einzelnen und ebensowenig eine besondere Handlung. Demnach kann das Gesetz wohl bestimmen, daß es Privilegien geben soll, kann sie aber niemandem namentlich verleihen; es kann mehrere Staatsbürgerklassen beschließen und sogar die Eigenschaften angeben, welche Anspruch auf diese Klassen gewähren, kann aber nicht die Aufnahme dieses oder jenes in eine derselben verfügen; es kann eine königliche Regierung und eine erbliche Thronfolge einführen, aber es kann weder einen König erwählen noch eine königliche Familie ernennen. Mit einem Wort: jedes mit einem Einzelwesen vorzunehmende Geschäft ist der gesetzgebenden Gewalt entzogen.

Aufgrund dieser Vorstellung sieht man sofort, daß man nicht mehr danach fragen darf, wem die Gesetzgebung gebührt, da die Gesetze Akt des allgemeinen Willens sind; auch nicht, ob der Fürst über den Gesetzen steht, da er ein Glied des Staates ist, ebensowenig, ob das Gesetz ungerecht sein kann, da niemand gegen sich selbst ungerecht ist; und ebenfalls nicht, wie man frei und doch zugleich den Gesetzen unterworfen sein kann, da letztere nur Verzeichnisse unserer eigenen Willensmeinungen sind.

Ferner ist es begreiflich: Da das Gesetz die Gesamtheit des Willens mit der des Gegenstandes verbindet, so ist der eigenmächtige Befehl irgendeines Menschen, wer er auch immer sein möge, niemals ein Gesetz; sogar was das Staatsoberhaupt über einen einzelnen Gegenstand verordnet, ist durchaus nicht ein Gesetz, sondern eine Verfügung, nicht ein Akt der Oberherrlichkeit, sondern der Obrigkeit.

Republik nenne ich deshalb jeden von Gesetzen regierten Staat, möge die Form der Verwaltung auch sein, welche sie wolle, denn nur in diesem Fall gebietet das Staatsinteresse und gilt jede Angelegenheit als Staatsangelegenheit. Jede rechtmäßige Regierung ist republikanisch[83)]. Was eine Regierung ist, werde ich späterhin erklären.

Die Gesetze sind eigentlich nur die Bedingungen der bürgerlichen Genossenschaft. Das Volk, welches Gesetzen unterworfen ist, muß auch ihr Urheber sein; nur denen, die sich verbinden, liegt es ob, die Bedingungen der Vereinigung zu regeln. Aber wie sollen sie sie regeln? Etwa aufgrund einer gemeinschaftlichen Übereinstimmung infolge einer plötzlichen Begeisterung? Besitzt der politische Körper ein Organ, um seine Willensmeinungen auszusprechen? Wer wird ihn mit der nötigen Voraussicht ausrüsten, um die Beschlüsse im voraus zu fassen und bekannt zu machen, oder wie wird er sie, sobald es sich nötig macht, aussprechen? Wie sollte eine blinde Menge, die oft nicht weiß, was sie will, weil sie selten weiß, was ihr heilsam ist, imstande sein, ein so großes, so schweres Unternehmen, wie ein System der Gesetzgebung ist, von sich selbst ausführen? Von sich selbst, sage ich; das Volk will immer das Gute, aber es erkennt dasselbe nicht immer von sich selbst. Der allgemeine Wille ist stets richtig, allein das Urteil, welches ihn leitet, ist nicht immer im klaren. Man muß ihm die Gegenstände so zeigen, wie sie sind, bisweilen so, wie sie ihm erscheinen sollen; man muß ihm den rechten Weg, den er sucht, weisen, ihn vor der Verführung durch den Willen einzelner hüten, ihm die Orte und Zeiten näher vor Augen stellen und den Reiz der gegenwärtigen und sichtbaren Vorteile durch die Gefahr der entfernten und verborgenen Übel ausgleichen. Die einzelnen sehen das Gute, welches sie verwerfen; der Staat will das Gute, das er nicht sieht. Alle bedürfen der Führer in gleicher Weise; erstere muß man zwingen, ihren Willen der Vernunft zu unterwerfen, letzteren muß man zur Erkenntnis dessen bringen, was er will. Dann geht im Gesellschaftskörper aus der allgemeinen Einsicht die Vereinigung des Urteils und des Willens hervor, und das Ergebnis davon ist das genaue Zusammenwirken der einzelnen Teile und schließlich die höchste Kraft des Ganzen. Hieraus ergibt sich die Notwendigkeit eines Gesetzgebers ...

Elftes Kapitel

Verschiedene Systeme der Gesetzgebung

Bei der Untersuchung, worin denn eigentlich das höchste Wohl aller, welches der Zweck eines jeden Systems der Gesetzgebung sein soll, besteht, wird man finden, daß es auf zwei Hauptgegenstände hinausläuft, Freiheit und Gleichheit, Freiheit, weil jede Abhängigkeit des einzelnen eine ebenso große Kraft dem Staatskörper entzieht, Gleichheit, weil die Freiheit ohne sie nicht bestehen kann.

Ich habe bereits auseinandergesetzt, was bürgerliche Freiheit ist; was nun die Gleichheit anlangt, so ist unter diesem Wort nicht zu verstehen, daß alle eine durchaus gleich große Kraft und einen genau ebenso großen Reichtum besitzen, sondern daß die Gewalt jede Gewalttätigkeit ausschließt und sich nur kraft der Gesetze und der Stellung im Staat äußern darf, daß ferner kein Staatsbürger so reich sein darf, um sich einen anderen kaufen zu können, noch so arm, um sich verkaufen zu müssen[84]. Dies setzt auf seiten der Großen Mäßigung des Vermögens und des Ansehens und auf seiten der Kleinen Mäßigung des Geizes und der Habsucht voraus.

Diese Gleichheit halten nun einige für eine politische Träumerei, die nie Gestalt annehmen könne. Wenn jedoch der Mißbrauch unvermeidlich ist, folgt daraus, daß man ihn nicht wenigstens einschränken muß? Weil der Lauf der Dinge stets auf die Zerstörung der Gleichheit ausgeht, deshalb muß gerade die Kraft der Gesetzgebung stets auf ihre Erhaltung ausgehen.

Allein die allgemeinen Gegenstände jeder guten Verfassung müssen in jedem Land je nach den Verhältnissen, die sowohl durch die örtliche Lage als auch durch den Charakter der Bewohner hervorgerufen werden, einer Änderung unterliegen, und aufgrund dieser Verhältnisse muß man jedem Volk ein besonderes Verfassungssystem nachweisen, welches, wenn auch nicht an und für sich, doch für den betreffenden Staat das beste ist. Ist zum Beispiel der Boden undankbar und unfruchtbar oder das Land für seine Bewohner zu eng, so pflegt Industrie und Künste und tauscht ihre Erzeugnisse gegen die Waren ein, welche euch mangeln. Besteht euer Gebiet im Gegenteil aus reichen Ebenen und fruchtbaren Hügeln, und fehlt es euch auf einem guten Boden an Bewohnern, so treibt vor allen Dingen Akkerbau, der die Menschen vermehrt, und haltet die Künste fern, die nur die Entvölkerung des Landes vollenden würden, indem sich die wenigen Bewohner, die es zählt, auf einigen Punkten des Gebietes ansammeln.[85)] Wohnt ihr an ausgedehnten und bequemen Küsten, bedeckt ihr das Meer mit Schiffen, betreibt ihr Handel und Schiffahrt, so werdet ihr eine glänzende, wenn auch nur kurze Existenz haben. Bespült das Meer an euren Küsten nur fast unersteigliche Felsenwände, so bleibt Barbaren und nährt euch von Fischen; ihr werdet dabei ruhiger leben, vielleicht besser und sicherlich glücklicher sein. Mit einem Wort, außer den für alle gültigen Grundsätzen besitzt jedes Volk irgendeinen Grund, der ihre Anwendung in einer besonderen Weise verlangt und die Gesetzgebung desselben für jedes andere Volk ungeeignet macht. So bildete ehemals bei den Hebräern und in neuerer Zeit bei den Arabern die Religion den Hauptgegenstand, bei den Athenern die Wissenschaften, in Karthago und Tyrus der Handel, in Rhodus die Seemacht, in Sparta der Krieg und in Rom die Tapferkeit. Der Verfasser des *Geistes der Gesetze* hat in einer Menge von Beispielen gezeigt, mit welcher Geschicklichkeit der Gesetzgeber die Verfassung auf jedem dieser Gegenstände zu begründen vermag.

Was der Verfassung eines Staates wirkliche Festigkeit und Dauerhaftigkeit verleiht, ist eine derartige Beobachtung aller Rücksichten, daß die natürlichen Verhältnisse und die Gesetze sich stets in denselben Punkten vereinigen und letztere jene gleichsam nur bestätigen, begleiten und berichtigen. Legt jedoch der Gesetzgeber in irriger Beurteilung seines Gegenstandes ein anderes Prinzip zugrunde als das sich aus der Natur der Dinge ergebende; bezweckt das eine Knechtschaft und das andere Freiheit; das eine Reichtum und das andere Volksmenge; das eine Frieden und das andere Eroberungen: Dann wird man gewahren, wie die Gesetze nach und nach ungültig werden, die

Verfassung ausartet und der Staat solange in unaufhörlicher Unruhe bleibt, bis er zerstört oder verwandelt ist, und die unüberwindliche Natur ihre Herrschaft wiedergewonnen hat ...

Drittes Buch

Bevor wir von den verschiedenen Regierungsformen reden, wollen wir die eigentliche Bedeutung dieses Wortes, welches bisher noch nicht erschöpfend erklärt ist, zu bestimmen suchen.

Erstes Kapitel
Die Regierung im allgemeinen

Ich bemerke dem Leser im voraus, daß dieses Kapitel mit Bedacht gelesen sein will und daß mir die Kunst abgeht, mich Leuten, die es an Aufmerksamkeit fehlen lassen, verständlich zu machen.

Jede freie Handlung hat zwei Ursachen, die zu ihrer Hervorbringung zusammenwirken, eine moralische, nämlich den Willen, welcher den Beschluß dazu faßt, und eine physische, nämlich die Kraft, welche sie zur Ausführung bringt. Um zu einem Gegenstand hinzugehen, muß ich erstens gehen wollen; darauf müssen mich die Füße zu ihm tragen. Ob ein Gelähmter laufen will oder ein flinker Mann es nicht will, sie werden beide an ihrer Stelle bleiben. Der politische Körper hat die nämlichen bewegenden Kräfte: Man unterscheidet in ihm ebenfalls Kraft und Willen, letzteren unter dem Namen der gesetzgebenden Gewalt, erstere unter dem Namen der vollziehenden Gewalt. Ohne ihr Zusammenwirken geschieht oder darf wenigstens in ihm nichts geschehen.

Wie wir einsahen, gehört die gesetzgebende Gewalt dem Volk und kann nur ihm gehören. Aus den vorher dargetanen

Grundsätzen läßt sich dagegen leicht ersehen, daß der Gesamtheit als Gesetzgeberin oder Oberherrin nicht auch die vollziehende Gewalt gehören darf, weil diese nur mit privaten Rechtsgeschäften zu tun hat, die außerhalb des Geschäftskreises des Gesetzes und mithin auch des Staatsoberhauptes liegen, von dem nichts als Gesetze ausgehen können.

Der Staatsgewalt ist folglich ein eigener Agent nötig, der sie zusammenfaßt und nach der Anleitung des allgemeinen Willens in Tätigkeit setzt, der die Verbindung zwischen dem Staat und dem Oberhaupt herstellt, der in der Person des Staates gewissermaßen dasselbe verrichtet, was die Verbindung der Seele und des Körpers in dem Menschen hervorruft. Im Staat ist dies die Regierung, die fälschlicherweise gar oft mit dem Oberhaupt verwechselt wird, obgleich sie nur dessen Werkzeug ist.

Was ist denn nun die Regierung? Ein vermittelnder Körper, der zwischen den Untertanen und dem Staatsoberhaupt zu ihrer gegenseitigen Verbindung eingesetzt und mit der Vollziehung der Gesetze und der Aufrechterhaltung der bürgerlichen wie der politischen Freiheit betraut ist.

Die Glieder dieses Körpers heißen Obrigkeiten oder Könige, das heißt Herrscher, und der ganze Korper führt den Namen Fürst.[86] Demnach haben diejenigen, welche behaupten, daß der Akt, durch welchen sich ein Volk seinen Häuptern unterwirft, kein Vertrag sei, durchaus recht. Es ist lediglich ein Auftrag, ein Amt, in dessen Verwaltung die Häupter als einfache Beamte des Staatsoberhauptes in seinem Namen die Macht ausüben, die er ihnen übertragen hat und die er, sobald es ihm gefällt, beschränken, abändern und ganz zurücknehmen kann. Da die Veräußerung eines solchen Rechtes mit der Natur des Gesellschaftskörpers unvereinbar ist, so widerspricht sie dem Zweck der Verbindung.

Als Regierung oder höchste Verwaltung bezeichne ich also die rechtmäßige Ausübung der vollziehenden Gewalt, und Fürst oder Obrigkeit nenne ich den Mann oder die Behörde, welche mit dieser Verwaltung beauftragt ist.

In der Regierung befinden sich nun die vermittelnden Kräfte, deren Beziehung das Verhältnis des Ganzen zum Ganzen, des Staatsoberhauptes zum Staat bilden. Dieses letztere Verhältnis kann man sich als das der beiden äußersten Glieder einer stetigen Proportion zueinander vorstellen, deren mittlere Proportionale die Regierung ist. Die Regierung erhält vom Staatsoberhaupt die Befehle, welche sie dem Volk gibt, und damit der Staat im Gleichgewicht bleibt, muß alles in allem, berechnet zwischen dem Produkt oder der Macht der Regierung mit sich selbst und dem Produkt oder der Macht der Bürger, die einerseits Staatsoberhaupt und andererseits Untertanen sind, Gleichheit stattfinden.

Noch mehr, man vermag keines dieser drei Glieder zu ändern, ohne sofort das Verhältnis aufzulösen. Wenn das Staatsoberhaupt regieren oder die Obrigkeit Gesetze geben will oder die Untertanen den Gehorsam verweigern, so tritt Unordnung an die Stelle der Ordnung, Macht und Wille handeln nicht mehr im Einklang, und der aufgelöste Staat wird auf diese Weise eine Beute des Despotismus oder der Anarchie. Kurz, wie es in jedem Verhältnis nur eine mittlere Proportionale gibt, so gibt es auch in einem Staat nur eine gute Regierung; da indessen tausenderlei Ereignisse die Verhältnisse eines Volkes ändern können, so können verschiedene Regierungen nicht nur für verschiedene Völker, sondern auch für dasselbe Volk in verschiedenen Zeiten tauglich und nützlich sein.

Um von den verschiedenen Verhältnissen, die zwischen den äußeren Gliedern stattfinden können, eine einigermaßen deutliche Vorstellung zu geben, will ich die Volkszahl zum Beispiel nehmen, da sie ein am leichtesten auszudrückendes Verhältnis bildet.

Nehmen wir an, daß der Staat aus zehntausend Bürgern bestehe. Das Staatsoberhaupt kann nur in der Gesamtheit und im Ganzen betrachtet werden; jeder einzelne kommt dagegen als Untertan für sich allein in Betracht. Demnach verhält sich das Staatsoberhaupt zum Untertan wie zehntausend zu einem, das heißt, jedes Glied des Staates besitzt nur den zehntausendsten Teil der oberherrlichen Gewalt, obgleich er ihr gänzlich unterworfen ist. Gesetzt den Fall, das Volk bestehe aus hunderttausend Bürgern, so ändert sich die Stellung der Untertanen dadurch nicht, und jeder trägt in gleicher Weise die ganze Herrschaft der Gesetze, während seine auf den hunderttausendsten Teil zurückgeführte Stimme bei der Abfassung der Gesetze einen zehnmal geringeren Einfluß ausübt. Während nun der Untertan stets eins bleibt, nimmt das Verhältnis des Staatsoberhauptes mit der wachsenden Anzahl der Staatsbürger zu. Hieraus folgt, daß die Freiheit mit der Vergrößerung des Staates stetig abnimmt.

Wenn ich sage, das Verhältnis nehme zu, so verstehe ich darunter, daß es sich von der Gleichheit entfernt. Je größer also das Verhältnis im mathematischen Sinn ist, desto kleiner ist es im gewöhnlichen. Im ersteren Sinn wird das Verhältnis der Zahl nach betrachtet und mit Hilfe des Exponenten gemessen, im letzteren seiner Identität nach betrachtet und seiner Ähnlichkeit nach veranschlagt.

Je weniger nun der Wille der einzelnen mit dem allgemeinen, das heißt je weniger die Sitten mit den Gesetzen übereinstimmen, desto mehr muß die Einhalt gebietende Kraft zunehmen. Eine Regierung muß deshalb, will sie anders gut sein, mit der wachsenden Volkszahl immer stärker werden.

Da andererseits die Vergrößerung des Staates den Trägern der Staatsgewalt mehr Versuchungen und Mittel gibt, ihre Macht zu mißbrauchen, so muß die Regierung größere Gewalt bekommen, das Volk in Schranken zu halten, und der Fürst seinerseits ebenfalls, um die Regierung zu zügeln. Ich spreche hier nicht von einer unumschränkten Gewalt, sondern von der relativen Gewalt der verschiedenen Teile des Staates.

Aus diesem doppelten Verhältnis ergibt sich, daß die stetige Proportion zwischen dem Staatsoberhaupt, Fürsten und Volke nicht etwa eine willkürliche Idee ist, sondern eine notwendige Folge der Natur des politischen Körpers. Ferner ergibt sich daraus: Da eines der äußeren Glieder, nämlich das Volk als Untertan, unveränderlich ist und durch die Einheit dargestellt wird, so muß, so oft das quadratische Verhältnis zu- oder abnimmt, auch das einfache in gleicher Weise zu- oder abnehmen und folglich das mittlere Glied verändert werden. Dies beweist, daß es keine an sich vorzügliche und unbedingt gute Regierungsverfassung gibt, sondern daß es ebenso viele ihrem Wesen nach verschiedene Regierungen geben kann wie ihrer Größe nach verschiedene Staaten.

Wollte man dieses System ins Lächerliche ziehen und sagen, daß man, um diese mittlere Proportionale zu finden und den Regierungskörper zu bilden, nach meiner Beweisführung nur die Quadratwurzel aus der Volkszahl zu ziehen brauche, so würde ich erwidern, daß ich die Zahl nur als Beispiel anwende; daß sich die Verhältnisse, von denen ich rede, nicht allein nach der Zahl der Menschen berechnen lassen, sondern auch im allgemeinen nach der Summe der Tätigkeit, die sich aus der Menge der Ursachen ergibt; daß ich übrigens, wenn ich auch, um mich kürzer auszudrücken, einen Augenblick lang der Mathematik einige Ausdrücke entlehne, trotzdem sehr wohl weiß, daß bei moralischen Größen keine mathematische Bestimmtheit stattfindet.

Die Regierung ist im kleineren, was der politische Körper, der sie in sich schließt, im großen ist: eine moralische, mit gewissen Fähigkeiten ausgestattete Person, tätig wie das Staatsoberhaupt, leidend wie der Staat und fähig, sich in andere ähnliche Verhältnisse zerlegen zu lassen. Dann entsteht eine neue Proportion und in dieser immer wieder eine andere, je nach der Reihenfolge der Zerlegungen, bis man schließlich zu einem unteilbaren Mittelglied gelangt, das heißt zu einem einzigen Oberhaupt oder zu einer höchsten Behörde, die man sich inmitten dieser Progression wie die Einheit zwischen der Reihe der Brüche und der der Zahlen vorstellen kann.

Um uns nicht durch Vervielfältigung der Ausdrücke zu verwirren, wollen wir uns damit begnügen, die Regierung als einen neuen Körper im Staat zu betrachten, der vom Volk wie vom Staatsoberhaupt unterschieden und der Vermittler zwischen beiden ist.

Zwischen diesen beiden Körpern besteht der wesentliche Unterschied, daß der Staat durch sich selbst und die Regierung lediglich durch das Staatsoberhaupt existiert. Mithin ist der herrschende Wille des Fürsten nichts anderes oder soll wenigstens nichts anderes sein als der allgemeine Wille oder das Gesetz; seine Gewalt ist nur die in ihm vereinte Staatsgewalt; sobald er aus eigener Kraft irgendeinen willkürlichen und unabhängigen Akt vornehmen will, beginnt das Band des Ganzen sich zu lokkern. Träte endlich der Fall ein, daß der Fürst einen besonderen Willen hätte, der tätiger als der des Staatsoberhauptes wäre, und er die in seinen Händen ruhende Gewalt anwendete, um diesem besonderen Willen Gehorsam zu verschaffen, so daß man gleichsam zwei Oberhäupter hätte, eins dem Recht und das andere der Tat nach, so würde sofort die gesellschaftliche Vereinigung aufgehoben und der politische Körper aufgelöst sein.

Damit der Regierungskörper indessen wirkliches Dasein und Leben erhalte, welches ihn vom Staatskörper unterscheidet; damit alle seine Glieder in Übereinstimmung wirken und dem Zweck entsprechen können, für den er bestimmt ist, hat er ein besonderes Ich nötig, ein seinen Gliedern gemeinschaftliches Gefühl der Zusammengehörigkeit, eine eigentümliche, auf seine Erhaltung gerichtete Kraft und einen ebensolchen Willen. Dieses besondere Dasein setzt Zusammenkünfte, Beratungen, das Vermögen, zu erwägen und Beschlüsse zu fassen, sowie Rechte, Rechtsansprüche und Privilegien voraus, die dem Fürsten ausschließlich zustehen und den Stand der Obrigkeit umso ehrenvoller machen, je größere Mühe mit ihm verbunden ist. Die Schwierigkeit beruht darauf, dieses untergeordnete Ganze in dem Staatsganzen dergestalt zu ordnen, daß es die allgemeine Verfassung nicht durch Beseitigung seiner eigenen benachteilige, daß es stets die zu seiner eigenen Erhaltung bestimmte besondere Gewalt von der Staatsgewalt, die zur Erhaltung des Staates dienen soll, unterscheide; kurz, daß es beständig bereit sei, die Regierung dem Volk und nicht das Volk der Regierung aufzuopfern.

Obgleich übrigens der künstliche Körper der Regierung das Werk eines anderen künstlichen Körpers ist und gewissermaßen nur ein geliehenes und untergeordnetes Leben besitzt, so kann sie trotzdem mit mehr oder weniger Kraft und Geschwindigkeit handeln und sich sozusagen einer stärkeren oder schwächeren Gesundheit erfreuen. Endlich kann sie, ohne sich geradezu von dem Zweck ihrer Einsetzung zu entfernen, je nach der Art ihrer Verfassung mehr oder weniger davon abweichen.

Aus allen diesen Verschiedenheiten gehen nur die verschiedenen Verhältnisse hervor, die zwischen der Regierung und dem Staatskörper bestehen müssen je nach den zufälligen und besonderen Beziehungen, infolge deren dieser Staat in unaufhörlicher Umwandlung begriffen ist. Denn oft wird die an sich beste Regierung die fehlerhafteste sein, wenn ihre Verhältnisse nicht nach den Mängeln des politischen Körpers, dem sie angehört, abgeändert werden ...

Achtzehntes Kapitel
Mittel, den Usurpationen der Regierungen vorzubeugen

Zur Bestätigung der im sechzehnten Kapitel aufgestellten Behauptungen geht aus diesen Erläuterungen klar hervor, daß der Akt der Regierungseinsetzung kein Vertrag, sondern ein Gesetz ist, daß die Träger der vollziehenden Gewalt nicht die Herren, sondern die Diener des Volkes sind, welche es, sobald es ihm beliebt, ein- und absetzen kann; daß es sich also in bezug auf sie nicht um den Abschluß eines Vertrages, sondern nur um Gehorchen handelt, und daß sie durch Übernahme der ihnen vom Staat übertragenen Geschäfte nur ihre Pflicht als Bürger erfüllen, ohne irgendwie berechtigt zu sein, über die Bedingungen zu streiten.

Sollte es also geschehen, daß das Volk eine erbliche Regierung, sei es eine monarchische in einer einzigen Familie oder eine aristokratische in einer Klasse der Staatsbürger, einführte, so übernimmt es dadurch keinerlei Verpflichtung, es gibt der Verwaltung nur eine vorläufige Form, bis es ihm beliebt, eine andere einzurichten.

Dergleichen Veränderungen sind allerdings stets gefährlich, und an der einmal bestehenden Regierungsform sollte niemals gerüttelt werden, bis sie mit dem Gemeinwohl unvereinbar wird. Diese Vorsicht ist indessen nur eine Regel der Staatsklugheit und keineswegs eine Vorschrift des Rechtes, und der Staat ist ebensowenig verpflichtet, seinen Oberhäuptern die staatsbürgerliche Gewalt zu lassen wie seinen Feldherren die Kriegsmacht.

Ferner unterliegt es keinem Zweifel, daß man in einem solchen Fall nicht sorgfältig genug alle gebotenen Förmlichkeiten beobachten kann, um den Unterschied zwischen einer ordnungsmäßigen, gesetzlichen Handlung und einer aufrührerischen Empörung, zwischen dem Willen eines ganzen Volkes und dem Geschrei einer Partei hervorzuheben. Hier namentlich darf man der verbrecherischen Sache nicht mehr einräumen, als was man ihr nach der ganzen Strenge des Rechtes nicht versagen kann, und eben aus dieser unerläßlichen Pflicht schöpft der Fürst einen wesentlichen Vorteil, um seine Gewalt auch wider den Willen des Volkes zu behaupten, ohne daß man sie für eine Usurpation ausgeben könnte; denn unter dem Anschein, nur von seinen Rechten Gebrauch zu machen, wird es ihm sehr leicht, sie auszudehnen und unter dem Vorwand der öffentlichen Ruhe die zur Wiederherstellung der guten Ordnung anberaumten Versammlungen zu verhindern. Er legt ein Stillschweigen, das er zu brechen verwehrt, zu seinem Vorteil aus oder benutzt Unregelmäßigkeiten, zu denen er selbst die Veranlassung gegeben, um das Schweigen der Furcht für Einwilligung erklären und die strafen zu können, welche zu reden wagen. Auf diese Weise versuchten die Dezemvirn, die zunächst nur auf ein Jahr erwählt und später für das nächste bestätigt worden waren, ihre Gewalt dadurch für immer zu behalten, daß sie den Komitien nicht mehr gestatteten, sich zu versammeln; und durch das nämliche leichte Mittel reißen alle einmal mit der öffentlichen Gewalt betrauten Regierungen die oberherrliche Gewalt früher oder später an sich.

Die von mir oben erwähnten regelmäßig wiederkehrenden

Versammlungen sind am besten geeignet, diesem Unglück vorzubeugen oder es doch zu verzögern, zumal wenn es nicht erst einer förmlichen Berufung dazu bedarf; denn alsdann vermag sie der Fürst nicht zu verhindern, ohne sich offenbar für einen Gesetzesübertreter und Staatsfeind zu erklären.

Diese Versammlungen, welche lediglich die Aufrechterhaltung des Gesellschaftsvertrages zum Gegenstand haben, müssen regelmäßig durch zwei Anträge eingeleitet werden, die nie weggelassen werden dürften und getrennt voneinander zur Abstimmung kommen müßten, nämlich:

Erstens: Ist das Staatsoberhaupt damit einverstanden, die gegenwärtige Regierungsform beizubehalten?

Zweitens: Ist das Volk damit einverstanden, die Verwaltung den bisher damit Betrauten auch fernerhin zu lassen?

Hier setze ich voraus, was ich übrigens bewiesen zu haben glaube, daß es nämlich im Staat kein Grundgesetz gibt, welches nicht, sogar mit Einschluß des Gesellschaftsvertrages, widerrufen werden könnte; denn versammelten sich alle Bürger, um diesen Vertrag einstimmig aufzuheben, so wäre diese Aufhebung unzweifelhaft doch völlig gesetzmäßig. Grotius erklärt sogar unbedenklich, daß jeder dem Staat, dessen Glied er ist, entsagen und unter Auswanderung aus dem Land[87] seine natürliche Freiheit wie sein Vermögen zurücknehmen könne. Ungereimt würde es nun sein, wenn die Gesamtheit aller Bürger das nicht tun dürfte, wozu jeder einzelne berechtigt ist ...

Diderot
Der Neffe Rameaus

(Auszug)

Mit dem Namen von Denis Diderot (1713–1784) verbindet sich vor allem die „Encyclopédie", die sich zum Sprachrohr der Aufklärung entwickelte. Sie stellte das gesamte Wissen der Zeit bzw. die Ergebnisse einer von der Vernunft geleiteten Forschung in übersichtlichen Artikeln zusammen, und an ihr arbeiteten alle bedeutenden Denker des 18. Jahrhunderts mit. Diderot gab die „Encyclopédie" zusammen mit Jean Le Rond d'Alembert heraus und verfaßte eine Reihe von programmatischen Artikeln für sie, in denen er deistische und materialistische Positionen vertrat.

Die Verbreitung materialistischer Gedanken trug ihm 1749 eine mehrmonatige Inhaftierung in Vincennes ein. Der umfassend gebildete, vielseitige Aufklärer Diderot trat sowohl mit philosophischen Abhandlungen und Dialogen hervor als auch mit Romanen und Theaterstücken, mit denen er in Frankreich die Gattung des bürgerlichen Trauerspiels begründete.

In seinem philosophisch-satirischen Dialog „Der Neffe Rameaus" (1762–1774), der sich um den heruntergekommenen Neffen des Musikers Rameau dreht, geißelt er die Sittenlosigkeit der Zeit und entwickelt bürgerliche Moralvorstellungen.

... Er: Acht Jahre! Da müßte sie schon seit vier Jahren die Finger auf den Tasten gehabt haben.

Ich: Aber vielleicht paßt es mir gar nicht, ein Studium mit ihrer Erziehung zu verbinden, das so viel Zeit raubt und so wenig nützt.

Er: Aber was soll sie denn eigentlich lernen, wenn ich fragen darf?

Ich: Richtig denken, wenn es möglich ist; das findet man

freilich nicht oft bei den Männern und noch viel seltener bei Frauen.

Er: Ach was, lassen Sie sie töricht bleiben, so viel sie will, wenn sie nur hübsch, unterhaltend und kokett ist.

Ich: Da die Natur ziemlich undankbar gegen sie gewesen ist, indem sie ihr einen zarten Körper und eine gefühlvolle Seele gegeben und sie doch denselben Leiden des Lebens ausgesetzt, als wenn sie eine starke Natur und einen eisernen Körper hätte, so werde ich nach Möglichkeit versuchen, sie dahin zu bringen, daß sie das Leben mit Mut erträgt.

Er: Oh, lassen Sie sie weinen, leiden, pimpeln, gereizte Nerven haben, wenn sie nur hübsch, amüsant und kokett ist. Und wie ist es mit dem Tanzen?

Ich: Nicht mehr als nötig, um eine Verbeugung zu machen, eine schickliche Haltung an den Tag zu legen, sich zu präsentieren und einen guten Gang zu haben.

Er: Und der Gesang?

Ich: Nur so viel, um eine gute Aussprache zu bekommen.

Er: Keine Musik?

Ich: Wenn ich einen guten Lehrer in der Harmonie wüßte, würde ich sie ihm wohl während eines oder zweier Stunden täglich anvertrauen, aber nicht auf längere Zeit.

Er: Und an Stelle dieser höchst wichtigen Gegenstände, die Sie vernachlässigen...?

Ich: Setze ich Grammatik, Mythologie, Geschichte, etwas Zeichnen und viel Moral.

Er: Es würde mir sehr leicht sein, Ihnen zu zeigen, wie unnütz all diese Kenntnisse in einer Welt sind wie der unsrigen. Was sage ich unnütz, gefährlich sollte ich vielleicht sagen. Aber für den Augenblick beschränke ich mich auf eine Frage: Würden Sie nicht einen oder zwei Lehrer brauchen?

Ich: Gewiß.

Er: Aha, da sind wir soweit. Und Sie hoffen, daß diese Lehrer von der Grammatik, der Mythologie, Geschichte, Geographie und Moral, worin sie Unterricht geben sollten, etwas verstehen? Narrheiten, mein Bester, Narrheiten! Wenn sie Kenntnis genug von diesen Dingen hätten, um sie lehren zu können, würden sie keinen Unterricht geben.

Ich: Und weshalb?

Er: Weil sie ihr Leben mit dem Studium dieser Dinge zugebracht haben würden. Man muß sehr gründlich eine Kunst oder Wissenschaft kennen, um ihrer Elemente mächtig zu sein. Klassische Werke können nur von denen gemacht werden, die im Ringen grau geworden sind; erst die Mitte und das Ende klären das Dunkel des Anfangs auf. Fragen Sie nur Ihren Freund d'Alembert, die Koryphäe der mathematischen Wissenschaft, ob er sich zu vornehm dünke, deren Elemente zu lehren. Erst nach 30- oder 40jährigem Studium ist meinem Onkel über die ersten Elemente der musikalischen Theorie ein Licht aufgegangen.

Ich: Oh, Tollkopf, Erztollkopf! Wie ist es möglich, daß in Ihrem bösen Gehirn so viel klare, richtige Gedanken dicht neben so viel Schrullen wohnen können?

Er: Welcher Teufel weiß das! Der Zufall bringt diese Einfälle, und sie bleiben haften. Jedenfalls, wenn man nicht alles weiß, weiß man nichts recht, man weiß nicht, wohin dieses führt und woher jenes kommt, an welche Stelle man dies oder jenes zu bringen hat, ob ein Gegenstand zuerst kommt oder ob er besser an zweiter Stelle stände. Kann man ohne Methode lehren? Und woher entsteht die Methode? Sehen Sie, mein lieber Philosoph, ich bilde mir ein, daß z.B. die Physik immer eine armselige Wissenschaft bleiben wird, ein Tropfen, den man mit einer Nadelspitze aus dem Ozean genommen, ein Körnchen, das man aus der Kette der Alpen entfernt. Man soll die Ursache der Erscheinungen suchen! Wahrhaftig, es wäre besser, gar nichts zu wissen, als so wenig und so schlecht. Gerade so ging es mir, als ich Lehrer im Klavierspiel wurde ...

Ich: Und wozu nun diese niedrigen Ränke, diese unwürdige, kleine List?

Er: Unwürdig, niedrig? Mein Gott, das gehört mit zum Handwerk, und ich erniedrige mich gar nicht, wenn ich es mache wie die anderen alle. Bin ich etwa der Erfinder? Aber es wäre sehr sonderbar und sehr ungeschickt, wenn ich eine Ausnahme machen wollte. Wahrhaftig, ich weiß wohl, wenn Sie gewisse allgemeine Grundsätze einer gewissen Moral, die jeder im Munde hat, aber keiner verwendet, zum Maßstab nehmen wollen, so wird sich finden, daß, was weiß ist, schwarz wird, und was schwarz, weiß. Aber, Herr Philosoph, es gibt ein allgemeines Gewissen, wie es eine allgemeine Grammatik gibt, dabei aber in jeder Sprache Ausnahmen, die man – helfen Sie mir doch – ich weiß gleich nicht, wie nennt –

Ich: *Idiotismen.*

Er: Richtig. Nun, so hat jeder Stand seine Abweichungen von dem allgemeinen Gewissen, die ich *Idiotismen des Gewerbes* nennen möchte.

Ich: Ich verstehe. Fontenelle spricht gut, schreibt gut, obwohl sein Stil von französischen Idiotismen wimmelt.

Er: Und der Herrscher, der Minister, der Geldmann, der Beamte, der Militär, der Schriftsteller, der Advokat, der Richter, der Kaufmann, der Bankier, der Handwerker, der Gesangslehrer, der Tanzmeister, alle sind sehr brave Leute, obwohl ihr Verfahren sich in bezug auf verschiedene Punkte vom allgemeinen Gewissen entfernt und moralische Idiotismen enthält. Je älter eine Einrichtung ist, je mehr Idiotismen werden dabei im Gebrauch sein; je schlechter die Zeiten, desto häufiger die Idiotismen. So viel der Mensch wert ist, so viel gilt auch das Handwerk, und umgekehrt: so viel das Handwerk wert ist, so viel der Mensch. Man muß also das Handwerk so viel als möglich ausbeuten.

Ich: Aus all den Reden geht nur deutlich für mich hervor, daß es nur wenige rechtschaffen betriebene Gewerbe gibt oder Menschen, die in ihrem Gewerbe rechtschaffen sind.

Er: Richtig, es gibt gar keine; dafür aber gibt es auch außerhalb ihres Gewerbes keine Schelme, und so würde alles ganz gut gehen, gäbe es nicht auch eine Klasse Menschen, die strebsam, pünktlich, pflichtgetreu, reell sind, oder, was dasselbe sagen will, vom Morgen bis zum Abend in ihrer Werkstatt zu finden, ohne sich um etwas anderes zu kümmern. Deshalb sind sie auch die einzigen, die reich und geachtet werden …

Ich: Aber ich fürchte nur, daß Sie niemals reich werden.

Er: Ja, ich habe auch so eine Ahnung.

Ich: Wenn es nun aber doch geschähe, was würden Sie dann anfangen?

Er: Ich würde es machen wie alle Lumpen, die zu etwas gekommen sind; der frechste Taugenichts wollte ich sein, den man je gesehen hat. Dann würde ich mich alles dessen erinnern, was sie mich haben erdulden lassen, und ihnen mit Zinsen zurückerstatten, was sie mir angetan. Ich liebe es zu befehlen und werde Befehle erteilen. Ich höre es gern, wenn man mich lobt, und man wird mich loben. Ich werde alle möglichen Schmeichler, Schmarotzer und Spaßmacher besolden und zu ihnen sagen, wie man mir gesagt: „Nun, ihr Schelme, man amüsiere mich“, und man wird mich amüsieren; „man mache die braven Leute schlecht“, und man wird Böses von ihnen reden, wenn man überhaupt noch welche findet. Und dann wollen wir uns Mädchen halten und uns duzen, wenn wir trunken sind; wir werden uns berauschen, Geschichten erzählen, allen Tollheiten, allen Lastern werden wir uns hingeben: köstlich soll es sein, wir wollen Voltaire das Genie absprechen, den auf Stelzen gehenden Buffon einen breitmäuligen Phrasenhengst nennen, Montesquieu ist nur ein flacher Schöngeist und d'Alembert auf seine Mathematik zu beschränken. Die kleinen Catonen, wie Sie einer sind, werden wir verlachen, weil sie uns aus Neid verachten, aus Stolz bescheiden, aus Not nüchtern sind. Und Musik! Ja, dann wollen wir Musik machen.

Ich: An der würdigen Anwendung, die Sie vom Reichtum zu machen beabsichtigen, sehe ich, wie schade es ist, daß Sie bettelarm sind. Sie würden da auf eine für das Menschentum sehr ehrenwerte Weise leben, Ihren Mitbürgern sehr nützlich sein und sich für Ihre Person viel Ruhm erwerben.

Er: Nun, ich glaube, Herr Philosoph, daß Sie über mich spotten; aber Sie wissen nicht, mit wem Sie Ihr Spiel treiben, denn Sie haben keine Ahnung, daß ich in diesem Augenblick den angesehensten Teil der Stadt und des Hofes vorstelle. Unsere Reichen in allen Ständen haben sich dasselbe gesagt oder wohl auch nicht gesagt, was ich Ihnen anvertraut habe; jedenfalls ist das Leben, das ich an ihrer Stelle führen würde, derselben Art, wie sie es treiben. Aber so seid ihr Leutchen nun, ihr glaubt, das Glück sei für alle dasselbe. Welch eine seltsame Einbildung! Ihr Glück setzt einen gewissen Grad von romantischem Geist, eine eigentümliche Seele, eine besondere Art von Geschmack voraus, den wir anderen nun einmal nicht besitzen. Sie taufen diese Seltsamheit auch noch mit dem Namen Tugend, nennen es Philosophie; sind aber die Tugend, die Philosophie für jedermann geeignet? Mag sie besitzen und behalten, wer will. Wenn das ganze Universum weise und philosophisch wäre, müssen Sie zugestehen, es würde einen traurigen Anblick geben. Sehen Sie, die Philosophie, die Weisheit Salomos, die lasse ich mir gefallen. Gute Weine trinken, delikate Gerichte essen, mit hübschen Frauen leben, weiche Kissen zur Ruhestatt haben: dies ausgenommen, ist alles nur eitel.

Ich: Nun, und die Verteidigung des Vaterlandes?

Er: Eitel! Es gibt kein Vaterland mehr: Von einem Pol zum andern sehe ich nur Tyrannen und Sklaven.

Ich: Seinen Freunden hilfreich sein?

Er: Eitelkeit! Hat man denn etwa Freunde? Und wenn man welche hat, soll man sie zum Undank verleiten? Sehen Sie sich um, Sie werden stets finden, daß dies die Folge geleisteter Dienste ist. Die Dankbarkeit ist immer eine Last, und jede Last ist nur dazu da, abgeschüttelt zu werden.

Ich: Eine Stellung in der Welt haben und sie würdig ausfüllen?

Er: Eitelkeit! Was hat man davon, ob man eine Stellung hat oder nicht, wenn man nur reich ist. Man ergreift ja nur eine Karriere, um reich zu werden. Erfüllt man seine Pflichten, wozu führt das? Zur Eifersucht, zur Unruhe, zu Verfolgungen. Und kommt man etwa damit vorwärts? Den Leuten den Hof zu machen, die Vornehmen zu besuchen, ihre Neigungen zu studieren, ihren Lastern zu dienen, ihre Ungerechtigkeiten zu billigen, das ist das Geheimnis …

Ich: Sie nutzen alles ab. Die Seele wird stumpf, und die Langeweile tritt ein. Wer ihnen mitten in dem ihnen lästigen Überfluß das Leben nähme, würde ihnen einen Dienst leisten; denn sie kennen nur solches Glück, das am leichtesten fade wird. Ich verschmähe das Vergnügen der Sinne durchaus nicht, auch ich habe einen Gaumen, der durch ein leckeres Gericht oder einen kostbaren Wein befriedigt wird; ich habe ein Herz und ein paar Augen und sehe gern eine hübsche Frau, liebe es, sie zu umfassen, aus ihren Blicken Wollust zu schöpfen; bisweilen bin ich einer Lustbarkeit mit Freunden, auch wenn es etwas toll dabei hergeht, nicht abgeneigt. Aber ich will Ihnen nicht verhehlen, daß es mir noch viel mehr Freude macht, wenn ich einem Unglücklichen geholfen, eine schwierige Angelegenheit geordnet, einen heilsamen Rat gegeben, eine lehrreiche Lektüre beendet, einen Spaziergang mit einem Mann oder einer Frau gemacht habe, die meinem Herzen wert ist; wenn ich einige Stunden meine Kinder unterrichtet, etwas Gutes geschrieben, meine Pflicht getan, der, die ich liebe, etwas Liebes und Angenehmes gesagt habe, wofür zum Lohn sie mir ihre Arme um den Hals schlingt. Ich kenne manche Handlung, für die ich, wenn ich sie vollbracht hätte, meinen ganzen Besitz gäbe. *Mahomet* von Voltaire ist wirklich ein erhabenes Werk, aber ich zöge es vor, die Ehre des Jean Calas wiederhergestellt zu haben. – Jemand aus meiner Bekanntschaft hatte sich nach Karthagena geflüchtet; er war ein jüngerer Sohn in einem Land, wo die Sitte dem Erstgeborenen das ganze Vermögen zuspricht. Nun erfährt er, daß sein ältester Bruder, ein verzogener Mensch, seine zu schwachen Eltern all ihres Besitzes beraubt und um Haus und Hof gebracht habe und daß die greisen Alten verarmt eine elende Hütte in einer kleinen Stadt der Provinz bewohnen. Was tut nun der jüngere Sohn, der, von seinen Eltern hart behandelt, sein Glück im Ausland zu suchen veranlaßt gewesen? Er schickt ihnen Unterstützung, ordnet schnell seine Angelegenheiten, kommt wohlhabend zurück, setzt seinen Vater und seine Mutter wieder in ihre alte Wohnung ein und verheiratet seine Schwester. Oh, mein lieber Rameau, dieser Mann hielt diese Epoche seines Lebens für seine glücklichste, und er hatte Tränen in den Augen, als er mir den Vorfall erzählte; ich selbst, während ich Ihnen die Sache mitteile, fühle mein Herz vor Freude geschwellt, und vor Entzükken versagt mir die Sprache ...

Holbach
Soziales System oder Natürliche Prinzipien der Moral und der Politik

(Auszug)

Paul Heinrich Dietrich Baron von Holbach (1723 – 1789) gehört zu den Vertretern der französischen Aufklärung, die einen entschiedenen Materialismus und Atheismus propagierten.

Der gebürtige Deutsche lebte seit 1735 in Paris, wo sich sein Salon zum Treffpunkt der Mitarbeiter und Förderer der „Encyclopédie" entwickelte. Sein philosophisches Hauptwerk „System der Natur..." (1770) gilt als eine der bedeutendsten Schriften des Materialismus und Determinismus; es stieß nicht nur bei Kirche und Staat auf massive Kritik, sondern auch bei den Deisten. Holbach stellte die Religionen als Produkte priesterlichen Eigennutzes dar und erklärte das menschliche Verhalten mit Hilfe naturwissenschaftlicher Gesetze. Die Bestimmung des Menschen liegt für ihn darin, glücklich zu sein und in Freiheit zu leben.

Sein Werk „Soziales System oder Natürliche Prinzipien der Moral und der Politik" (1773) wendet die Erkenntnisse des „Systems der Natur" auf den sozialen und politischen Bereich an.

ZWEITES BUCH
Natürliche Prinzipien der Politik

III. Kapitel
Von der Freiheit

Obgleich zum Glück der Völker nichts notwendiger ist als die Freiheit, glaubten sich diejenigen, welche mit der Sorge, sie zu regieren, betraut wurden, sehr interessiert, sie derselben zu berauben, damit sie selber in der Lage seien, ihren eigenen Leidenschaften freien Lauf zu lassen. *Der Despotismus hat seine Quelle in dem Herzen des Menschen selber, der, wenn er nicht durch die Gerechtigkeit oder die Stärke zurückgehalten wird, sich von den anderen unabhängig zu machen sucht* und sie in dem Hoffen unterjochen möchte, sie zu verpflichten, seine Absichten zu fördern. Nur eine aufgeklärte Vernunft vermag es, von diesem grausamen Vorurteil zu heilen und begreifen zu machen, daß man wirkliche Rechte oder eine legitime Autorität über seinesgleichen auszuüben nur dadurch erwerben kann, daß man ihnen Vorteile verschafft und ihnen Tugenden beweist. Die meisten Fürsten verkennen diese Wahrheiten; sie finden es viel kürzer, ihre Untertanen mit einem Schlag zu unterwerfen, als durch mühevolle und langwierige Arbeiten die zum guten Regieren unerläßlichen Kenntnisse zu erwerben oder sich dem Joch der Billigkeit zu unterwerfen, welche ihren persönlichen Interessen ihnen wenig angemessen erscheint.

Die willkürliche Macht, der Despotismus oder die Fähigkeit, die Nationen unter ihre Launen und ihre Phantasien zu beugen, war gemeiniglich der Gegenstand der Ruhmsucht der Souveräne, das Zentrum ihrer Begierden, das Ziel aller ihrer Anstrengungen. Sie glaubten sich nur wahrhaft mächtig, glücklich und groß, sobald ihnen alles erlaubt war; sie erachteten sich als ohnmächtig und verachtenswert, sobald sie in den Gesellschaften irgendwelches Hindernis fanden, welches ihnen zu stark deuchte, ihren Leidenschaften sich zu widersetzen. Einzig und allein mit dem Plan beschäftigt, ihre Kaprizen des Moments zu befriedigen, unfähig, ihre Blicke auf die Zukunft zu richten, beständig aufgereizt durch ihre Minister, welche, um selber zu tyrannisieren, immer Tyrannen aus ihren Gebietern machen wollten, verkannten die Könige ihre wahren Interessen, welche sich niemals von denen ihrer Untertanen hätten trennen sollen: Sie haben nicht begriffen, daß keine Macht auf der Erde sicher sein kann, wenn sie sich nicht selber Schranken setzt.[88)]

Infolge dieser falschen Ideen der Souveräne gab es beinahe zu jeder Zeit und in jedem Land ein fortwährendes Ringen zwischen den Völkern, welche einigermaßen ihre Freiheit zu verteidigen trachteten, und den Fürsten, welche sie gänzlich zu vernichten suchten. Diese zogen gewöhnlich den Vorteil aus diesem Kampf; die Fürsten hatten bei allen Nationen immer die fähigen Triebfedern in ihren Händen, die Menschen zu bewegen, zur Ausführung ihrer Vorhaben beizutragen. Sie waren überall sowohl die Befehlshaber der Armeen, als die Verwahrer der Staatsschätze und die Austeiler der Ehren und Gnaden. Sie waren also in der Lage, diejenigen ihrer Untertanen zu zermalmen, welche ihre Wohltaten nicht zu verführen vermochten; sie entzweiten sie über die Interessen, und die Nationen, auf diese Weise zersplittert und durch käufliche oder eingeschüchterte Bürger verraten, konnten den verdoppelten Anstrengungen ihrer Führer, deren Willen beharrlich war, einen nur sehr schwachen Widerstand leisten; denn diese wußten bald die Gewalt, bald die List anzuwenden und sich zu gelegener Zeit der Hoffnung und der Furcht zu bedienen, und ihre stürmische Ruhmsucht steuerte immer auf das Ziel los, ohne es jemals aus den Augen zu verlieren. Die Nationen hingegen waren schon zu glücklich, wenn sie sich einige Mittel bewahren konnten, um sich gegen die Schläge zu verteidigen, welche ihren natürlichen Rechten eben von denjenigen beigebracht wurden, die sie dazu bestimmt hatten, sie darin zu erhalten.

Trotz der so ungleichen Kämpfe haben einige Völker, welchen vielmehr die Umstände günstig waren, als daß sie sich der Klugheit bedient hätten, es erreicht, wenn auch nicht eine gänzliche und echte Freiheit, so doch wenigstens einige Freiheit sich zu bewahren oder wiederzuerlangen, welche ihnen entschiedene Vorteile den anderen Völkern gegenüber verschaffte, die größtenteils der Macht ihrer Gebieter zu unterliegen gezwungen waren. Nichtsdestoweniger haben die Nationen bis auf heute nur eine prekäre Freiheit erlangt, welche in Ermangelung, auf soliden Grundlagen aufgerichtet zu sein, jeden Augenblick in Verlust geraten kann: Diejenigen, welche sich die Freiheitlichsten glauben und welche sich schwülstig der Vorteile ihrer glücklichen Verfassung rühmen, scheinen noch weit entfernt davon, sich eine richtige Idee von der Freiheit zu machen, sie von der Anarchie oder von der Ausschweifung unterscheiden zu wissen, die Mittel zu erkennen, sie unerschütterlich zu gestalten.[89]

Die Alten haben, obgleich sie für die Freiheit sehr eifrig waren, uns darüber keine sehr bestimmten Ideen überliefert. Diese Freiheit war für sie, so wie für die Modernen, oft nur ein vages Wort, eine ungekannte Gottheit, welche sie anbeteten, ohne sie zu definieren. Für die Athener war die Freiheit nur die zügellose Ausschweifung eines eitlen, leichtsinnigen, müßigen, ungerechten und mit Mutwillen grausamen Volkes, welches sie auszuüben glaubte, indem es die schwärzesten und die ihren wahren Interessen entgegengesetztesten Verbrechen beging. Welche konnte die Freiheit eines Volkes sein, das den Wert, das Verdienst und die Tugend mit Verbannung und Schierlingsbecher bestrafte oder welches einen *Aristides*, einen *Sokrates*, einen *Phokion* verfolgte?

Die Römer glaubten sich frei, seitdem sie keine Könige mehr hatten. Betrogene eines Wortes, waren sie zu allen Zeiten der Republik ruhelose und ungestüme Sklaven, welche durch ruhmsüchtige Tribunen geleitet waren, die sie jeden Moment und mit Grund den Senatoren und den Patriziern gegenüber in die Höhe hoben, welche miteinander verbündet waren, um über die Plebejer sowohl die Wucherei als die härteste Tyrannei auszuüben. Ihres Joches nach so vielen Zwistigkeiten, Bürgerkriegen und blutigen Proskriptionen ungeduldig geworden, fielen diese stolzen Römer, nachdem sie sich durch ihre Tollheiten geschwächt hatten, unter das Joch eines Diktators, welcher sie als seine Erbschaft abscheulichen Imperatoren übergab, unter welchen diese Feinde des Königstitels Sklaven wurden, die sich sehr zufrieden gaben, Brot und Schauspiele[90] zu haben, und in deren Herzen irgendein Gefühl für Freiheit zu erwecken nicht mehr möglich war.

Man stellt uns einen *Pompejus, Cato, Cicero, Brutus* als Helden und Märtyrer der römischen Freiheit hin, während, wenn man die Sache näher betrachtet, man findet, daß sie nur die Verteidiger und die Opfer der ungerechten Anforderungen des tyrannischen Senates waren, von welchen die Ruhmsucht *Cäsars* seine Mitbürger zu befreien vorgab; dieser, unter dem Vorwand, sein Vaterland von dem Joch einer unterdrückenden Aristokratie zu erlösen, schlug sie mit Hilfe seiner Legionen in seine eigenen Fesseln. Auf solche Weise wurde das freieste Volk der freiwillige Sklave eines mit Mut und List ausgestatteten Bürgers, welcher, nachdem er es durch Freigiebigkeiten, Schauspiele aller Art, ruhmvolle Waffentaten gewonnen hatte, es schlauerweise verstand, sich des schönen Namens Freiheit zu bedienen, um es auf immer in Ketten zu legen.

In Ermangelung wahrer Ideen über die Freiheit wurden die Völker gemeiniglich die Betrogenen derjenigen, welche offenbar das Vaterland ihrer Ruhmsucht opferten, wobei sie selber eine hervorragende Rolle zu spielen hatten. Die Parteistreite bei den politischen Körpern können den Hetzereien und Disputen in der Religion verglichen werden: Die Völker nahmen daran teil, ohne etwas davon zu verstehen; sie raufen sich für Worte, welchen man ihnen Wichtigkeit beizumessen heißt. *„Freiheit“* war beinahe in jedem Land nur ein Wort des Hohns, dessen sich die ruhmsüchtigen Betrüger bedienten, wie die Priester des Wortes *„Religion“*, um die große Masse zu entflammen. Schurken ziehen Vorteil aus der Leichtgläubigkeit des gemeinen Mannes und erhitzen ihn für die Freiheit nur in der Absicht, die schrecklichste der Ausschweifungen auszuüben.

Die Freiheit ist, wie man vorhin gesagt hat, *das Vermögen, die notwendigen Mittel zu ergreifen, um sich das Wohlbefinden zu verschaffen. Diese Freiheit ist durch die Vernunft oder durch das Interesse unserer eigenen Erhaltung begrenzt, selbst dann, wenn wir uns allein befinden*. In dem Zustand von Gesellschaft sind die Grenzen der Freiheit des Bürgers entweder durch die natürliche Billigkeit festgesetzt, welche ihm verbietet, den anderen zu schaden, oder durch die positiven Gesetze, welche bestimmt sind, ihn die Pflichten seinen Genossen gegenüber befolgen zu machen.

Also ist es dem Menschen, in welchem Zustand er sich immer befinde, wenngleich er das Recht hat, frei zu sein, obgleich die politische Freiheit zu seinem Glück notwendig ist, nicht gestattet, dieselbe zu mißbrauchen: allein oder im Naturzustand wird er ob des Mißbrauchs bestraft, indem dieser seinem Wohlbefinden schadet; in der Gesellschaft wird er dafür durch das Gesetz gestraft, welches seine Genossen beschützt wie ihn selber.

Die Gesellschaft ist nur nützlich, weil sie ihren Gliedern die Mittel verschafft, in Freiheit an ihrem Glück zu arbeiten. Daraus folgt, daß die Regierung, welche die Intentionen der Gesellschaft, die sie repräsentiert, durchzuführen geschaffen ist, ihren Untertanen die zu ihren Arbeiten notwendige Freiheit schuldet und diese Freiheit durch Gesetze sicherzustellen, die diejenigen zu unterdrücken fähig sind, welche dieselben an sich reißen möchten. *Die Freiheit ist also eine Schuld und nicht eine Gunst: Sie ist ein Gut, ohne welches alle anderen Vorteile nichtig sind!* Die Gesellschaft, die Regierung, das Gesetz sind nur geschaffen, uns den Weg zum Wohlbefinden der Art vorzuzeichnen, daß dadurch nicht dem Wohlbefinden anderer Hindernisse in den Weg gelegt werden.

Ein wahrhaft freies Land würde dasjenige sein, in welchem jeder Bürger, unterstützt durch das Gesetz, des Vermögens und des Befugnisses sich erfreute, zu seinem eigenen Wohlbefinden oder zu seinem persönlichen Interesse zu arbeiten, und in welchem es niemandem erlaubt wäre, gegen das allgemeine Interesse zu handeln oder dem Wohlbefinden seiner Mitbürger zu schaden. *Eine Gesellschaft ist frei, wenn alle ihre Glieder ohne Unterschied der Billigkeit unterworfen sind, welche unveränderlich ist, und nicht den Launen des Menschen, die so sehr dem Wechsel unterworfen sind. Eine gerechte Freiheit läßt jedem das Befugnis, seinen eigenen Vorteil zu suchen,* ohne den eines anderen zu schädigen. Man ist nicht mehr frei, man ist ausschweifend, sobald man sich von den unwandelbaren Regeln der Billigkeit, der Tugend, der Moral entfernt, welchen keine Institution jemals widerstreben, welche keine Gesellschaft, ohne sich selber zu zerstören, vernichten kann.

Die Freiheit besteht also nicht, wie so manche Leute sich einbilden, *in einer vermeintlichen Gleichheit unter den Mitbürgern:* Diese in den demokratischen Staaten angebetete Chimäre ist mit unserer Natur gänzlich unvereinbar, weil diese uns, sei es am Körper, sei es am Geist, mit ungleichen Fähigkeiten ausstattet. Diese Gleichheit würde auch ungerecht und daher mit dem Wohl der Gesellschaft unverträglich sein, welches will, daß die den öffentlichen Angelegenheiten nützlichsten Bürger die geehrtesten, die am besten Belohnten seien, ohne deshalb von dem allgemeinen Gesetz, welches allen gleichförmige Regeln vorschreibt, dispensiert zu werden.

Die wahre Freiheit besteht darin, sich den Gesetzen zu fügen, welche der natürlichen Ungleichheit der Menschen abhelfen, das heißt, welche in gleicher Weise den Reichen wie den Armen, den Großen wie den Niederen, die Souveräne wie die Untertanen beschützen. Daraus ersieht man, daß die Freiheit allen Gliedern der Gesellschaft in gleicher Weise vorteilhaft ist.

Wenn man uns sagt, daß die Gesetze stabil und bleibend sein müssen, so will man damit ausdrücken, daß die Gesetze nicht abgeändert werden können; da die Umstände und die Bedürfnisse der Nationen nicht ewig dieselben sind, so müssen ihre Gesetze sich nach diesen Umständen und Bedürfnissen richten.[91)]

Die Gesetze haben alle Festigkeit und angemessene Dauerhaftigkeit, wenn sie niemand ohne Einwilligung der Nation, für welche diese Gesetze geschaffen wurden, abändern kann.

Überall, wo irgend jemand Herr ist, die Gesetze ohne Zustimmung der Gesellschaft abzuändern, kann keine Freiheit existieren!

Welches auch immer die Regierungsform sei, man ist überall frei, wo es niemanden erlaubt ist, die Ausschweifung auszuüben oder an den Gesetzen zu rühren; man ist Sklave überall da, wo diejenigen, welche regieren, sich über die Gerechtigkeit und über die Gesetze hinwegsetzen können. Das Gesetz sichert die Freiheit, es zerstört sie nicht; es ist geschaffen, um die Hände aller derjenigen zu binden, welche die Freiheit der anderen an sich reißen oder sie so ihrer Rechte berauben möchten. Jeder Souverän, welcher auf die Freiheit seines Volkes Eingriffe machen will, ist ein Pflichtvergessener, ein Usurpator, ein Feind der Gesellschaft! Die Freiheit verleiht nicht das Recht, der Autorität sich zu widersetzen oder sich von Regeln auszunehmen; sie gibt das Recht, das zu tun, was man wollen muß, und nicht, was man will. Mit einem Wort, frei sein heißt den Gesetzen gehorchen!

Ein Bürger übt seine Freiheit nicht dadurch aus, daß er sich einer legitimen Autorität widersetzt; er wird dadurch zum Unsinnigen, der die Schranke überschreitet, welche ihn selber sicherzustellen aufgerichtet ist. *Jeder Bürger*, sagt *Lokke, welcher eine billige Regierung umstürzt, macht sich des Blutes und der Übel seiner Mitbürger schuldig*. Jeder Souverän, der die Gesetze vernichtet, ist ein Rasender, welcher sich der Ausschweifung der Bürger aussetzt, die er selber losgelassen hat.

Die Leidenschaften der Menschen müssen durch die Vernunft im Zaum gehalten oder durch die Furcht unterdrückt werden. *Jeder Mensch, der auf dieser Erde nichts scheut oder welcher nicht auf die Vernunft hört, wird ein ungeselliges Wesen*. Eine Nation, welche den Wert der Freiheit erkennt, muß die Ruhmsucht ihrer Führer entwaffnen, sie der Stärke berauben, welche sie mißbrauchen könnten, ihr Regeln vorzuschreiben, die sie ohne Gefahr nicht übertreten könnte. Mit einem Wort, *es ist offenbar die Gesellschaft, welcher es zukommt, die Art und*

Weise zu regeln, auf welche sie regiert sein will, und zu beurteilen, ob diese Regeln getreu beobachtet werden.

Allein die Ausschweifung und die Unordnung haben, wie man gesehen hat, sei es bei der Errichtung, sei es bei den Reformen der Regierungen allein den Vorsitz geführt. Die Nationen ohne Erfahrung haben selten gewußt, daß sie von ihren Souveränen zu fordern haben, und hatten weder die notwendige Stärke, noch die Klugheit, noch die Voraussicht besessen, um denselben Regeln der Verwaltung vorzuschreiben; wenn sie deren aufgestellt haben, so sind sie vage und so wenig genau gewesen, daß es der Dreistigkeit stets ein leichtes war, sie zu dehnen, oder der List, sie zu vereiteln. *Die Gesetze, welche die höchste Macht regeln, müssen die einfachsten und klarsten von allen sein; sie sind für das soziale Glück die wichtigsten;* in ungewissen und zweifelhaften Fällen ist es die Nation, welcher das Recht zusteht, sie zu interpretieren, sie auszudehnen oder sie zu stringieren; mit einem Wort, ihre wahren Intentionen zu erkennen zu geben.

Es gibt noch keine Regierungsform, durch welche die öffentliche Freiheit gesichert und die Ruhmsucht der Führer wirksam im Zaum gehalten wäre. Die Freiheit ist unsicher und schwankend selbst bei den Nationen, welche von ihr am stärksten eingenommen zu sein scheinen; sie ist gänzlich aus allen den Gegenden der Erde verbannt, wo sogar ihr Name gänzlich unbekannt ist[92)].

IV. Kapitel
Von der gemischten Regierung. Von den Vertretern einer Nation

In der Absicht, den Mißbräuchen und Übelständen jeder der Regierungen, von welchen wir gesprochen haben, abzuhelfen, haben einige Völker „gemischte" Regierungen ersonnen, das heißt in welchen die souveräne Autorität geteilt und ihr durch Körperschaften die Waage gehalten wurde, welche beauftragt waren, die Interessen der Gesellschaft zu wahren und in ihrem Namen gegen die Mißbräuche Einsprache zu erheben, unter denen sie leiden könnte. Die Notwendigkeit dieser Körper ist in der Verfassung eines Staates schon ein Laster, wo die Interessen der Souveräne denjenigen seiner Untertanen niemals entgegengesetzt sein sollten. Diese erkannten sehr selten die wahren Mittel, gegen eine Autorität auf der Hut zu sein, welche sie zu beschützen und sie glücklich zu machen bestimmt ist.

Die Nationen, aus einer großen Menge von Individuen zusammengesetzt, welche wenig in Übereinstimmung sind, vermochten es gemeiniglich nicht, durch sich selber ihre eignen Interessen zu wahren: sie waren genötigt, „*Vertreter*" zu wählen, das heißt Bürger, welche sie beauftragten, in ihrem Namen zu reden, dem Souverän ihre Intentionen, ihre Bedürfnisse und ihre Wünsche vorzutragen. Beinahe in allen Ländern, einer monarchischen Regierung unterworfen, sehen wir irgendwelche Körperschaft die öffentlichen Angelegenheiten mit dem Fürsten beraten. Der römische Senat, durch Romulus eingesetzt, war eine Körperschaft von Vertretern, oder ein Nationalrat, durch den Souverän selber aufgestellt. Nach Tacitus besaßen alle Nationen der Germanen eine gemischte Regierung, in welcher der Führer sich mit den ausgezeichnetesten oder adligen Kriegern beriet, welche mit ihm bei Abfassung der Gesetze und in den Angelegenheiten von Wichtigkeit zusammen wirkten. Man findet dieselbe Regierungsform bei den Skythen, Tartaren, Sarmaten, bei den alten Saxen wieder, und unter den Modernen bei den Polen, Schweden, Deutschen, Engländern, Franzosen usw.

Die Regierungen haben sich, wie man gesehen hat, zum größten Teil durch die Gewalt der Waffen eingesetzt. Die besiegten Völker empfingen das Gesetz der Besieger, welche sie gewöhnlich auf militärische Art regierten. In Sklaverei gebracht, hatten diese Völker an der öffentlichen Verwaltung keinen Anteil, sie wurden in dem Staat als nichts gezählt; die Krieger, als Helfershelfer der Eroberung, wurden die einzigen Repräsentanten der Nation und leiteten gemeinschaftlich mit dem

Souverän ihr Schicksal. Aber diese Repräsentanten, welche sich durch die Gewalt oder durch den Willen des Fürsten eingesetzt haben, dachten selten daran, die Interessen eines verachteten Volkes in einem Vertrag festzusetzen; sie dachten nur an ihre eigenen Interessen, welche über alles entschieden und das allgemeine Gesetz wurden; sie zogen Nutzen aus der Schwäche der Könige, um die höchste Autorität einzuschränken, welche diese den stürmischen und aufrührerischen Kriegern gegenüber nicht aufrecht erhalten konnten, die niemals ein anderes Gesetz als die Gewalt gekannt haben. Auf diese Weise wurden diese Repräsentanten Tyrannen, in gleicher Weise den Souveränen wie den Untertanen lästig. So beschaffen war der Zustand der Dinge während des systematischen Straßenräubertums, welches unter dem Namen *„Feudalherrschaft"* bekannt ist, die eine lange Reihe von Jahrhunderten hindurch das Schicksal beinahe aller europäischen Nationen bestimmte und welche, noch ganz oder zum Teil, bei manchen modernen Völkern fortbesteht. Die Adligen und die Großen sind beinahe in jedem Land die geborenen Repräsentanten der Nationen; infolgedessen sind die Nationen allgemein den Interessen der Großen geopfert, welche, nachdem sie dieselben von denjenigen der Gesellschaft getrennt haben, früher oder später damit endeten, die Sklaven eines schlauen Fürsten zu werden.

Die Könige zogen aus den fortgesetzten Entzweiungen dieser Repräsentanten zu schlauer Weise Nutzen, sie waren bewaffnet, um sie der souveränen Autorität zu unterwerfen. In der Absicht, ihre Macht aufzuwiegen, ließen sie das Volk unter dem Namen von *„Communen"* oder des *„dritten Standes"* zu den Nationalversammlungen zu, wo dieser durch Bürger seines Körpers vertreten wurde. Auf diese Weise erlangte der zahlreichste Teil der Nation das Recht, an den Angelegenheiten teilzunehmen und ihre eigenen Interessen festzustellen. Aber da diese Interessen nur selten mit denen der Fürsten übereinstimmten, bedienten sich diese der Heeresmacht und der unter ihren Händen verwahrten Reichtümer, um die Repräsentanten ihrer Nationen zu entzweien, einzuschüchtern, zu korrumpieren, welche ebensosehr den Verrat oder die Bestechlichkeit derjenigen zu fürchten hatten, die sie ihre Rechte zu wahren beauftragt hatten, als die gewaltsamen Unternehmungen oder die Schelmereien der höchsten Macht. Die Souveräne, welche immer nach dem Despotismus streben, hatten es oft erreicht, die Körperschaften allmählich zu zerstören, welche einst ihre Macht zu mäßigen und im Gleichgewicht zu erhalten bestimmt waren; diese Körperschaften sind in mehreren Ländern tatsächlich vernichtet worden; aber wenn die Könige es nicht dahin bringen konnten, sie verschwinden zu machen, haben sie sich der Lockungen von Titeln, Belohnungen, Stellen, Reichtümern bedient, um diejenigen in ihre eigenen Interessen hineinzuziehen, welche sie mit den Interessen ihrer Völker beschäftigt sahen. Auf solche Weise wurde die Vertretung illusorisch, und die souveräne Macht fand in den Vertretern der Nation gemeiniglich Menschen, welche immer geneigt sind, ihren Absichten zu dienen und ihren Wünschen käufliche Helfer zu gewinnen.

So kommt es, daß durch die Tätigkeit der Fürsten oder ihrer Minister, durch die Treulosigkeit der Volksvertreter, durch die Entzweiung der Interessen der verschiedenen Stände des Staates, durch die Nachlässigkeit oder durch die Unerfahrenheit der Nationen, die Freiheit nach und nach in Verlust gerät und oft damit endet, einem wahren Desopotismus Platz zu machen, welcher es oft dahin bringt, sie selbst in den Herzen der Untertanen gänzlich zu vernichten.

Das wichtigste Problem im Politischen ist das Mittel zu verhindern finden, daß diejenigen, welche an der Regierung keinen Anteil haben, nicht die Beute derjenigen werden, welche sie regieren. Welche Schranken der Ruhmsucht der Fürsten aufrichten, welche immer alles an sich zu reißen bereit sind? Wie kann sich eine Nation gegen den Verrat derjenigen sicherstellen, welche sie in ihrem Namen zu reden beauftragt? Wie ihre Vertreter vor den Bestechungen der souveränen Macht schützen, welche alle Güter austeilt, welche die Menschen begehen? – Das kann nur mittels guter Gesetze erzielt werden, welche sowohl die Rechte der Souveräne als der Volksvertreter festzusetzen und alle Glieder der Gesellschaft über die Interessen zu einigen geschaffen sind.

Eine zu mächtige Macht und zu mächtige Reichtümer dem Monarchen anvertraut, zu ausgedehnte Vorrechte, ihm zugestandene unbegrenzte Rechte, das sind die Dinge, welche ihn immer einladen werden, auf die legitimen Rechte seines Volkes Eingriffe zu tun. *Ein stets bewaffneter Fürst wird früher oder später der absolute Herrscher eines entwaffneten Volkes;* dieses wird niemals die Kraft haben, die unvermuteten Schläge zu parieren, welche die souveräne Macht ihm beibringen wollen wird. So viele Nationen sind geknechtet, weil in jedem Land ihren Führern lohnsüchtige Menschen ohne Vaterland zu Gebote stehen oder welche keine anderen Banden kennen als diejenigen, welche sie an die Interessen ihrer Gebieter binden. *Es ist die Gesellschaft, von welcher Bürger, welche sie dingt, abhängen müssen; es ist die Gesellschaft, welcher sie treu zu sein angeloben müssen; keine Macht kann das Recht haben, gegen das Vaterland die Kinder, welche es ernährt, zu bewaffnen. Nur um sich zu verteidigen, hat eine Nation Armeen. Nicht um geknechtet zu werden, unterhält sie Soldaten: Eine bewaffnete Nation hält die eigene Sicherheit in ihren Händen.* In einem Land, welches auf seine Freiheit eifersüchtig ist, sollte jeder Bürger die Waffen zu führen imstande sein. Wenn das Kriegshandwerk einen Teil der öffentlichen Erziehung ausmachte, würde keine Gewalt die gerechten Rechte eines Volkes widerrechtlich an sich reißen können.

Die öffentlichen Gelder, welche der Ertrag der Arbeit sind und von dem Besitztum der Bürger herstammen, haben die Bestimmung, den wahren Bedürfnissen des Staates zu dienen; sie sind keineswegs dazu geschaffen, den Glanz und die Eitelkeit eines Hofes zu unterhalten oder die Volksvertreter zu korrumpieren. Sie sind nicht dazu da, die Trägheit so mancher nutzloser Höflinge zu füttern oder um die perfiden Räte von so manchen Günstlingen zu belohnen, wofür die Bürger einen beträchtlichen Teil ihrer Güter opfern. Die Schätze einer Nation können ohne handgreifliche Pflichtvergessenheit nicht zur

Korruption oder um Verräter zu besolden aufgewendet werden. Die Nation muß selbst die Fonds, welche zur Unterhaltung des öffentlichen Gemeinwesens bestimmt sind, auserwählten Männern anvertrauen, welche ihr darüber, unter Androhung, streng geahndet zu werden, eine genaue Rechenschaft abzulegen haben. Sind denn die Veruntreuungen und die öffentlichen Diebstähle es allein, welche die Gesetze autorisieren müßten?

Um treu vertreten zu werden, muß die Nation Bürger wählen, welche mit dem Staat vermöge ihres Besitzes verbunden sind, welche ebenso für seine Erhaltung wie für die Erhaltung der Freiheit interessiert sind, ohne diese es weder Glück noch Sicherheit geben kann. Vergeblich legte eine Gesellschaft ihr Schicksal in die Hände habsüchtiger, lasterhafter Menschen, Wüstlinge ohne jede Moral, ohne Einsichten, ohne Rechtschaffenheit, welche von den Rechten der Billigkeit keinen Begriff hatten; das Volk täuscht sich nicht leicht über Menschen, welche es unter ihren Augen hat; jeder, der einen Wert an sich hat und Kenntnisse besitzt, macht sich seinen Mitbürgern sehr bald bemerkbar. Eine Nation muß Ehrenmänner erwählen, wenn sie über ihre Interessen ruhig sein will.

Um würdige Vertreter zu haben, die Interessen des Vaterlandes zu wahren, müssen die Bestechlichkeiten, die Korruption, die Ausschweifung, die Kabale bei den Wahlen rigoros vermieden werden; *ein Volk, welches seine Stimme feigerweise verkauft, muß gemeinerweise wieder verkauft zu werden gewärtigen.* Der ruhige Weg der Abstimmung muß den stürmischen Wahlakten vorgezogen werden, welche notwendig die Kaltblütigkeit der Vernunft entschwinden machen. Welche Früchte kann man sich von Vertretern versprechen, welche in Mitte der Schwelgerei und der so verwirrenden Orgien, wie das Fest der Zentauren und Lapithen es war, gewählt werden!

Befriedigt über die ehrende Wahl ihrer Mitbürger oder, wenn man will, über den von der Nation zu bestimmenden Lohn, werden die Vertreter sich auf die feierlichste Weise verpflichten, unter Strafe des Rechtstitels, die Interessen der Mitbürger zu vertreten, verlustig zu gehen, vom Thron weder Gunstbezeigungen noch Jahresgehalt noch Gnaden anzunehmen. Die Mitbürger werden sich überdies das Recht wahren, die Vollmacht zu widerrufen, wenn sie finden, es in unredliche Hände gelegt zu haben. Ist es also nicht in der Ordnung, daß die Vertreter von ihren Vollmachtgebern abhängen, welche allein zu beurteilen haben, ob sie gut oder schlecht vertreten werden?

Kein Vertreter eines Volkes darf es immerwährend sein noch sein Recht auf seine Nachkommenschaft übertragen. Die Interessen eines jeden Menschen sind dem Wechsel unterworfen; jede permanente Körperschaft schafft sich Rechte und Interessen für sich. Die Abkunft verleiht weder Talente noch die Einsicht noch die zur Erfüllung von Amtsgeschäften notwendigen Tugenden, von welchen das Wohlbefinden einer ganzen Nation abhängt. Der persönliche Wert, das Verdienst müssen zu diesem ehrenvollen Amt führen.

Das Befugnis, Vertreter zu wählen, kann nur wahren Bürgern gebühren, das heißt Männern, welche am öffentlichen Wohl interessiert sind, welche durch Besitz an das Vaterland gebunden sind, der ihm für ihre Anhänglichkeit bürgt. Dieses Recht ist nicht für einen beschäftigungslosen Pöbel, für bettelarme Landstreicher, für gemeine und käufliche Seelen geschaffen. Menschen, welche gar nicht an dem Staat hängen, sind nicht beschaffen, um die Verwalter des Staates zu wählen.

Mit dem Wort *„Volk“* bezeichnet man hier nicht einen stumpfsinnigen Pöbel, welcher der Einsichten und des gesunden Verstandes bar, jeden Augenblick das Werkzeug und der Mitschuldige der ungestümen Aufwiegler werden kann, welche die Gesellschaft in Verwirrung stürzen möchten. Jeder Mensch, der etwas hat, um von der Frucht seines Eigentums ehrlich zu leben, jeder Familienvater, welcher in einem Land Grund und Boden hat, muß als ein *„Bürger“* erachtet werden. Der Handwerker, der Kaufmann, der Besoldete müssen von dem Staat, welchem sie in ihrer Art nützlich dienen, unterstützt werden, aber sie sind nur wahre Glieder desselben, wenn sie sich durch ihre Arbeit und ihren Fleiß Kapitalien erworben haben. Es ist der Boden, es ist die Erdscholle, welche den *„Bürger“* macht; ein moderner Politiker hat mit Grund gesagt, daß *Grund und Boden die physische und politische Grundlage eines Staates ausmacht.*

Eine verständig verteilte Vertretung könnte den Übelständen abhelfen, welche aus einer zu großen Ausdehnung einer Nation resultieren. In diesem Fall könnte jede Provinz oder jeder Distrikt eine Versammlung von Vertretern oder Staatsprovinzialen, welche in jedem Distrikt zu errichten wäre, haben, die einige ihrer Glieder oder Deputierte zu wählen hätten, um sich zur Nationalversammlung oder zu den Generalständen zu begeben. Diese Einzelstaaten hätten ihren Deputierten ihre Instruktionen zu geben und ihnen die Führung vorzuschreiben, welche sie dem Willen des Distrikts oder der Provinz gemäß zu befolgen haben würden.

Endlich müssen die Stände oder Vertreter einer Nation das Recht haben, nach Gutdünken oder zu bestimmten Zeiten sich zu versammeln, um über die öffentlichen Angelegenheiten zu beraten, ohne dazu eine ausdrückliche Zusammenberufung nötig zu haben; *sie müßten ebenfalls aus vollkommen freiem Willen sich wieder auflösen dürfen.* Die Erfahrung beweist uns, daß die Fürsten, die immer Feinde der Hindernisse sind, welche sich ihrer Willkür entgegensetzen, nicht eifrig sind, die Vertreter ihrer Völker zusammenzuberufen; oder sie lösen gerne ihre Versammlungen auf, so wie sie sich nicht hinaussehen, sie zu ihren Absichten bereden zu können.

V. Kapitel
Von der Freiheit zu denken. Einfluß der Freiheit auf die Sitten

Die freie Mitteilung der Ideen, der Unterricht, die Veröffentlichung von nützlichen Entdeckungen sind für jede Gesellschaft die interessantesten Dinge. *Jeder gute Bürger schuldet seinen Genossen seine Talente und seine Kenntnisse.* Also ist in einem gut regierten Land der Mensch im Recht zu denken, zu reden und zu schreiben; *diese Freiheit ist ein mächtiger und notwendiger Damm gegen die Komplotte und Anschläge der Tyrannei.* Eine heilsame Warnung, eine Schrift können so manchmal wichtige Dienste leisten. Es gibt keinen Bürger, der nicht zur Glückseligkeit seines Landes beizutragen verpflichtet wäre; der denkende Mensch, unter dem Despotismus unnütz und unangenehm, dient seinem Vaterland durch seine Untersuchungen und seine Reflexionen. Die Apathie, die Gleichgültigkeit für das öffentliche Wohl können nur in den Sklaven Tugenden sein; sie sind es nicht für den Ehrenmann, welcher sich für das Glück seines Vaterlandes interessieren muß.

Derjenige, welcher, unter dem Vorwand, der Gesellschaft zu dienen, sie, indem er ihre Führer verleumdet, indem er seine Mitbürger grundlos alarmiert, indem er in das Herz seiner Genossen den Stachel versetzt, nur zu verwirren sucht, ein solcher Mensch, sage ich, übt durchaus nicht seine Freiheit, sondern seine Bösartigkeit aus. *In einem gut regierten Land beunruhigen Schriften durchaus nicht; eine billige Verwaltung hat in ihrer Aufführung selbst etwas, womit sie den Betrag zuschanden macht. Die Tugend ist ein sturmfreier Schild gegen die Verleumdung.* Die Bürger unter dem Vorwand der Freiheit zu reden und zu schreiben berauben, sie könnten sie mißbrauchen, das ist ebenso unsinnig, als ihnen unter dem Vorwand Fackeln zu haben verbieten, man könnte sich derer bedienen, um eine Feuersbrunst zu legen.

Das Recht, in Sachen der Religion frei zu denken, kann den Menschen nur durch eine ebenso lächerliche als unnütze Ungerechtigkeit geraubt werden. Jeder Mensch ist der Religion, welche er von seinen Vätern empfangen hat, aus Gewohnheit anhänglich und setzt sie zu seinem ewigen Heil als notwendig voraus. Es kann also nur der Tyrannei in den Sinn kommen, ihn dessen berauben zu wollen, was ihm als zu seinem Wohlsein unerläßlich erscheint. Ungeachtet dieser so einfachen Reflexionen findet man selbst bei den freiheitlichsten Nationen keine vollständige Toleranz in Religionssachen. *Das Christentum, in seinem Wesen ungesellig, erlaubt den Anhängern der verschiedenen Sekten nicht gerne, sich zu lieben.* In jedem Land unterdrückt die Religion des Fürsten und gibt ihre Antipathie denjenigen zu verspüren, welche sie für wahr zu halten sich weigern. Nichts ist der Menschlichkeit, der Gerechtigkeit, der vollendeten Geselligkeit mehr entgegen als alle die nationalen Religionen, welche die Billigung des Himmels ausschließlich zu besitzen behaupten; sie werden gemeiniglich tyrannisch, Feinde der Freiheit des Menschen und treten die heiligsten Pflichten der Moral mit Füßen.

Die vielfachen Sekten werden in einem Staat nur gefährlich, wenn eine unter ihnen sich das Recht anmaßt, die andere zu verfolgen oder zu unterdrücken. Die Gewaltsamkeit allein erzeugt Fanatiker und bringt in dem Staat Verwirrungen hervor. *Die Freiheit, zu denken und zu schreiben, ist ein sicheres Gegengift für die Tollheiten und Ausbrüche des Fanatismus.* Die in Freiheit gebildete Vernunft verbreitet bei einem freien Volk ihre Erkenntnisse und ertötet nach und nach den Einfluß der Chimären und der panischen Schrecken. Übrigens haben unter einer glücklichen und weisen Regierung die Betrüger keine Macht, die Geister zu erhitzen; nur bei einer unterdrückten und unzufriedenen Nation finden die Schurken geeignete Elemente, sie zu entflammen. Eine wahrhaft freie Nation würde viel glücklicher und vernünftiger sein, und infolgedessen würde es schwer sein, sie zu beunruhigen.

Man wird uns vielleicht sagen, daß die freien Länder, welche wir heutzutage sehen, häufigen Unruhen und beständigen Parteistreiten unterworfen sind. Aber es ist leicht zu ersehen, daß diese Unordnungen daher kommen, daß die Freiheit selbst bei den freiheitlichsten Nationen noch gar nicht auf einer soliden Grundlage errichtet ist. Man ist genötigt, unaufhörlich für sie im Bangen zu sein, besonders wenn man zusehen muß, daß sie offen und versteckt von mächtigen Feinden unaufhörlich angegriffen und durch ohnmächtige Freunde oder auch Verräter verteidigt wird. Übrigens würden, wie man gesehen hat, selbst die Agitationen, welchen freie Länder oft ausgesetzt sind, der tödlichen Stagnation, welche der Despotismus hervorbringt, vorzuziehen sein. Wir haben schon aufgedeckt, was man von der unheimlichen Stille, welche die Wirkung des Despotismus ist, zu denken hat, und alles beweist uns, daß man eben in den Ländern, wo er mit der größten Gewaltsamkeit herrscht, die so plötzlichen, die schrecklichsten, die den Souveränen fatalsten Revolutionen ausbrechen sieht.

Die Empörungen der Völker sind immer Wirkungen der Unterdrückung und der Tyrannei: Die Völker erfaßt nur Argwohn und Haß für ihre Führer, nachdem sie der wiederholten Anzeichen ihrer bösen Absichten gewahr geworden sind. Die Ungerechtigkeit der Souveräne zerreißt die Banden der Gesellschaft; ihre Ausschweifung ladet auch die Völker zur Ausschweifung ein; ihre Anschläge fordern Anschläge heraus oder zwingen die Nationen, sie zu züchtigen und sich selber Gerechtigkeit zu verschaffen. Wenn die Fürsten mehr gerecht wären, würden die Untertanen ruhiger sein; wenn sie sich nicht jederzeit an den Rechten der Menschen und an ihrer Freiheit vergriffen, würden sie den Agitationen der Aufrührer, der unruhigen und ungestümen Geister nicht so oft Vorwände geben. Die Menschen ziehen im allgemeinen die Ruhe der Aufregung vor; ihre Tätigkeit, ihre Furchtsamkeit, die Liebe zur Ruhe, die so mächtigen Fesseln der Gewohnheit halten sie zurück, solange sie nur halbwegs das Ende der Drangsale sehen. Sehen wir nicht sehr unglückliche Völker, welche stillschweigend leiden und welche nichts zu unternehmen wagen, um ihr Los zu verbessern? Es ist für gewöhnlich nur die Ausschreitung der Tyrannei, welche die Nationen aufbringt; der Tyrann ist es dann, welchen man als den wahren Brandleger erachten muß. *Locke* sagt uns, *daß eine lange Reihe von Unterdrückungen, von Mißbräuchen, von Ruchlosigkeiten, Ungerechtigkeiten, Pflichtvergessenheiten jedem vernünftigen Bürger den Zustand seines Landes deutlich genug erkennen läßt, und er in dem Fall, als die Nation sich erklärt, wissen wird, daß er sich nicht auf die Seite der Straßen- und Seeräuber stellen darf.*

Es steht, ich wiederhole es, der Nation, als der einzigen und wahrhaften Quelle jeder legitimen Autorität, zu beurteilen zu, ob sie gut oder schlecht regiert, gut oder schlecht vertreten wird; ob die Gesetze ihr zum Nutzen oder zum Schaden sind. *Eine Regierung ist*, welche sie auch sei, *für die Nation geschaffen und nicht die Nation für die Regierung. Die Könige sind für die Völker geschaffen und nicht die Völker für die Könige.* Eine Nation ist also im Recht, alle Vollmachten, welche sie erteilt, zu widerrufen, als ungültig aufzuheben, auszudehnen, einzuschränken, zu erklären, abzuändern; wenn sie einen Tyrannen bekämpft, bändigt sie einen Wütenden, sie verteidigt sich gegen seine Schläge; nicht sie ist es, die sich empört, sondern der Tyrann ist es. Wenn jedes Individuum unserer Gattung das Recht hat, sich gegen einen Angreifer zu verteidigen; durch welchen sonderbaren Rechtsspruch könnte eine Nation in corpore eines Rechtes beraubt werden, welches man dem letzten Bürger nicht streitig machen kann? Ein Volk darf sich dem Tyrannen, welcher es gröblich beleidigt und welcher an seinem Untergang arbeitet, nicht nur widersetzen, sondern ihn vielmehr als einen Feind behandeln: Wenn er die Gesetze verletzt hat, mit welchem Recht würde er den Schutz dieser Gesetze in Anspruch nehmen? Bestimmt, als Schild denjenigen zu dienen, welche der Gesellschaft gegenüber ihre Verpflichtungen erfüllen, sind die Gesetze dazu geschaffen, alle diejenigen zu züchtigen, welche sich als deren Feinde erklären.

Allein, wenn auch die Nationen das unbestreitbare Recht besitzen, die Tyrannen, welche sie schmählich verletzen, zu züchtigen, so kommt dieses Recht keineswegs dem einzelnen Bürger zu; dieser könnte sich nicht ohne Verbrechen in ihrer eigenen Sache als Richter aufwerfen. Der seinem Volk gerechteste, beliebteste Fürst würde vor den Anschlägen eines Fanatikers oder eines Ruchlosen nicht sicher sein, wenn es jedem Bürger erlaubt wäre, die Führer der Gesellschaft zu richten oder zu züchtigen. Es sind die Grundgesetze, welche von der Gerechtigkeit, der Voraussicht, der Kaltblütigkeit diktiert worden sind, welchen die Rechte der Fürsten und die Grenzen des Gehorsams der Untertanen festzusetzen es zusteht. Es sind also diese Gesetze und nicht die Laune oder das Rachegefühl eines oft verblendeten Bürgers, welchen es zukommt, die Souveräne zu richten.[92)]

Immer unruhig über Rechte, von welchen sie wissen, daß sie nur auf die Meinung und das Vorurteil gegründet sind; immer eifersüchtig auf eine Autorität, welche sie mit niemand teilen wollen, immer gierig nach einem Despotismus, welchen sie ohne Unruhen und ohne Gefahr nicht ausüben können, erachten die Fürsten gemeiniglich alle diejenigen, welche zu Gunsten der Völker Einsprache erheben, als Feinde jeder Autorität, während sie in Wahrheit deren aufrichtigste Freunde sind. Wenn kein Bürger in der Knechtschaft zu leben interessiert wäre, so würde kein Souverän die Tyrannei auszuüben interessiert sein, welche, wie alles es dartut, immer demjenigen, der sie ausübt, verhängnisvoll wird, und der ebenso sein Leben wie seine Autorität in Gefahr bringt.

Abgesehen von der Billigkeit, welche es erheischt, daß der Souverän seine Pflichten erfülle, ist es in seinem Interesse, über die Bedürfnisse, die Wünsche, die Stimmungen seines Volkes wohl unterrichtet zu sein; dieses kann sich nur durch die Stimmen seiner Vertreter friedlich aussprechen, welche dessen Bedürfnisse teilen und dieselben Begehren haben. So wie die Grundsätze eines Staates es vernachlässigt haben, Körperschaften einzusetzen, welche die Interessen der Nationen zu wahren bestimmt sind; oder sobald die Tyrannei es dahin gebracht hat, diejenigen mundtot zu machen, welche ursprünglich in ihrem Namen zu reden bestimmt waren, so bilden sich durch die Notwendigkeit der Dinge selbst Körperschaften, welche den Souveränen die Wahrheiten vortragen, worüber ihre Höflinge und ihre Minister sie in Unwissenheit lassen. Erklärt nicht der Fürst dreist, indem er sie zum Schweigen verurteilt, daß er die Wahrheit nicht wissen will, daß er die Mißbräuche, worüber seine Untertanen sich beklagen, billigt, daß er sie verewigen will? Die Sklaven eines Tyrannen haben niemand, der für sie zu ihm spräche, sie reden zu ihm nur durch Empörungen, Revolutionen, Mordtaten. Die Janitscharen sind in der Türkei die alleinigen Vertreter der Nationen. Für die Verstöße eines Wesirs schneiden sie einem Sultan, der oft nicht ahnt, daß sein Volk unzufrieden ist, die Kehle ab. Bei den despotischen Regierungen werden die größten Revolutionen gemeiniglich durch die kleinsten und vorübergehendsten Anlässe herbeigeführt. Der Despot ist immer den Schlägen seiner Sklaven ausgesetzt, welche immer nur in ihm die Quelle ihrer Übel sehen; er ist oft mit größerer Geschwindigkeit und mit weniger Umständen vertrieben worden als der Letzte seiner Untertanen. *Es ist immer die Tyrannei, welche die Menschen gegen sie selber bewaffnet.* Derart sind die Wirkungen von dieser gefährlichen Regierung, nach welcher die Fürsten zu trachten die Torheit haben, trotzdem sie deren Gefahren wahrnehmen.

In einem despotischen Staat wird der gutmütigste Tyrann oft mit ebensolchem Grimm als der schuldigste Tyrann behandelt, er wird durch die Verbrechen aller seiner Minister gestraft. *Alle Herrschaft ist aus,* sagte ein Effendi zum Sultan Achmed, *Deine empörten Untertanen wollen Dich nicht mehr zum Gebieter haben, sie fordern mit großem Geschrei Deinen Neffen. Daß man mich nicht eher die Wahrheit hat wissen lassen,* antwortete der niedergeschlagene Sultan. Doch wo ist der Verwegene, welcher es wagte, einem Gebieter offen zu reden, von dem ein einziges Wort genügt, seinen Sklaven zu vernichten? Einem Despoten Ratschläge geben, *das hieße*, sagt ein Perser, *seine Hände in seinem eigenen Blut waschen.* Nur in einem freien Land kann der Souverän die Wahrheit erfahren und in Sicherheit einer legitimen Macht sich erfreuen.

Man kann es den Fürsten nicht zu oft wiederholen, daß keine Macht auf der Erde sicher ist, wenn sie nicht Schranken kennt, welche durch die Gerechtigkeit und die Vernunft immer genugsam festgesetzt sind. *Eine unbegrenzte Macht in der Hand eines Menschen muß durch die Natur des Menschen selber zum Mißbrauch ausarten* und ebenso für den unheilvoll werden, der sie ausübt, als für diejenigen, über welche diese Macht augeübt wird. Alles wird im Verlauf dieses Werkes beweisen, daß das Interesse des Souveränen von dem der Gesellschaft, welche er regiert, ohne Gefahr nicht getrennt werden kann; dieses Interesse erfordert, daß die höchste Autorität von der Moral geleitet werde, die in gleicher Weise zum Glück derjenigen, welche regieren, als derjenigen, welche regiert werden, notwendig ist.

Es gibt in der absoluten Herrschaft so verführerische Dinge für die, welche sie nicht unter ihrem wahren Gesichtspunkte in's Auge gefaßt haben, daß es für diejenigen, welche sie halsstarrig auszuüben gewohnt sind, welche ihren Ruhm in dem Befugnis bestellen, blindlings ihren Hirngespinsten zu folgen, welche die Heeresmacht in Händen haben, um dieses Pouvoir zu verteidigen, immerhin sehr schwer wird, jenen Dingen sich auch nur einigermaßen zu entziehen. Die Befreiung der Völker kann nur das Werk der Gerechtigkeit, der Weisheit, der Kenntnisse, der hohen Einsichten derjenigen sein, welche regieren; oder in Ermangelung dessen auch der Klugheit der Nationen, welche glückliche Umstände manchmal in den Stand setzen können, die Mißbräuche abzuschaffen, welche sie lange Zeit hindurch gedrückt haben.

Nur indem man die Menschen aufklärt, kann man sie sowohl besser als glücklicher zu machen hoffen, als sie es bisher gewesen sind. *Die Völker und die Souveräne sind in gleicher Weise an den Fortschritten der Kenntnisse interessiert, und diese Kenntnisse können nur die Frucht der Freiheit sein.* Nur in einem freien Land lernt der Mensch denken; jeder Mensch, der gar nicht reflektiert, ist ebenso unfähig, seine Sitten zu verbessern, als sich glücklich zu machen. Der Republikaner ist stolz; der Untertan des Despotismus ist geschmeidig und glatt; der freie Bürger hat Schnellkraft, Energie und Mut; er erkennt seine Rechte, er fühlt seine Würde, er achtet sich selbst, er schlägt die Achtung der anderen hoch an. Diese von erniedrigten Seelen, welche unter dem Druck des Despotismus kriechen, ungekannten Gesinnungen entwickeln sich in einem freien Land aus der Idee von der Sicherheit, aus der Erkenntnis der Stützen, welche die Gesellschaft verschafft, aus der Gewißheit, daß niemand im Recht zu schaden ist. In einer freien Nation fühlt sich jeder Bürger durch das Gesetz geschützt und durch alle seine Mitbürger unterstützt; er weiß, daß seine Person und seine Güter nicht dem Stärkeren preisgegeben sind und daß keine Macht ihm Vorteile entreißen kann, welche ihm durch alle seine Genossen gesichert werden.

Also veredelt die Freiheit den Menschen, erhebt seine Seele, flößt ihm das wahre Gefühl für Ehre ein, macht ihn des Edelmutes, der Liebe zum öffentlichen Wohl, des Adels und der Tugend fähig.

Nur in einem freien Land gibt es ein Vaterland, welches von seinen Kindern geliebt und verteidigt zu werden würdig ist. *Das Vaterland ist nur eine Rabenmutter, wenig beschaffen, geliebt zu werden, wenn es von den Launen eines Tyrannen geknechtet wird.* Nur im Schoße einer freien Nation findet man öffentliche Tugenden; da ist es, wo sehr reiche Bürger der Nation, um ihre Achtung zu verdienen, zu gefallen, durch nützliche Denkmäler sich berühmt zu machen suchen. Verächtliche Sklaven haben kein anderes Ziel, als ihrem Despoten zu gefallen und durch Niederträchtigkeiten seine Gunst zu gewinnen. *Die absolute Herrschaft ertötet die Liebe zum Vaterland, die Idee des öffentlichen Wohls erregt Argwohn in ihr;* es geschieht nichts für die Nation; alle die Denkmäler und die Schanzarbeiten haben nur den Prunk, die Eitelkeit, die Hirngespinste des Gebieters zu nähren zum Gegenstand; das verschmähte Volk wird da immer als Nichts gezählt; in den für die Nation verderblichsten Unternehmungen befragt man nur die Bequemlichkeit des Fürsten und niemals die verachteten Untertanen. Der gute Bürger ist da wie eine exotische und seltene Pflanze, welche in einem Boden, welchen der Despotismus ausgetrocknet hat, gar nicht Wurzel fassen kann.

Die kultivierte Vernunft ist das sicherste Gegengift gegen die Korruption der Sitten. Aber die Vernunft bildet sich nur in einem freien Land aus. *Der Despotismus ist so wie der Aberglaube der geborene Feind der menschlichen Vernunft; er will nur Sklaven befehlen, welche der Vernunft, der Kenntnisse, der Sitten beraubt sind.*

Wenn wir in Ländern, welche sich der größten Freiheit erfreuen, ebenso große Laster und Unordnungen herrschen sehen wie in geknechteten Ländern, so kommt das daher, weil die freiheitlichsten Nationen bisher über Gegenstände nicht genugsam reflektiert haben, welche zum nationalen Glück beizutragen geschaffen sind; sie haben noch gar nicht die Wichtigkeit der Erziehung gefühlt, die Notwendigkeit, von der Kindheit an tugendhafte Bürger zu bilden; sie haben noch gar nicht die Laster dieser veralteten Erziehungsanstalten bemerkt, welche die Jugend den Händen von Menschen ausliefert, die am wenigsten fähig sind, sie der Gesellschaft nützlich zu machen. Die Gesetzgeber dieser Nationen, durch den Schlendrian mit fortgerissen oder selber Leidenschaften und schädlichen Lastern hingegeben, haben noch gar nicht die notwendige Verbindung der Tugend mit dem öffentlichen Wohl und der Erkenntnisse mit der Tugend gefühlt. Sie haben nicht eingesehen, daß die Freiheit nur durch edle, rechtschaffene, edelmütige Seelen beschützt werden kann und daß sie nicht lange bestehen kann, wenn sie zur Stütze nur bestechliche und korrumpierte Menschen hat. Endlich haben diese Gesetzgeber über die Sitten des Volkes nicht gehörig gewacht, welches, gemeiniglich der Vernunft beraubt, die Freiheit von der Ausschweifung nicht zu unterscheiden weiß. Das Volk, welches doch überall der am mindesten unterrichtete und der unüberlegteste Teil einer Nation ist, muß über alles die Aufmerksamkeit des Gesetzgebers auf sich ziehen und muß durch billige Gesetze und durch eine strenge Aufsicht im Zaum gehalten werden, welche es die Gesellschaft zu beunruhigen oder Ungerechtigkeiten zu begehen verhindert.

Aber durch eine natürliche Folge der Trägheit oder der geringen Voraussicht der Menschen werden sie gleich wieder schläfrig, sobald sie sich eines momentanen Wohlseins erfreuen, und beschäftigen sich sehr wenig mit der Zukunft. *Die Freiheit, welche durch die nimmer ruhende Ruhmsucht fortwährend angegriffen wird, erfordert, durch wachsame Bürger beschützt zu werden!* Die Schläfrigkeit und die Erstarrung sind der Freiheit ebenso schädlich als die Parteistreite und die bürgerlichen Zwiste[94]. Der Despotismus weiß sich alles zunutze zu machen; wenn es ihm nicht mit lebendiger Kraft gelingen kann, erreicht er es durch die Schlaffheit, in welche die Reichtümer und die Ruhe die Nationen häufig versenken. Die Unterdrükkung und das Unglück erhalten die Menschen, wofern sie dieselben nicht gänzlich erdrücken, aufgeweckt und wirken sehr stark auf die Schnellkraft der Seele; das ist der Grund, warum in jeder gedrückten Brust eines Sklaven, dessen Seele noch nicht völlig gebrochen ist, man manchmal Aufschreie vernimmt, welche durchdringender sind als die der Bürger einer Gesellschaft, welche einigenteils ihre Rechte genießt ...

VII. Kapitel
Von den Interessen der Fürsten oder von der wahrhaften Politik

... Wenn die Großen, die mit der Erziehung der Könige betraut sind, anstatt sie hochmütig zu machen und ihnen frühzeitig die Menschen geringschätzen zu lernen, sie lehrten, sie zu lieben, sie ihnen als die Werkzeuge zu ihrem eigenen Glück zeigten; wenn sie, anstatt sie zu verhärten, sie zu fühlen gewöhnten, so würden die Könige Tugend haben. Würden ihnen dann rauschende Vergnügungen, abscheuliche Wollüste, sehr kostspielige Bauten, frivole Schauspiele aller Art und selbst die glänzendsten Eroberungen der so reinen Befriedigung vergleichbar erscheinen, sich jeden Tag sagen zu können, „dieser Tag ist nicht verloren; ein tröstender Erlaß, ein gerechtes und wohltuendes Gesetz werden mir die Segnungen eines ganzen liebenden Volkes zuziehen? Meine äußersten Provinzen werden meinen Namen mit Begeisterung aussprechen; es gibt keinen meiner Untertanen, welchem ich nicht Freude verschafft hätte; ich bin der Vater einer sehr umfangreichen Familie, und meine Kinder sind über meine Sorgen für sie zufrieden. Meine Nachbarn werden mir Huldigungen zu erweisen gezwungen sein; ihre Untertanen werden auf die meinen neidisch sein und unter meinen Gesetzen zu leben wünschen. Selbst meine eifersüchtigen Feinde werden meine Macht zu respektieren genötigt sein; sie werden sie mit allen Kräften eines treuen Volkes unterstützt sehen, dessen Interessen mit den meinigen verschmolzen sind."

Es bleibt für einen billigen und wohltätigen Fürsten, der es verstanden hat, das Vertrauen und die Liebe seiner Untertanen zu verdienen, nichts zu wünschen übrig. Sollte er eine unbeschränkte Macht wünschen? Gibt es eine unbegrenztere Macht als diejenige, welche man in Übereinstimmung mit einer ganzen Nation ausübt? Möchte er, daß seine Autorität respektiert werde? Gibt es eine heiligere und geheiligtere als diejenige es ist, wobei jeder seine eigene Glückseligkeit findet und deren Verachtung sein eigenes Unglück nach sich ziehen würde? Würde er streben, geliebt zu werden? Was ist geeigneter, das Gefühl der Liebe in den Herzen entstehen zu machen als fortgesetzte und mannigfache Wohltaten? Würde er der Reichtümer, der Hilfsquellen, der Abgaben bedürfen? Kann ein billiger Monarch nicht ohne Gewaltsamkeit über Güter seiner Untertanen verfügen, sobald sie wissen, daß er davon Gebrauch macht, um sie glüklicher zu machen oder um ihr Glück zu bewahren? Würde er Armeen fordern, um das Vaterland zu verteidigen? Wird nicht jeder Bürger, durchdrungen von den Vorteilen, deren er sich erfreut, ein Soldat sein, bereit, für eine Gesellschaft sein Blut zu vergießen, deren Führer ihm Güter verschafft, die ihm ebenso teuer als das Leben sind und ohne welche dieses Leben alle seine Freuden verlieren würde?

Welche Schanzarbeiten, welche Unruhen, welche Ausgaben, welche Ränke und Verdrießlichkeiten würden nicht die Souveräne sich selber ersparen. Wieviel Murren, wieviel Trübsal, wieviel Tränen und wieviel Blut würden sie ihren Untertanen ersparen! So viel Schurkereien, Treulosigkeiten, hinterlistige Unterhandlungen, so viele Kriege, schändliche Meineide würden die Fürsten sich selber ersparen, wenn sie billiger wären und wenn sie den Grundsätzen eine hassenswerten *Machiavellis-*

mus entsagen würden, welcher nur zu allgemein die Grundlage der Politik der Könige bildet!

Die wahre Politik ist immer der Moral gemäß und kann sich von ihren Prinzipien niemals entfernen. Sie besteht sowohl für die Souveräne wie für jeden ihrer Untertanen darin, gerecht, gemäßigt, offen und tugendhaft zu sein. *Die Billigkeit ist die Schutzwache sowohl der Nationen als der Fürsten und der einzelnen. Sie verteidigt* sie in gleicher Weise gegen die unordentlichen Leidenschaften; sie ächtet die Gewaltsamkeit, die Eroberungen, die unrechtmäßigen Besitze, die Treulosigkeiten unter den Nationen; sie macht die Vorträge unverletzlich und geheiligt; sie setzt das Leben, die Person, die Güter, die Freiheit des Bürgers in Sicherheit. Sie hält die Eintracht, die Einigkeit, den Frieden ebenso unter den verschiedenen Völkern der Erde wie unter den Gliedern einer Stadt aufrecht. Sie stellt das Reich mit ebenso natürlichen als bürgerlichen Gesetzen sicher. Wenn die Menschen gerecht wären, würde das moralisch Schlechte von der Erde verbannt sein; wenn die Fürsten gerecht wären, so würden ihre Untertanen gerecht sein und ihre Staaten würden sich der ganzen Glückseligkeit erfreuen, für welche sie empfänglich sind.

Erkennen wir also die Falschheit sowie die Verkehrtheit einer Politik, welche die Fürsten über die ewigen Regeln der Moral hinwegsetzt und welche sie die Sorge verschmähen läßt, die Vernunft ihrer Untertanen aufzubauen. *Ungerechte und treulose Souveräne werden in allen Völkern, welche sie umgeben, Feinde finden. Gebieter, welche an Tugenden entblößt sind, werden nur Sklaven ohne Tugend zu Untertanen haben. Die Laster der Souveräne und der Untertanen können wechselseitig nur Unglückliche erzeugen und einander ohne Ende zu Not und Unglück führen.*

Die Hoffnung und die Furcht, die beiden großen Triebfedern der menschlichen Handlungen; *sie sind in den Händen derjenigen, welche die Menschen regieren.* Die Belohnungen und Strafen setzen die souveräne Macht in den Stand, die Leidenschaften zu mäßigen und das Wollen, sei es zum Guten, sei es zum Schlechten, zu lenken. Die Fürsten geben der politischen Maschine immer die stärksten Antriebe, in welcher eine Menge von Triebkräften zusammenwirken, welche die Regierung derart leiten muß, daß aus diesem Zusammenwirken das allgemeine Wohl resultiert. Aber dieses allgemeine Wohl kann nur die Wirkung von den Anstrengungen aller sein; und damit alle dazu sich vereinigen, muß der Fürst oder die bewegende Kraft sie zu einem und demselben Zweck führen.

Jedes Glied in der Gesellschaft strebt auf seine Weise nach dem Wohlbefinden. Oft wenig in Einklang mit sich selber, sind seine Antriebe dem Abweichen unterworfen; sein Gang ist unsicher, es wankt bei jedem Schritt infolge der verschiedenen und oft entgegengesetzten Stöße, welche es nach verschiedenen Richtungen treiben. An der Regierung ist es, ihm nützliche Anstöße zu geben und es in der Richtung, welche sie ihm gibt, zu erhalten. *Die große Kunst der Politik würde derart zu wirken sein, daß in der komplizierten Maschine der Gesellschaft es keine überflüssigen, unnützen und dem Trieb des Ganzen zuwideren Triebfedern gäbe, sondern daß vielmehr alle, ohne abzuweichen, zu einem und demselben Zweck sich vereinigten.* Dieses Problem wird vollkommen gelöst sein, sobald in einem Staat das Verdienst und die Tugend die Belohnungen für sich in Anspruch nehmen werden können und wenn die Nutzlosigkeit und das Verbrechen jederzeit die Züchtigung oder die Verachtung zu fürchten haben werden.

Souveräne der Erde! Seid gerecht. Haltet ein billiges Gleichgewicht unter allen Euren Untertanen aufrecht. Seid redlich, die Tugend zu belohnen, die Nützlichkeit zu ehren, das wahre Verdienst auszuzeichnen; seid pünktlich, das Verbrechen zu bestrafen; zeigt dem unnützen und eitlen Menschen Verachtung; beraubt das Laster Eurer Wohltaten; verbannt aus Eurer Nähe selbst den Großen, wenn er seine Pflichten nicht erkennen will; verleiht die Stellen nur Bürgern, welche sich durch ihre Rechtschaffenheit, ihre Tugenden und ihre Fähigkeiten auszeichnen; und alsbald werden Eure Untertanen Tugend haben, die notwendigen Eigenschaften, um Euch zu gefallen, sich erwerben und sich um die Wette bemühen, der Gesellschaft sich nützlich zu erweisen. Ein Fürst, welcher, an die Regeln der Billigkeit sich haltend, seine Huld und seine Gunstbezeigungen nur an Ehrenmänner austeilte und den Bösen eine strenge Stirne zeigte, *würde die Moral und die Reformation viel wirksamer als alle die Priester und die Moralisten der Welt predigen.*

Was donnern die Minister des Allerhöchsten gegen die Korruption des Jahrhunderts von ihren Kanzeln herab; wie bedrohen sie den Sterblichen mit dem Zorn der unsichtbaren Mächte; was machen sie ihnen die Höllenfeuer unter ihren Füßen heiß. Die sichtbaren Mächte werden weit mächtiger als die Götter sein. Das Beispiel des Fürsten, seine Güte und seine Ungnade werden weit wirksamer als die Versprechungen von ungekannten Gütern, als die Drohungen mit einstigen Züchtigungen sein, welchen man sich leicht entziehen kann. Die eindringlichsten Ermahnungen der Religion werden auf die Herzen niemals einen so starken Eindruck machen als ein einziges Wort, ein Blick, ein Zeichen, eine Wohltat, ein Vorwurf, ein Verweis eines Souveräns, der selber tugendhaft und fest entschlossen ist, in seinen Staaten die Sitten herrschen zu lassen.[95)]

Es gibt kein weiseres Sprichwort als jenes persische, welches besagt, *willst Du das Verdienst gedeihen lassen? Säe die Belohnungen aus.* Wenn die Souveräne den tugendhaftesten Bürgern Achtung und Ehre bezeigten, so würde es in der Gesellschaft sehr bald nur einen glücklichen Wetteifer um Tugend geben. Würde es ihnen also nicht unendlich leichter sein, unter ihren Untertanen einen Wetteifer um die Ehre zu erregen als einen Wetteifer an Niedrigkeiten, Schimpf und Ruchlosigkeiten? *Die Tugend verschafft Ruhm; das Laster bringt nur Schande und Reue ein;* welches auch der Erfolg des Lasters sei, alle diejenigen, welche mit seiner Hilfe sich vorwärts bringen, sind vor sich selber zu erröten gezwungen. Wenn man nur durch das Verdienst und die Tugend zu Ehren und Stellen gelangte, wie vieler Vorteile würde man sich nicht erfreuen? Man würde so vor allem die innere Befriedigung auskosten, welche dem Verdienst anhaftet; man würde die Achtung der anderen erlangen;

endlich würde man sich des Gegenstandes seines Ehrgeizes erfreuen. Wie groß ist also die Verblendung, die Nachlässigkeit oder der schlechte Wille so vieler Fürsten, welche, da sie mit solcher Leichtigkeit die guten Sitten, die Talente und die Tugend in ihren Staaten fördern könnten, nicht die Vorteile fühlen, welche daraus für sie resultieren würden! ...

Beaumarchais
Figaros Hochzeit
(Auszug)

Der Schriftsteller, Erfinder und Geschäftemacher Pierre Augustin Caron de Beaumarchais (1732 – 1799) errang seine größten Theatererfolge mit seinen spritzigen, witzig-frechen Komödien „Der Barbier von Sevilla“ (Uraufführung 1775) und „Figaros Hochzeit“ (Uraufführung 1784). Vor allem mit „Figaros Hochzeit“ gelang ihm eine treffsichere Anklage gegen das Ancien Régime. Sarkastisch macht er sich über Richter und Adlige lustig und stellt erstmals einen Diener auf die Bühne, der sich seinem Herrn als überlegen erweist.

Die Zensurbehörde und König Ludwig XVI. erkannten die Brisanz des Lustspiels, das 1780 im Manuskript vollendet war, und verboten zunächst die Aufführung. Dem unermüdlichen Beaumarchais gelang es jedoch, einflußreiche Gönner für seine Komödie zu mobilisieren, so daß sich pikanterweise Minister und Adlige für ein Stück einsetzten, das ihr feudales System der Lächerlichkeit preisgab.

Dritter Aufzug

Sechster Auftritt

Susanne. Figaro. Gleich darauf Graf.

FIGARO (*von rechts, Susanne entgegenkommend*). Wohin so rasch, mein Suschen? Du rechts, der Graf links? Was hat es da gegeben?

SUSANNE. Ein Vorspiel zu deinem Prozeß. Verteidige dich noch, wenn du Lust hast. Nötig ist es nicht. Du hast bereits gewonnen. (*Läuft rechts ab.*)

Figaro (*ihr nacheilend*). Erkläre mir....

Graf (*der bei Figaros Worten umgekehrt war und gelauscht hatte*). „Du hast gewonnen!" Also wiederum eine Falle! Nun aber auch keine Gnade, keine Schwäche mehr! Ein gutes, festes, rechtskräftiges Urteil soll mich an den unermüdlichen Ränkeschmieden rächen. ... Aber, wenn Figaro seine Schuld an Marzelline zahlte? ... Womit? ... Wenn er doch zahlte? ... Halt! Mir bleibt Antonio, Susannes Oheim. Der Narr ist hoffährtig wie ein Pfau. Nie wird er zugeben, daß seine Nichte einen Menschen ohne Familie, einen Figaro zum Manne nimmt. Stecken wir uns hinter den Ahnenstolz unseres Herrn Schloßgärtners. Im Krieg und in der Liebe gilt jede List. *(Geht ab.)*

Siebter Auftritt

Bartholo. Marzelline. Friedensrichter.

Marzelline. Herr Friedensrichter, hören Sie meine Sache an.

Friedensrichter *(im Talar, stammelnd)*. Gu-u-gut. Sprechen wir mü-mündlich darüber.

Bartholo. Es ist ein vollständiges Eheversprechen.

Marzelline. Und eine Schuldverschreibung dazu.

Friedensrichter. Verstehe: Eheverschreibung, Schuldversprechen, et cae-ae-aetera!

Marzelline. Nichts da von et caetera!

Friedensrichter. Verstehe! Ihr ha-a-abt das Geld.

Marzelline. Nicht doch; ich hab' es hergeliehen.

Friedensrichter. Und wollt es wiederhaben? Verst-ehe!

Marzelline. Keineswegs; ich verlange Erfüllung des Eheversprechens.

Friedensrichter. Bekla-a-agter will Euch hei-ei-raten. Verstehe!

Marzelline. Das will er eben nicht. Daher der ganze Prozeß.

Friedensrichter. Verstehe! Als ob ich euren Pro-o-zeß nicht verstünde!

Marzelline. (*zu Bartholo*). Ist das ein Richter?

FRIEDENSRICHTER. Freilich bin ich ein Rich-ichter; wozu hätt' ich sonst meine Stel-lelle gekauft?

MARZELLINE. *(seufzend).* Welch ein Mißbrauch, solche Stellen zu verkaufen!

FRIEDENSRICHTER. Mir wär's auch lieber, wenn man sie umsonst gä-äbe! Gegen wen kla-a-aget Ihr? ...

Neunter Auftritt

Vorige. Figaro (Durch die Mitte, nachdem der Vorhang von dem Gerichtsdiener aufgeschlagen worden, treten ein:) Graf, Gerichtsschreiber, zwei Advokaten, ein zweiter Gerichtsdiener. (Wenn sie eingetreten sind, werden die Schranken geschlossen, hinter denen sich aufstellt:) Antonio, Dienerschaft, Landleute.

Gerichtsdiener *(den Stab erhebend).* Seine Exzellenz, der Herr Graf Almaviva, oberster Erb-, Lehn- und Gerichtsherr! *(Der Graf nimmt seinen Platz auf dem Lehnstuhl unter dem Baldachin ein. Unter ihm der Friedensrichter. Gerichtsschreiber und Advokaten an einer mit Akten und Schreibzeug bedeckten Tafel. Bartholo und Marzelline treten rechts, Figaro links, die Gerichtsdiener zu beiden Seiten der Schranken. Im Volk Bewegung.)*

GRAF. Im Talar, Herr Friedensrichter? Es handelt sich nur um einen häuslichen Streit. Das gewöhnliche Kleid wäre genug gewesen.

FRIEDENSRICHTER. Ex... Ex... Exzellenz sind zu gnädig. Aber ich gehe niemals ohne Ta..la..lar. Wegen der Form, wissen Sie. Mancher la..lacht über den Richter im kurzen Ro..Rock, der beim blo..bloßen Anblick des Talars zi..zittert. Die Form, die Fo..Fo..Form.

GRAF. Der Gerichtstag beginne!

FRIEDENSRICHTER. Schrei...Schrei...Schreiber, verlest die Sachen.

SCHREIBER *(aus den Akten lesend).* Der hoch-, hochwohl- und wohlgeborene Herr Don Pedro Georgio Hidalgo de los altos y fieros Montes y otros Montes wider Alonzo Calderon, junger Theaterdichter. Es handelt sich um ein durchgefallenes Lustspiel, das keiner verfaßt haben will und jeder auf den anderen schiebt.

GRAF. Sie haben beide recht. Man weise die Klage ab. Wenn sie wieder zusammen arbeiten, soll, damit ihr Werk Glück mache in der großen Welt, der Edelmann seinen Namen, der Dichter sein Talent dazu hergeben.

SCHREIBER *(aus einem zweiten Aktenstück).* Andreo Petruchio, Taglöhner, gegen den Steuereinnehmer, wegen willkürlicher Schätzung.

GRAF. Die Sache gehört nicht vor meinen Stuhl. Ich diene meinen Leuten besser, wenn ich sie beim König beschütze. Fortzufahren.

SCHREIBER *(ein drittes Aktenstück vornehmend).* Barbara Hagar Magdalena Nicolina Marzellina, ledig und volljährig (*Marzelline knixt*) gegen Figaro ... Taufname offen gelassen.

FIGARO. Anonymus.

FRIEDENSRICHTER. Anonymus – was für ein Hei-heiliger ist das?

FIGARO. Der meinige!

SCHREIBER *(aufzeichnend).* Gegen Anonymus Figaro. Stand?

FIGARO *(stolz).* Edelmann!

FIGARO. Edelmann?

FIGARO. Wenn es des Himmels Wille gewesen wäre, könnte ich der Sohn eines Fürsten sein. (*Gelächter unter den Zuhörern.*)

GRAF *(achselzuckend).* Fahrt fort!

GERICHTSDIENER. Stille vor Gericht!

SCHREIBER *(lesend).* Besagte Marzelline, als Klägerin, tut und erhebt, aufgrund eines schriftlichen Eheversprechens, Einsprache gegen die anderweite Verehelichung des Beklagten, besagten Figaros. Die Klägerin vertritt Medizinae Doktor Bartholo aus Sevilla, während Beklagter seine Sache selbst führen wird, wenn der Gerichtshof solches erlaubt, gegen den Gebrauch.

FIGARO *(sich erhebend).* Der Gebrauch ist häufig nur ein Mißbrauch. Eine nur einigermaßen gebildete Partei kennt ihre

Sache besser als gewisse Advokaten, welche unter kaltem Schweiß, mit vielem Geschrei, alles wissend, nur die Sache nicht, ohne Bedenken ihren Klienten zugrunde richten, die Zuhörer langweilen, die Richter einschläfern und hernach so stolz sich aufblasen, als hätten sie eine ciceronianische Rede verfaßt. Ich werde in wenig Worten die Sache klar machen. Meine Herren ...

SCHREIBER *(unterbrechend)*. Ihr seid nicht Kläger, sondern habt als Beklagter nur zur Verteidigung das Wort. Treten Sie vor, Herr Doktor, und lesen Sie das Versprechen.

BARTHOLO. Es ist bündig.

FRIEDENSRICHTER. Man hö..höre es an. Stille vor Gericht!

BARTHOLO *(sehr umständlich, seine Brille abwischend und aufsetzend)*. „Ich, Endesunterzeichneter, bekenne hiermit, von Dame Marzelline die Summe von zweitausend Piastern als bares Darlehen empfangen zu haben. Diese Summe werde ich ihr auf ihr Verlangen jederzeit zurückzahlen und statt der Zinsen aus Erkenntlichkeit sie heiraten." Gezeichnet: Figaro. – Unser Antrag geht auf Zahlung der Summe nebst Kosten und auf Erfüllung des Eheversprechens. *(Er räuspert sich und fährt im Rednerton fort.)* Meine Herren! Seit dem Urteil Salomonis des Weisen wurde kein interessanterer Rechtsfall vor keinem Gerichtshof der Welt verhandelt. Eheversprechungen kannten bereits die Alten: der große Alexander versprach die Ehe der schönen Thalestris ...

GRAF *(fällt ungeduldig ein)*. Bevor wir so weit zurückgehen, äußere sich Beklagter, ob er seinen Schein anerkennt?

FRIEDENSRICHTER. Beklagter, was popo-propo-oppo-ponieret Ihr gegen euren Schein?

FIGARO. Daß er aus Versehen oder absichtlich falsch gelesen worden ist. Es heißt darin nicht: Diese Summe werde ich zurückzahlen und sie heiraten; sondern es lautet: diese Summe werde ich zurückzahlen oder aus Erkenntlichkeit sie heiraten. Ein kleiner Unterschied, sollt' ich meinen. *(Bewegung unter dem Volk.)*

GRAF. Was steht im Schein?

BARTHOLO. Und!

FIGARO. Oder!

FRIEDENSRICHTER. Und oder – oder. Oder – und – und – oder. *(Gelächter.)* Ruft Still-ille vor Gericht.

GERICHTSDIENER. Still-ille vor Gericht.

GRAF. Schreiber, überzeug' Er sich selbst.

SCHREIBER *(dem Bartholo das Papier überreicht, liest anfangs murmelnd, abgebrochen).* „Endesunterzeichneter ... zweitausend Piaster ... bares Darlehen." Aha! Diese Summe werde ich ihr auf ihr Verlangen jederzeit zurückzahlen *(hält das Papier nah vor's Auge)* und ... oder ... Das Wort ist undeutlich. Es ist ein Klecks darauf.

FRIEDENSRICHTER. Man zeige mir den Kle-e-ecks! *(Friedensrichter, Advokaten, Schreiber stecken alle die Nasen in das Papier und flüstern miteinander.)*

BARTHOLO. Wir behaupten, daß es die conjunctio copulativa Und ist. Wonach Beklagter mit der Klägerin sich kopulieren zu lassen gemüßigt sein dürfte.

FIGARO *(in gleich pedantischem Tone).* Wir replizieren, daß es conjunctio adversativa Oder sei, so daß Klägerin entweder bezahlt oder geheiratet werden wird. Ist er Pedant, so bin ich es doppelt; spricht er Latein, so rede ich Griechisch. Ich vernichte ihn.

GRAF. Wie ist der Fall zu beurteilen?

BARTHOLO. Um zu Ende zu kommen und nicht Silben zu stechen, akzeptieren wir: es heiße „Oder".

FIGARO. Ich bitte, dies zu Protokoll zu nehmen.

BARTHOLO. Wir stimmen bei. Eine so erbärmliche Ausflucht wird Beklagten nicht retten. Prüfen wir die Schrift, wenn „oder" darinnen steht. *(Er liest.)* „Die Summe ... werde ich ihr zurückzahlen oder sie heiraten." Das ist, als wenn in einem Rezept geschrieben stünde: Patient wird zwei Gran Rhabarber einnehmen oder eine halbe Unze Sennes. Eins von beiden muß er nehmen, um gesund zu werden.

FIGARO. Keineswegs. Das Beispiel steht so: Entweder die Krankheit wird den Patienten umbringen oder der Arzt mit seinen Mitteln. Ein reiner Gegensatz. Nur eines Todes kann er sterben. So auch in meinem Fall: Entweder ich zahle, oder ich heirate. Beides ist nicht zu verlangen.

BARTHOLO *(heftig werdend).* Schöne Zahlung, das.

SCHREIBER. Stille vor Gericht.

BARTHOLO. Das nennt solch ein Schurke seine Schulden bezahlen.

FIGARO, Führt der Herr Verteidiger seine eigene Sache?

BARTHOLO. Ich vertrete Dame Marzelline.

FIGARO. So reden Sie Unsinn, so viel Sie wollen, aber keine Beleidigungen. Als man, aus Besorgnis vor der Leidenschaftlichkeit der Parteien, vor Gericht Verteidiger und Sachwalter zuließ, wollte man ihnen nicht das Recht erteilen, ungestraft zu beleidigen. Das heißt, die edelste Anstalt herabwürdigen.

(Die Richter haben inzwischen insgeheim unter sich beraten.)

ANTONIO *(auf sie hindeutend, zu Marzelline).* Was haben denn die miteinander zu zischen?

MARZELLINE. Der oberste Gerichtsherr ist bestochen worden, er besticht den Friedensrichter, dieser die übrigen, und ich verliere den Prozeß.

BARTHOLO *(für sich, murrend.)* Das fürchte ich.

FIGARO *(heiter).* Mut, Marzelline.

SCHREIBER *(gegen Marzelline gewendet).* Das ist zu stark; ich zeige Sie an und verlange zur Ehre des Gerichtshofes, daß diese Sache vor der anderen verhandelt werde.

GRAF: Nicht so, Schreiber. Ich spreche nicht, wo es eine persönliche Beleidigung gegen mich gilt. Ein spanischer Richter ist kein türkischer. Genug an den anderen Mißbräuchen. Um nicht selbst einen weiteren zu begehen, werde ich meine Erkenntnis motivieren; der Richter, welcher das nicht tut, ist ein Feind der Gesetze. Was kann Klägerin verlangen? Heirat, wenn nicht Bezahlung. Beides zumal ist ausgeschlossen.

SCHREIBER. Stille vor Gericht.

GRAF. Wie erwidert Beklagter? Daß er nicht heiraten will. Dies ist ihm gestattet.

Figaro *(erfreut).* Ich gewinne.

Graf. Aber da sein Versprechen sagt: „welche Summe ich zurückzahlen oder sie heiraten werde", so verurteilt der Gerichtshof Beklagten, der Klägerin zweitausend Piaster zu zahlen oder sie zu heiraten, und das noch am heutigen Tage. Von Rechts wegen. *(Er steht auf.)*

Figaro *(erstarrt).* Ich habe verloren.

Antonio *(frohlockend).* Ein treffliches Urteil.

Figaro. Warum trefflich?

Antonio. Weil du nun meine Nichte doch nicht kriegst. Schön' Dank, Exzellenz.

Gerichtsschreiber. Das Gericht ist geschlossen.

Antonio. Das alles erzähle ich Susanne. *(Ab.)*

(Die Zuhörer gehen allmählich ab, ebenso die Gerichtspersonen, bis auf den Friedensrichter. Die übrigen kommen wieder in den Vordergrund.) ...

Fünfter Aufzug

Dritter Auftritt

Figaro (*allein*).

(Er geht heftig auf und nieder und spricht in düsterem Tone:)

O Weiber, Weiber, Weiber! Schwaches, und doch in Ränken so starkes Geschlecht! Falschheit ist deine Natur, Täuschung dein Beruf! – Mir schlug sie ab, hierher zu kommen, als ich sie darum bat; und – ihm gewährt sie es in demselben Augenblick, wo sie mir feierlich ewige Treue schwört! Er lachte, da er das Brieflein las, und ich stand dabei wie ein Dummkopf. *(Es schlägt zehn Uhr auf dem Schloßturm. Er schreit auf.)* Zehn Uhr! Ihre Stunde, mein Herr Graf! Aber kommen Sie nur, suchen Sie – Susanne sollen Sie doch nicht finden! Weil Sie ein großer Herr sind, bilden Sie sich ein, auch ein großer Geist zu sein! Geburt, Reichtum, Stand und Rang machen Sie stolz. Was taten Sie denn, mein Herr Graf, um so viele Vorzüge zu verdienen? Sie gaben sich die Mühe, auf die Welt zu kommen; das war die einzige Arbeit Ihres ganzen Lebens, dessen übrigen Teil Sie als ein ziemlich gewöhnlicher Mensch verpraßt und verprunkt haben! Ich dagegen, das Findelkind aus dem Volk, habe meinen Weg auf eigenen Füßen machen müssen. Um mein Brot zu verdienen, das harte, trockene Brot, habe ich oft in einem einzigen Tag mehr Verstand gebraucht als die gesamte Regierung der Königreiche von Spanien und Navarra in hundert Jahren. Und Sie wollen sich mit mir messen?! Sie – mit mir, hahaha! *(Indem er lauscht).* Sie kommt ... Nicht doch ... Niemand. Die Nacht ist pechschwarz, und ich spiele hier die einfältige Rolle des Ehemanns, obgleich ich noch keiner bin. *(Er wirft sich auf die Bank).* Gibt es ein seltsameres Geschick als das meinige? Zigeuner stehlen mich, ehe ich von meinen Eltern eine Ahnung habe. Ich entlaufe ihnen, ihres unsteten Vagabundenlebens überdrüssig. Ich suche, strebe, ringe nach einem ehrlichen, anständigen Beruf und finde alle Wege verschlossen, alle Türen gesperrt. Mit der Gitarre auf dem Rükken durchwandere ich Spanien, singe maurische Volkslieder auf den Jahrmärkten und heidnische Schelmenstücklein in den Straßen der Städte. In Madrid nimmt der Gesandte des Kaisers von Marokko Anstoß an meiner Kunst; ich habe seinen Glauben verletzt, klagt er, seinen Propheten gehöhnt. Man weist mich aus – voll Rücksicht und Ehrfurcht für den Sultan, der in seinen Staaten die Christenhunde nach Herzenslust pfählen läßt, ohne daß nur eine Bitte für sie laut zu werden wagt. Weil man den Geist nicht erniedrigen kann, rächt man sich durch Mißhandlungen an ihm. – Die Not brach herein, ich hungerte, hatte Schulden. Schon sah ich die abscheulichen Gerichtsdiener heranrücken; verzweifelnd raffe ich mich auf. Es war eine Frage an der Tagesordnung: über die Nationalreichtümer, und da man gerade nicht zu haben braucht, worüber man schreibt, schrieb ich, ohne einen Heller in der Tasche, über den Wert des Geldes. Alsbald öffnet sich für mich – das Tor eines Kerkers;

ich verliere Hoffnung und Freiheit. *(Er springt auf.)* Hätte ich doch hier einen der Mächtigen des Tages, die so leichtsinnig einen Menschen mißhandeln, der nur die Wahrheit sagt. Müde, mich zu ernähren, wirft man mich endlich hinaus. Ich greife wieder zur Feder, werde Schriftsteller. Man sagte mir, Spanien habe Pressefreiheit und ich könnte, natürlich unter Aufsicht von zwei, drei Zensoren, schreiben, was mir beliebte, wenn es nur nicht gegen den Staat wäre oder gegen den Hof, gegen die Kirche, gegen die guten Sitten und schlechte Beamte, gegen privilegierte Tänzerinnen ... Um diese kostbare Freiheit zu verwerten, gründe ich eine Zeitung und nenne sie, damit ich niemandem Konkurrenz mache: „Unnütze Blätter". Pah – tausend arme Schlucker stehen gegen mich auf, ich bin wiederum ohne Stelle, ohne Brot. Verzweiflung faßt mich. Man denkt mir ein Amt zu; unglücklicherweise besitze ich den dafür nötigen Verstand, erhalte es also nicht. Ein Rechner wurde gesucht – ein Tänzer angestellt. Mir blieb nur noch übrig zu stehlen: ich wurde Spieler, hielt Bank. Darauf – über die ehrlichen Leute – werde ich eingeladen und von Standespersonen aufgenommen, die mir die Hälfte meines Gewinnes abnehmen. Ich hätte es zu etwas bringen können, denn ich begann einzusehen, daß zum Fortkommen in der Welt Wissen weniger nötig ist als Manieren. Aber da alles um mich her vom Raube lebte und doch verlangte, ich sollte ehrlich sein, ging ich abermals zugrunde. Nun hatte ich's auf Erden satt; zwanzig Fuß Wasser sollten mich erlösen, als ein glücklicher Zufall mich zu meinem ersten Handwerk zurückführte. Ich griff wieder zum Scherbeutel, zum Streichriemen, wanderte als Barbier von Ort zu Ort und lebte endlich ohne Sorgen. Ein vornehmer Herr fand und erkannte mich in Sevilla, der Graf Almaviva. Ich verhelfe ihm zu einer Frau, er stiehlt mir dafür die meinige. Darüber Sturm und Wetter. Ich bin dem Abgrund nah, im Begriff, meine eigene Mutter zu heiraten, als mir auf einmal meine Eltern entgegenkommen. Wiederum Zank, Streit, Sturm: er ist es, ich bin es, nein, ja, ja, nein! *(Er fällt wieder auf die Bank.)* Wunderliches Geschick; warum mir dieses und kein anderes auf das Haupt gefallen?

Warum dieses gerade mir? Kaum weiß ich, was mein Ich ist, mit dem ich mich so viel beschäftige: eine formlose Mischung unbekannter Elemente, dann ein kleines, hilfloses Wesen, ein leichtsinniger Knabe, ein lebenslustiger Jüngling, zum Genuß mit allen Kräften drängend, alle Berufsarten aufgreifend, nur um leben zu können, bald Herr und bald Diener, wie es dem Zufall beliebt, ehrgeizig aus Eitelkeit, fleißig aus Not, aber träge von Natur und mit Wonne! Schönredner bei Gelegenheit, Dichter zur Erholung, Musiker nach Bedarf, Liebhaber aus Laune! Alles habe ich gesehen, getan, genossen. Jede Täuschung ist geschwunden, ich bin nur zu sehr erwacht. ... Oh, Susanne, Susanne, welche Qualen du mir bereitest! Ich höre Schritte; man kommt. Der entscheidende Augenblick ist da.
(Er zieht sich in die Kulisse zurück.)

Anmerkungen

1) Das Gesetz, sagt Plutarch, ist die Königin aller Sterblichen und Unsterblichen, in der Abhandlung, daß ein Fürst weise sein müsse.
2) Beweis der Wilde, welcher in den Wäldern Hannovers gefunden und in England unter der Regierung Georgs I. gezeigt wurde.
3) In *praefat. lib. de cive*
4) Obgleich Ausleger und Bewunderer des Gesellschaftstriebes, trägt Montesquieu kein Bedenken zu erklären, daß der Kriegszustand der Menschen mit dem Gesellschaftszustand beginnt. Aber aus dieser trostlosen Wahrheit, die Hobbes mißbraucht hat, um die Ruhe des Despotismus zu rühmen, und Rousseau, um die Unabhängigkeit des Lebens in der Wildnis zu preisen, läßt der wahre Philosoph die heilsame Notwendigkeit der Gesetze hervorgehen, welche einen Waffenstillstand unter den Staaten und einen ewigen Friedensvertrag der Bürger bilden. (Billemain, Lobeserhebung Montesquieus)
5) Vergl. über dieses Kapitel Aristoteles, *Politik*, B. 6, Kap. 2. Er setzt dort die Grundsätze der demokratischen Verfassung auseinander. (P.)
6) Reden 17 und 18
7) Libanius teilt selbst den Grund dieses Gesetzes mit. „Der Grund war", sagt er, „zu verhindern, daß die Staatsgeheimnisse bekannt würden".
8) Vergl. *Les Considérations sur les causes de la grandeur des Romains et de leur décadence,* Kap. 9
9) S. 691 u. 692. Ausg. von Wechelius vom Jahr 1596
10) Buch 1
11) Buch 4, Art. 15 f
12) S. in *Les Considérations sur les causes de la grandeur des Romains et de leur décadence,* Kap. 9, wie dieser Geist des Servius Tullius sich in der Republik erhielt.
13) Dionys von Halik. Lobrede auf Isokrates, S. 97, Bd. 2. Ausg. v. Wechelius. (Wir finden in dieser Ausgabe, welche wir vor uns haben, nur, daß Isokrates in seiner Rede an die Verordnung Solons und Kleisthenes' erinnert, durch welche sie die Verbrecher von der Gewalt ferngehalten und die Ämter nur Leuten von Verdienst gegeben hatten.) Pollux, B. 8, Kap. 10, Art. 130.
14) Vgl. Aristoteles, *Polit.,* B. 2, Kap. 12
15) *Videtur democratiae esse proprium magistratus sortito capi, electione vero creari oligarchiae convenire.* Arist. *Polit.*, B. 4, Kap. 9
16) Vgl. Demosthenes' Rede de falsa legat. und die Rede gegen Timarchos
17) Es wurden sogar für jede Stelle zwei Stimmzettel abgegeben, einer, wodurch die Stelle verliehen, und einer, wodurch der Nachfolger bestimmt wurde für den Fall, daß der erste verworfen würde. – Diese beiden Stimmzettel genügten, wenn das Volk über ein ihm vorgeschlagenes Gesetz zu beschließen hatte, wenn es sich aber um die Wahl der Beamten handelte, wurden dem Bürger so viele Stimmzettel gegeben, als Bewerber vorhanden waren. (Crev.)
18) B. 1 u. 3. über die Gesetze
19) In Athen erhob man die Hände.

20) Wie in Venedig
21) Die dreißig Tyrannen von Athen verordneten, daß die Abstimmungen der Mitglieder des Areopags öffentlich sein sollten, um sie nach ihrem Belieben zu leiten. (Lysias, *Orat. contra Agorat.* cap. 8)
22) Vgl. Dionys von Halik. B. 4 u. 9
23) Vgl. Addison, *Italienische Reisen*, S. 16
24) Anfangs wurden sie durch die Konsuln ernannt.
25) Dies richtete die römische Republik zugrunde. Vgl. *Les Considérations sur les causes de la grandeur des Romains et de leur décadence*
26) Reisebeschreibungen von Tournefort
27) In Lucca werden die Behörden nur für zwei Monate eingesetzt.
28) Diabor, B. 18, S. 601. Ausg. von Rhodoman
29) Im Gegenteil, die Engländer haben die Macht der weltlichen und geistlichen Großen gesetzmäßiger gemacht und die Macht der Gemeinden vermehrt. (Volt.)
30) Ferdinand, König von Aragonien, machte sich zum Großmeister der Orden, und dies allein hatte eine Verfassungsänderung zur Folge.
31) Die orientalischen Könige haben immer Wesire, sagt Chardin.
32) Diese Unterscheidung ist sehr wichtig, und ich werde daraus viele Folgerungen ziehen, denn sie ist der Schlüssel zu einer Menge von Gesetzen.
33) Man hat gegen Montesquieu immer Einwendungen erhoben, als ob er gesagt hätte, daß es in den Republiken nur Tugend und in den Monarchien nur Ehre gäbe, oder daß die Ehre nur in diesen und die Tugend nur in jenen vorkäme, allein er hat weder das eine noch das andere gesagt, und es ist sehr merkwürdig, daß man dies angenommen hat, denn man erklärte damit zugleich, daß man ihn einer großen Ungereimtheit fähig halte. Aber die Böswilligkeit nimmt es nicht so genau. Der Verfasser hat immer Einschränkungen gemacht, sowohl bei dem Wort als bei dem Begriff des allgemeinen Regierungsprinzips. Ich will mich ohne weitere Erörterungen damit begnügen, die Aufmerksamkeit auf folgenden gleichen Erfahrungssatz zu lenken, der mir zu Gunsten des Verfassers zu entscheiden scheint: Was zur Gründung der Staaten dient, dient auch zu ihrer Erhaltung. Nun ist es Tatsache, daß die Gründung der Republiken überall eine Zeit der Tugend gewesen ist, sowohl in der vergangenen Zeit als auch in der unsrigen. Man blicke auf die Römer zur Zeit des ersten Brutus, auf die Schweizer zur Zeit des Wilhelm Tell, auf die Holländer zur Zeit der Nassau und endlich auf die Nordamerikaner zur Zeit Washingtons; das ist der Augenblick, wo die Menschen größer erscheinen, und daher verdienten sie es, frei zu sein. In diesem ruhmvollen Kampf der natürlichen und gesetzlichen Freiheit gegen den Mißbrauch der unumschränkten Gewalt erglänzen alle die Wunder von Mut, Geduld, Mäßigung, Selbstlosigkeit und Treue, mit einem Wort alles, was wir in der Geschichte bewundern und was ein Volk in den Augen der Nachwelt achtungswert macht. Von dieser Bemerkung, die übrigens in der Natur der Dinge wie in der beständigen Gleichmäßigkeit der Tatsachen begründet ist, gibt es keine Ausnahme. Jede Regierung ist eine Ordnung, und jede Ordnung wurzelt in der Sittlichkeit. Nun hängt die republikanische Regierung hauptsächlich von dem Geist und Charakter der großen Menge ab, wie die königliche Regierung von dem Charakter eines einzelnen, des Königs oder des leitenden Ministers abhängt. Wenn also der allgemeine Charakter nicht gut ist, wird die Republik schlecht sein, wie das Königtum übel fahren wird, wenn der Fürst

schlecht ist, mit dem Unterschied, daß die Fehler des Fürsten mit ihm vorübergehen und durch einen besseren Nachfolger wiedergutgemacht werden können, während das innere Verderben einer Republik durch nichts aufgehalten wird (LaH.).

34) Cromwell

35) Plutarch in *Pericle*; Plato in *Critia*

36) Es wurden 21 000 Bürger, 10 000 Fremde und 400 000 Sklaven gezählt. Siehe Athenaeus, B. 6

37) Es hatte damals 20 000 Bürger. Siehe Demosthenes in *Aristog*.

38) Die Athener hatten ein Gesetz gemacht, das denjenigen mit dem Tod bestrafte, der beantragen würde, das für die Theater bestimmte Geld für den Krieg zu verwenden.

39) Dieser Krieg dauerte drei Jahre.

40) Die öffentlichen Verbrechen werden hier bestraft werden können, weil dies im allgemeinen Interesse liegt, aber die geheimen Verbrechen werden nicht bestraft, weil deren Nichtbestrafung im allgemeinen Interesse liegt.

41) Ich spreche hier von der öffentlichen Tugend, d. h. von der sittlichen Tugend in dem Sinne, als sie auf das allgemeine Wohl gerichtet ist, sehr wenig von den besonderen sittlichen Tugenden, und durchaus nicht von jener Tugend, welche auf die offenbarten Wahrheiten Bezug hat. Dies wird man in B. V, Kap. 2, deutlich erkennen.

42) Dies ist im Sinne der vorhergehenden Anmerkung zu verstehen.

43) „Man soll sich nicht", heißt es dort, „Menschen niederer Herkunft bedienen, denn sie sind zu streng und schwierig." Folgendes ist der Wortlaut des sogenannten Testaments im Kap. 4. „Man kann dreist behaupten, daß von zwei Personen von gleichem Verdienst derjenige vorzuziehen ist, der sich in den besten Vermögensverhältnissen befindet, weil ein armer Beamter sicherlich einen sehr festen Charakter haben muß, wenn er nicht zuweilen mit Rücksicht auf seinen eigenen Vorteil nachgiebig sein soll. Auch lehrt die Erfahrung, daß die Reichen weniger zu Vergünstigungen geneigt sind als jene und daß die Armut einen armen Beamten zwingt, um die Einnahmen seines Säkkels sehr besorgt zu sein. (Volt.)

44) Der Ausdruck „rechtschaffener Mann" ist hier nur in einem politischen Sinn zu verstehen.

45) Diese Vorzüge, Auszeichnungen und Ehren galten in der römischen Republik mindestens ebensoviel wie in den Trümmern dieser Republik, die heute so viele Königreiche bilden. Die Prätur, das Konsulat, die Bündel mit den Beilen und der Triumph waren wohl ebensoviel wert wie die vielfarbigen Ordensbänder. (Volt.)

46) S. Perry S. 447

47) Das allgemeine System dieses Buches, welches als Prinzip der drei bekannten Regierungsformen die Tugend für die Republiken, die Ehre für die Monarchien und die Furcht für die despotischen Regierungen aufstellt, ist vielfach angegriffen worden und von Voltaire mehr als von irgendeinem andern. Man ist im allgemeinen mit dem Verfasser über das letzte Prinzip einverstanden, aber man hat sehr viele Einwendungen gegen die beiden anderen gemacht. Montesquieu würde, glaube ich, vielen Schwierigkeiten vorgebeugt haben, wenn es in seinen Plan und seine Geistesart gepaßt hätte, sich viel mit Einwürfen zu beschäftigen, aber er denkt offenbar nur daran, seine Gedankenreihe aufzubauen, und ich begreife seine Gründe. Sein Unternehmen, wie er

es ansah, war so bedeutend, die Bahn, die er mit dem Auge durchmaß, so weit, und das Ziel schien ihm so entfernt, daß er fürchten mochte, sein Lebensziel vor jenem zu erreichen. Und in der Tat, kaum hatte er jenes erreicht, als er auch schon an dieses anlangte. Er überlebte die Veröffentlichung des *Geist der Gesetze* nur wenige Jahre. (Die erste Ausgabe erschien 1748, und Montesquieu starb im Jahre 1755.) Hätte er sich auf Meinungsverschiedenheiten einlassen wollen, sei es auch nur in den Hauptpunkten, so hätte sein Werk kein Maß mehr gehabt, und es lag ebensowohl im öffentlichen Interesse wie im Interesse des Ruhmes des Verfassers, das Werk einzuschränken und so zu vollenden. (La H.)

48) Wie es oft bei der Militäraristokratie vorkommt.

49) Ricault, *De l'Empire ottoman*

50) S. die Geschichte dieser Revolution von Pater Dücercau

51) Seine Regierung war eine militärische, eine besondere Art der despotischen Reigerung.

52) Vgl. Chardin

53) Dieser Befehl wurde übrigens durch eine spätere Verordnung widerrufen, worüber das Buch Esther ausführlich berichtet; ihre Hauptbestimmung war folgende: *Unde eas litteras, quas sub nomine nostro ille (Aman) direxerat, sciatis esse irritas, Kap. 16, V. 7.*

54) Vgl. Chardin

55) Ich habe, sagt Cicero, das Edikt des Scävola abgeschrieben, das den Griechen gestattet, ihre Streitigkeiten unter sich nach ihren Gesetzen zu schlichten, weshalb sie sich als freie Völker ansehen.

56) Die Russen konnten nicht ertragen, daß der Zar Peter ihnen den Bart abschneiden ließ. S. den gegenwärtigen Stand von Großrußland von Perry, S. 187, 188, Haag 1717. (P.)

57) Die Kappadokier lehnten den republikanischen Staat ab, welchen die Römer ihnen anboten.

58) *Omnes legum servi sumus, ut liberi esse possimus.* (Cicero pro Cluentio § 53). Es ist überflüssig hinzuzufügen, daß es sich hier nur um gute Gesetze handelt; denn die widersinnigen oder grausamen Gesetze könnten jegliche Art von Freiheit von Grund aus zerstören. (P.)

59) Dies ist der natürliche Zweck eines Staates, welcher keine äußeren Feinde hat oder sie durch Grenzmauern aufgehalten zu haben glaubt.

60) Der Nachteil des *Liberum veto*

61) Die meisten Grundsätze, welche Montesquieu in diesem Kapitel darlegt, sind aus der Abhandlung über die bürgerliche Regierung von Locke, Kap. 12, entnommen. (P.)

62) In Venedig

63) Wie in Athen

64) S. Aristoteles, *Republik*, B. 2, Kap. 10 (P.)

65) Ebendaselbst Kap. 9

66) Dies waren Beamte, welche das Volk alle Jahre wählte. Siehe Stephan von Byzanz. – Die Bezeichnung Amymonen kommt ohne Zweifel aus dem Griechischen. Bodin (Republ. l. 1 c. 8) und Grotius (De jure belli ac pacis l. 1 c. 3 § 8) geben diesen Beamten denselben Namen wie Montesquieu. Plutarch dagegen (griechische Fragen) nennt sie *amnemones*, weil sie keiner Rechnungsablage über ihre Verwaltung unterworfen gewesen wären. Er fügt hinzu, daß sie auf Lebenszeit ernannt wurden und sechzig an der Zahl waren. (P.)

67) Die römischen Beamten konnten nach Beendigung ihrer Verwaltung angeklagt werden. S. Dion. von Halikarnaß, B. 9, die Angelegenheit des Tribunen Genucius.

68) *Die minoribus rebus principes consultant, de majoribus omnes: ita tamen, ut ea quoque, quorum penes plebem arbitrium est, apud principes pertractentur.* Ist es möglich, daß in der Tat das Oberhaus und das Unterhaus, das Billigkeitsgericht und das Admiralitätsgericht aus dem Schwarzwald stammen? Ebenso gut könnte ich sagen, daß die Reden Tillotsons und Smalridges von den altdeutschen Zauberinnen herrührten, welche den Erfolg des Krieges aus der Art, wie das Blut der von ihnen geopferten Gefangenen strömte, beurteilten. Sind die englischen Tuchwebereien nicht auch in den Wäldern erfunden worden, wo die Germanen lieber vom Raub als von der Arbeit lebten, wie Tacitus sagt?

Warum soll nicht eher der Regensburger Reichstag als das englische Parlament in den Wäldern Deutschlands erfunden sein? Regensburg müßte aus einem in Deutschland erfundenen System mehr Vorteil gezogen haben als London. (Volt.)

69) Sie bestehen aus Gold und Edelsteinen (Anm. d. Hrsg.)

70) Nachdem der Leichnam aufs Rathaus gebracht war, fand man nur eine kleine Schramme an der Nase und einen kleinen Fleck auf der Brust, die wahrscheinlich von einer Unachtsamkeit beim Transport des Körpers herrührten.

71) Mir sind aus der Geschichte nur zwei Beispiele von Vätern bekannt, die ihre Kinder der Religion halber ermordet haben. Das erste ist der Vater der *heiligen Barbara*, die man in Frankreich Sainte Barbe nennt. Er hatte in seiner Badstube zwei Fenster bestellt. Barbara ließ in seiner Abwesenheit ein drittes dazu machen, zu Ehren der heiligen Dreieinigkeit. Sie machte mit der Fingerspitze das Zeichen des heiligen Kreuzes auf marmorne Säulen, und dies Zeichen grub sich tief ein in den Marmor. Ihr Vater lief aufgebracht mit dem Degen hinter ihr her; aber sie entfloh mitten durch einen Berg, der sich für sie auftat. Der Vater lief um den Berg herum und holte seine Tochter wieder ein, ließ sie ganz nackt ausziehen und peitschen; aber Gott bedeckte sie mit einer weißen Wolke. Endlich hieb ihr der Vater den Kopf ab. Dies berichtet die *Fleur des Saints*.

Das zweite Beispiel ist der Prinz *Hermengild*. Er empörte sich gegen den König, seinen Vater, lieferte ihm ein Treffen im Jahre 584, wurde überwunden und von einem Offizier getötet. Man hat einen Märtyrer aus ihm gemacht, weil sein Vater ein Arianer war.

72) „Ein Jakobiner kam in mein Gefängnis und drohte mir ebendieselbe Todesart an, wofern ich nicht abschwüre. Dies bezeuge ich vor Gott. Den 23. Jun. 1762." Peter Calas

73) *Devot* kommt her vom lateinischen Worte *devotus*, und *devoti* nannte man im alten Rom diejenigen, die sich für das Wohl der Republik aufopferten: die Curtius, Decius etc.

74) Franz Gomar war ein protestantischer Theologe. Er behauptete gegen seinen Kollegen Arminius, daß Gott von Ewigkeit her den größten Teil der Menschen bestimmt habe, ewig gebraten zu werden. Dies höllische Dogma wurde, wie sich's gehörte, durch Verfolgung unterstützt. Der Großpensionär Barnevelt, der der Gegenpartei Gomars zugetan war, wurde in seinem 72. Jahr, den 13. Mai 1619, enthauptet, „weil er auf alle mögliche Art die Kirche Gottes gekränkt habe."

75) Ein Deklamator sagt in seiner Verteidigung der Aufhebung des Edikts von Nantes folgendes von dem englischen Parlamente: „Eine falsche Religion muß notwendig solche Früchte hervorbringen. Nur eine dieser Früchte war noch nicht zur völligen Reife gediehen, und diese wird von jenen Insulanern gebrochen. Dafür sind sie auch ein Auswurf der Nationen." Wirklich, der Verfasser wählte seine Zeit sehr übel, um die Engländer in einem so verächtlichen Lichte zu zeigen. Man sollte doch denken, daß es dann, wenn eine Nation sich durch Bravour und Edelmut auszeichnet und in allen vier Weltteilen Siegerin ist, nicht der Augenblick ist, um zu behaupten, sie sei verächtlich und werde verachtet. Das Kapitel, in welchem jene seltsame Stelle vorkommt, handelt von der Intoleranz. Wer Intoleranz predigt, verdient auch, so zu schreiben. Dies abscheuliche Buch, das nicht anders aussieht, als ob es der Narr von Berberies geschrieben hätte, hat gewiß keinen Missionsgenossen zum Verfasser. Welcher Pastor würde so schreiben? Der Unsinn ist dann bis zur Verteidigung der Bartholomäusnacht getrieben. Man sollte glauben, daß eine Schrift voll so abscheulicher Paradoxien in jedermanns Händen wäre, sollt' es auch nur der Seltenheit wegen sein. Aber sie ist kaum bekannt.

76) Herr de la Bourdonnaie, Intendant von Rouen, sagt, daß die Hutmanufakturen zu Caudebec und Neufchatel durch die Flucht der Calvinisten in Verfall geraten sind. Herr Foucoult, Intendant von Caen, sagt, daß der Handel im Ganzen um die Hälfte gesunken ist. Hr. von Maupeou, Intendant von Poitiers, sagt, daß die Wollenmanufaktur zugrunde gegangen ist. Hr. von Bezous, Intendant von Bordeaux, beklagt sich, daß der Handel von Clérac und Nérac nicht mehr besteht. Hr. von Miroménit, Intendant von Touraine, sagt, daß sich der Handel in Tours jährlich um 10 Millionen vermindert; und dies alles durch die Verfolgung; laut den Berichten der Intendanten vom Jahre 1698. Rechnet man dazu noch alle Land- und Seeoffiziere und Matrosen, die genötigt worden sind, gegen Frankreich zu dienen, so kann man sehen, ob die Intoleranz dem Staat keinen Schaden zugefügt hat.

Man unterfängt sich hier nicht, den Staatsministern, deren Genie und erhabne Gesinnung bekannt sind und deren Herz nicht minder edel ist als ihre Geburt, Maßregeln vorzuschreiben. Sie werden ohnehin sehen, daß die Wiederherstellung unsrer Marine einige Nachsicht gegen die Küstenbewohner notwendig macht.

77) Man sehe des berühmten Locke vortrefflichen Brief über diesen Gegenstand.

78) Der Jesuit Busenbaum, den der Jesuit Croix kommentiert hat, sagt, es sei erlaubt, einen vom Papst exkommunizierten Fürsten zu töten, in welchem Lande man ihn anträfe; denn die Welt gehöre dem Papste, und wer seinen Auftrag vollzöge, der tue ein gutes Werk. Dieser im Tollhaus der Hölle erfundene Satz hat Frankreich am meisten gegen die Jesuiten aufgebracht. Man hat ihnen damals mehr als je diese so oft von ihnen gelehrte und so oft abgeleugnete Lehre vorgeworfen. Sie haben sich dadurch zu rechtfertigen geglaubt, daß sie im heiligen Thomas und andern jakobinischen Schriften eben die Entscheidung zeigten; und wirklich behauptet der heilige Thomas von Aquino, der evangelische Lehrer und Ausleger des Willens Gottes (dies sind seine Titel), daß ein abtrünniger Fürst sein Recht an der Krone verliert und daß man ihm keinen Gehorsam schuldig ist (s. th. II, II, qu. 12, a. 2); daß die Kirche am Leben strafen kann; daß man den Kaiser Julian nur geduldet hat, weil man zu schwach war (ibid.); daß man von Rechts wegen jeden Ketzer töten muß (ibid. qu. 11 und 12); daß diejenigen, die das Volk von

einem tyrannischen Fürsten befreien, das größte Lob verdienen, usw. – Man hat noch viele Ehrfurcht vor diesem Engel der Schule. Aber wenn er zu den Zeiten Jacques Cléments, seines Mitbruders, und des Barfüßers Ravaillac solche Grundsätze in Frankreich vorgetragen hätte, wie würde man mit dem Engel der Schule umgegangen sein?

Es ist nicht zu leugnen, daß Johann Gerson, der Kanzler der Universität Paris, noch weiter ging als der heilige Thomas, und der Franziskaner Jean Petit noch viel weiter als Gerson. Mehrere Franziskaner behaupteten die entsetzlichen Sätze dieses Mannes. Es ist nicht zu leugnen, daß diese teuflische Lehre vom Königsmord einzig und allein aus der törichten Lehre entstanden ist, mit der sich die Mönche so lange getragen haben, daß der Papst ein Gott auf Erden ist, der willkürlich über Thron und Leben der Könige disponieren kann. Darin standen wir tiefer als die Tataren, die den großen Lama für unsterblich halten. Er verteilt unter sie den Inhalt seines Nachtstuhls, und sie trocknen diese Reliquien, schließen sie sorgfältig bei und küssen sie andächtig. Ich für mein Teil gestehe, daß ich, um in Frieden zu leben, lieber solche Reliquien an meinem Hals tragen als glauben will, daß der Papst das mindeste Recht an dem Zeitlichen der Könige hat, und an dem meinigen nicht minder; der Fall mag sein, welcher er will.

79) „Die gelehrten Untersuchungen über das öffentliche Recht sind oft nichts anderes als die Geschichte alter Mißbräuche, und man füllt sich damit den Kopf ohne Grund an, wenn man sie allzu eifrig studiert." *(Traité des intérêts de la France avec ses voisins*, par M. le marquis d'Argenson, imprimé chez Rey à Amsterdam). Gerade das hat Grotius getan.

80) *Polit.* lib. I, cap. X

81) Die Römer, die das Kriegsrecht verstanden und mehr als irgendein Volk auf Erden achteten, trieben in dieser Beziehung die Gewissenhaftigkeit so weit, daß es einem Bürger nicht gestattet war, als Freiwilliger zu dienen, wenn er sich nicht ausdrücklich verpflichtet hatte, gegen den Feind und namentlich einen bestimmten angegebenen Feind zu streiten. Als eine Legion, in der Cato der Sohn unter Popilius seinen ersten Waffendienst getan, entlassen worden war, schrieb Cato der Vater dem Popilius, wenn er wünschte, daß sein Sohn unter ihm weiter diente, so müßte er ihn von neuem vereidigen, da der erste Eid ungültig geworden und sein Sohn aus diesem Grund nicht mehr die Waffen gegen den Feind führen dürfe. Und seinen Sohn forderte er auf, sich ernstlich zu hüten und sich vor Ablehung des neuen Eides nicht an dem Kampf zu beteiligen. Ich kann mir denken, daß man mir die Belagerung von Clusium und andere besondere Fälle entgegenhalten wird; aber ich berufe mich nur auf Gesetz und Brauch. Unter allen Völkern haben die Römer ihre Gesetze am seltensten übertreten, und sie sind das einzige Volk, das so schöne Gesetze hatte.

82) Aufmerksame Leser, seid, wenn ich euch bitten darf, nicht zu schnell bei der Hand, mich hier eines Widerspruchs zu zeihen. Bei der Armut der Sprache habe ich ihn in der Ausdrucksweise freilich nicht vermeiden können; aber wartet nur das Ende ab!

83) Ich verstehe unter diesem Wort nicht bloß eine Aristokratie oder Demokratie, sondern jede von dem allgemeinen Willen, d.h. von dem Gesetz geleitete Regierung. Die Regierung darf, um rechtmäßig zu sein, nicht mit dem Staatsoberhaupt zusammenfallen, sondern muß die Dienerin desselben sein; dann ist sogar die Monarchie selbst Republik. Das werde ich im nächsten Buch klarzumachen suchen.

84) Will man dem Staat Bestand verleihen, so muß man also die äußersten Endpunkte einander möglichst nähern; man darf weder zu Reiche noch Bettler dulden. Diese beiden von Natur aus untrennbaren Stände sind dem Gemeinwohl in gleicher Weise verhängnisvoll; aus dem einen gehen die Beförderer der Tyrannei und aus dem anderen die Tyrannen hervor; zwischen ihnen findet regelmäßig der Verkauf der öffentlichen Freiheit statt: der eine kauft, und der andere verkauft sie.

85) Mancher Zweig des auswärtigen Handels, sagt Herr d'Argenson, gewährt einem Reich im allgemeinen nur einen scheinbaren Nutzen; er kann einige Privatleute, ja selbst einige Städte bereichern, allein die Nation im ganzen gewinnt nichts dabei, und das Volk ist deshalb nicht besser dran.

86) So nennt man in Venedig den Senat „Durchlauchtigster Fürst", auch wenn der Doge nicht anwesend ist.

87) Wohl verstanden, wenn man das Land nicht verläßt, um seine Pflicht zu umgehen, und sich nicht in dem Augenblick dem Dienste gegen sein Vaterland entzieht, da es unserer bedarf. Alsdann wäre die Flucht verbrecherisch und strafbar, das wäre keine erlaubte Entfernung, sondern Fahnenflucht.

88) *Eo demum tuta est potentia qua viribus suis modum imponit.* Sallust

89) In England gibt sich das Volk der größten Ausschweifung und sehr häufigen Aufständen hin; diejenigen, welche die Nation regieren, haben noch keine Sicherheit auf den Straßen hergestellt, wo die Diebe ihr Unwesen treiben. Die Engländer fürchten die Staatspolizei, weil sie dieselbe als ein Werkzeug erachten, welches in der Hand des Souveränen den Despotismus herbeiführen könnte; sie lassen sich's eher gefallen, bestohlen zu werden, als einem Monarchen die Sorge anzuvertrauen, sie zu bewachen, und dieser läßt seine Untertanen eher bestehlen und morden, als ihnen zu gestatten, sich selber und ohne ihn zu bewachen.

90) *Panem et Circenses,* siehe Iuvenal, Sat. X., Vers. 81.

91) Man behauptet, daß in der Republik von Genua die Dauer jedes Gesetzes auf fünfzig Jahre hinaus festgesetzt ist, am Ende derselben der Senat beratschlägt, ob es aufgehoben werden soll oder ob es weiter zu beobachten ist. Die Gesetze, welche der weise Locke für die Kolonie der Caroline geschaffen hatte, dürfen nur hundert Jahre dauern.

92) Ein Volk von Lahore (Hauptstadt der britischen Provinz Pandschab) und von Zaschemir (Stadt im westlichen Himalaya), Sikh genannt, wird durch vier Beamte regiert, welche alljährlich von ihren Mitbürgern gewählt werden. Der Souverän dieser Nation wird durch ein auf einem Thron aufgelegtes Buch nebst eines Degens, eines Schildes und eines Dolches repräsentiert, und durch diese Symbole bezeichnet dieses Volk, daß es nur durch das Gesetz regiert wird, welches bestraft, welches beschützt und welches in gleicher Weise den Führern und den Bürgern befiehlt. Die vier Beamten sind beauftragt, das Buch zu Rate zu ziehen und dem Volk die Orakel der Gesetze kundzugeben, welche mit einer tiefen Verehrung empfangen werden. Berichte anderer lehren uns, daß dieses Volk ebenso ohne Gottesdienst wie ohne Monarchen ist und daß es das tugendhafteste und mutigste im Hindostan ist.

Siehe das *Journal der schönen Künste,* Mars 1771, pag. 408 u. Geschichte von Hindostan.

93) Nach den Gesetzen von *Sparta* waren die Ephoren die Richter der Könige, und sie straften sie im Namen der Nation, sobald sie es verdient hatten; dieses Tribunal hatte sogar das Recht, sie zum Tode zu verurteilen. Karl I. von

England, ein Tyrann, wurde durch Rebellen verurteilt, welche, ohne jede Autorität, sich ohne Genehmigung der Nation als Richter des Souveräns aufwarfen. Beinahe in allen Ländern haben die Völker weder Gesetze schaffen können, noch haben sie die Ereignisse vorausgesehen, weil die Gewaltsamkeit allein die Streitigkeiten der Nationen mit ihren Führern beendet. – Bisher haben die Menschen in keiner Gegend es erreichen können, weder solide Grundgesetze noch feste und vernünftige *„Verträge“* abzufassen.

94) *Libertas per inertiam amittitur.* Sallust.

95) *Rex velit honesta, nemo eadem volet.* Seneca.

Erasmus, von Geradas dem Spartiaten redend, sagt, er begreife sehr wohl, daß die Laster dort nicht aufkommen können, wo sie gar nicht gesät wurden, und daß sie sich überall verlieren, wo sie, anstatt geehrt, durch Schimpf gezüchtigt werden. Und das, fügt er hinzu, ist die beste Art und Weise, die schlechten Sitten zu bessern und die Liebe zur Tugend zu erregen.

Prudenter intellexit ibi non posse nasci vitia, ubi non admittuntur vitiorem seminaria, eaque ubique jacere quibus pro honore tribuitur ignominia. Atque haec est clementissima ratio medendi pravis moribus, excitandique virtutis studium. S. Erasmi Apophtegm. lib. I.

Von allen Mitteln, welche ein Fürst anwenden kann, um die Tugend zu Ehren und sozusagen in die Mode zu bringen, ist keines mächtiger als das Beispiel. „Alle Welt“, sagt Claudianus, „nimmt sich den Fürsten zum Vorbild: Die Erlasse haben nicht so viel Macht über die Geister als das Leben des Souveräns.“

...Componitur Orbis regis ad exemplum: nec sic inflectere sensus humanos edicta valent ut vitia regentis. S. Claudianus de IV. Cons. Honorii. Vers 296

Bibliographie

Beaumarchais, Pierre Augustin Caron de: Figaros Hochzeit oder Ein toller Tag. Leipzig o.J.

Diderot, Denis: Der Neffe Rameaus. Berlin 1864

Holbach, Paul Heinrich Dietrich: Soziales System oder Natürliche Prinzipien der Moral und der Politik mit einer Untersuchung über den Einfluß der Regierung auf die Sitten. Leipzig 1898

G.E. Lessings Übersetzungen aus dem Französischen Friedrichs des Großen und Voltaires. Berlin 1892

Montesquieu, Charles de Secondat, Baron de la Brède et de: Vom Geist der Gesetze. Mit Anmerkungen von Voltaire, Crevier, Mably, La Harpe u.a. Leipzip 1891

Rousseau, Jean-Jacques: Abhandlung über den Ursprung und über den Grund der Ungleichheit unter den Menschen. Leipzig 1829

Rousseau, Jean-Jacques: Der Gesellschaftsvertrag oder Die Grundsätze des Staatsrechts. Leipzig o.J.

Voltaire: Candide oder Die beste der Welten. Berlin und Leipzig o.J.

Voltaire: Über die Toleranz. In: Voltaire: Recht und Politik. Schriften 1. Frankfurt a.M. 1978